FUTEBOL DE VÁRZEA EM SÃO PAULO

A Associação Atlética Anhanguera (1928-1940)

Diana Mendes Machado da Silva

FUTEBOL DE VÁRZEA EM SÃO PAULO

A Associação Atlética Anhanguera (1928-1940)

Grafia atualizada segundo o Acordo Ortográfico da Língua Portuguesa de 1990, que entrou em vigor no Brasil em 2009.

Edição: Haroldo Ceravolo Sereza
Editora assistente: Cristina Terada Tamada
Assistente acadêmica: Bruna Marques
Projeto gráfico, diagramação e capa: Cristina Terada Tamada
Revisão: Beatriz Rosa
Imagem de capa: Antenor Dias e sócio-jogadores dos times juvenis vestidos com uniformes da Associação Atlética Anhanguera/Time principal juvenil. Fonte: acervo do clube.
Assistente de produção: Jean R. Freitas

Este livro foi publicado com o apoio da Fapesp, nº do processo 2015/08802-4.

CIP-BRASIL. CATALOGAÇÃO NA PUBLICAÇÃO
SINDICATO NACIONAL DOS EDITORES DE LIVROS, RJ

S579F

Silva, Diana Mendes Machado da
FUTEBOL DE VÁRZEA EM SÃO PAULO : A ASSOCIAÇÃO
ATLÉTICA ANHANGUERA (1928-1940)
Diana Mendes Machado da Silva. - 1. ed.
São Paulo: Alameda, 2016.
232 P. : IL. ; 23 CM.

Inclui bibliografia
ISBN 978-85-7939-424-9

1. Futebol - Brasil - História. I. Título.

16-37157   CDD: 927.963344
                                  CDU: 929:796.332

ALAMEDA CASA EDITORIAL
Rua Treze de Maio, 353 – Bela Vista
CEP 01327-000 – São Paulo – SP
Tel. (11) 3012-2403
www.alamedaeditorial.com.br

Para Zé e Moana,
Para Brás, Helena, Carol, Sandro e Cauê, com amor.

Pelo menos tão importante como a circunstância do que um povo joga, é certamente a de como esse jogo é praticado, em que formas se manifesta e se organiza e a que necessidades e tensões profundas ele propicia uma descarga.

Anatol Rosenfeld[1]

Voltar a atenção para as condições e os processos que, muito concretamente, sustentam as operações de produção de sentido [...] é reconhecer, contra a antiga história intelectual, que nem as inteligências nem as ideias são desencarnadas e, contra os pensamentos do universal, que as categorias dadas como invariantes, sejam elas filosóficas ou fenomenológicas, devem ser construídas na descontinuidade das trajetórias históricas.

Roger Chartier[2]

1   ROSENFELD, Anatol. *Negro, macumba e futebol*. São Paulo: Ed. Perspectiva, 1993, p. 75.

2   CHARTIER, Roger. *O mundo como representação*. 1991, vol.5, n.11, p.173-191. Disponível em: <http://dx.doi.org/10.1590/S0103-40141991000100010>.

LISTA DE ILUSTRAÇÕES

SUMÁRIO

SÃO PAULO: TANTAS CIDADES, TANTOS FUTEBÓIS

Perambulava certa vez pelo metrô paulistano num dos poucos horários em que não se luta pelo espaço e direitos vitais de usar esse transporte público e pude presenciar uma cena que remeteu ao tema desse belo livro de Diana Mendes Machado da Silva, qual seja, as formas históricas do associativismo esportivo presentes na cidade de São Paulo.

Associativismos que contribuíram tanto para a compreensão mais geral sobre o plano da sociabilidade e do desenvolvimento daquilo que cada vez mais se passou a denominar vida metropolitana, quanto para elucidar os desdobramentos das várias faces do futebol para muito além da fruição do denominado futebol profissional a partir do núcleo paulistano. A importância desse livro reside justamente na produção de contrapontos e perspectivas em movimento que possibilita compreender os desdobramentos econômicos, políticos e sociais de partilha dos espaços urbanos. Transformada em metrópole nos primeiros decênios do século XX e ostentando os signos da modernidade e do progresso, São Paulo formatou em seus discursos ideológicos dominantes a insígnia de *terra do trabalho* não sem evidenciar as tensões inerentes a esse processo, sobretudo no modo como se mantiveram tantas outras formas de usos e apropriações dos espaços. O caso específico do clube Anhanguera aqui analisado é iluminador desse momento, sobretudo porque demonstra que as lógicas homogeneizadoras (seja dos usos da cidade por seus segmentos mais aquinhoados, seja a consolidação do futebol profissional) se deram num terreno de disputas intensas pelo direito à cidade.

Mas, falava sobre minhas perambulações no metrô. Ao alcançar um assento percebi que à minha frente e de pé encontrava-se um rapaz com a camisa do Sport Club Corinthians, em princípio, fato mais do que banal tratando-se de um contexto em que camisas esportivas compõem a vestimenta informal do cenário cotidiano. Acrescento que este episódio ocorreu logo depois da conquista do título mundial pelo clube, em 2012, e apesar dos corinthianos prolongarem a comemoração por dias chamou-me menos atenção a lembrança desse fato, revelada ali no uso quase ubíquo da indumentária alvinegra pela cidade naqueles dias que corriam, do que a silenciosa relação estabelecida por aquele rapaz com os outros ali presentes naquele ordinário dia útil, portanto, um dia de trabalho em que as pessoas mais ensimesmadas e absortas nas tarefas por fazer interagem menos se tomarmos o ponto de vista da catarse que as preferências clubísticas costumam emular.

Todo estiloso, como se diz, e parecia mesmo que se sentia mais cosmopolita agora com o título conquistado no Japão. Finalmente melhor ajustado às vocações de uma cidade metrópole tomada naqueles dias pelo *corinthianismo* fervilhante, além da camiseta do clube ostentava um boné que também não me passou desapercebido. Nas pernas calças que se destacavam pelo aparente pouco uso e ali numa postura altiva e quase estática fixava distante um olhar que parecia atravessar a estrutura do vagão de trem, contrastando com aqueles outros tantos olhares enlatados e embaçados que se entrecruzavam na modorra cotidiana.

Nosso torcedor, não, suas pupilas saltavam e pareciam penetrar somente as certezas de um futuro promissor qualquer e agindo assim não se permitia ou pactuava com aquele ambiente dos olhares laterais e evasivos tão comuns nessas situações onde reina o anonimato e a desconfiança no próximo. Situação em que grassam os gestos mais banais revelados nas angulações laterais de olhares ressabiados e que sabidamente todo mundo desfere por precaução do cotidiano violento, como se precisássemos mapear cautelosamente o ambiente com o uso da panorâmica em grande angular, exercitando ao mesmo tempo um certo fingimento social de cortesia imposto pela situação de extrema impessoalidade que impera dentro de um transporte público.

Sua camisa era evidentemente nova e compunha um *design* há muito fixado pelos costumes urbanos, fazendo do esporte uma das molas propulsoras do caráter moderno, como nos alertam historiadores do quilate de Nicolau Sevcenko. É preciso que se diga que não estava exatamente ou simplesmente fantasiado de torcedor, havia algo mais a emanar daquele corpo, talvez pelas circunstâncias da recente conquista do time o traje ganhava nova aura, emoldurava alguma alegria suplementar que extravasava e nos alcançava. Não, ele não era um torcedor qualquer, representava um modo de ser, tanto é que havia lugares disponíveis para que se sentasse, mas preferiu manter-se em pé, todo aprumado e longe dos canos que servem de apoio para dar equilíbrio na hora da aceleração e desaceleração da composição metroviária. Nada parecia incomodá-lo, nada o fazia se deslocar trocando passos no piso da composição férrea, nada o tirava de seu centro de gravidade, quer o próprio sacolejo do trem, quer os torcedores adversários esportivos que certamente lhe desferiam olhares anônimos e um tanto invejosos.

Parecia estar diante de um condutor da sua própria história que impunha silenciosamente aos vencidos torcedores dos outros times da cidade sua razão de ser naquela postura petrificada, tal qual o obelisco do parque Ibirapuera. Ademais, revelava mesmo não querer amarrotar a camisa ou a calça e seguia mantendo aquela postura e ares de manequim, preservando ao máximo o corte da camiseta que descia sem ondulações pelo seu corpo, sem qualquer interferência ou obstáculo natural produzido pelas dobras adiposas que pudessem esconder ou revelar menos o escudo do time campeão.

Passada uma ou duas estações aquela situação se alterou com a entrada de um senhor, aparentemente na casa dos sessenta anos, vestindo outra camisa esportiva que rapidamente produziu um contraponto ao *corinthianismo* reinante. Usava uma farda esportiva do agora quase desconhecido Ypiranga, time fundado em 1906, portanto mais velho quatro anos que o Corinthians, e que há muito deixou de circular entre aqueles times arrebatados pela preferência popular. Fato que por si só parecia chamar a atenção de alguns poucos que, como eu, ainda reconheciam naquela camisa traços importantes de historicidade.

Tal qual o presente relato de Diana, que cumpre revelar essas camadas de historicidade mais ocultas da sociabilidade de grupos minoritários, a presença daquele senhor suscitava certa admiração e inquietude. E, ainda que tais sentimentos estivessem contidos pela psicologia coletiva *blasé*, revelada na arguta sociologia de Simmel ao focar a dinâmica da sociabilidade em contextos metropolitanos, tal admiração acabou compartilhada por outros mais, que visivelmente se apressaram a inquirir com os olhos aquela camisa um tanto incomum na paisagem cotidiana.

Para aqueles que não reconheciam o escudo do Ypiranga, afinal, que time seria aquele que não constava da paleta esportiva midiática? Seria algum time estrangeiro, uma vez que a preferência e a bifiliação é moda entre torcedores mais jovens que hoje têm acesso aos campeonatos estrangeiros e aos produtos licenciados desses times, marcas mundializadas que invadem os magazines? De qualquer modo e como eu, muitos pareciam admirar ou especular sobre aquele senhor, muitos, menos o corinthiano, que sequer esboçou movimento, e absorto no autismo esportivo da inebriante condição hegemônica manteve-se inerte.

O suposto torcedor do Ypiranga trazia um bigode grisalho, cheio, daqueles que servem de telhado para lábios grossos, combinando com o rosto rechonchudo. Estavam ali na minha frente dois negros bonitos e que pareciam muito seguros de si. O torcedor do Ypiranga logo procurou o assento e se abancou quase colado às pernas do corinthiano, que se mantinha de pé, sem mover um milímetro e sem dar a clássica recuada quando algum estranho se aproxima repentinamente. Fiquei ali vendo aquela cena e com muita vontade de pegar o celular e registrar aquela união improvável, embora corriqueira, que ademais servia de testemunha da peça pregada pela dinâmica da metrópole que junta e separa pessoas o tempo todo. Os dois tão juntos, mas separados pelo tempo, tempo geracional, tempo esportivo, avizinhando diferenças incomensuráveis. E me pus a perguntar como registraria aquele momento no atropelo da situação. Estava perto demais dos torcedores e ainda por cima a atitude pétrea que ambos impunham à cena, sem direito a sorrisos protocolares, me inibiram completamente. Fiquei na retranca, perdi a imagem.

Mas como dizia, ambos aparentavam estar plastificados e cada um com sua camisa preferida parecia diminuir minha autoestima esportiva. Senti até que descobririam com desdém o time para o qual torço, já que insistentemente e de modo compulsivo pregava os olhos neles. Era como se eu vestisse uma camisa imaginária do meu clube de preferência a denunciar certa vergonha por nada oferecer naquele momento, nem o mérito de um título recentemente conquistado, nem a postura de quem exibia ali parte importante da memória esportiva da cidade, ainda que ignorada pela maioria que não reconhecia, no Ypiranga, os traços da gramática futebolista que engendrava a dinâmica dos costumes das classes populares urbanas na cidade.

Fingiam não se importar com a excessiva proximidade na qual se meteram. Da minha parte esperava que algo saísse dali. Algum gesto qualquer de interpelação, curiosidade mútua ou insinuação, atitudes corriqueiras em conversas travadas por torcedores que chamam à provocação e à jocosidade. Em vão e secretamente tentei colocá-los na dinâmica de alguma disputa, todavia e, como num filme de ficção, pareciam confinados em duas dimensões distintas. Nada se alterou até o desfecho da situação, não houve espaço para qualquer interlocução, como se o tempo histórico impusesse forte barreira impedindo qualquer interlocução. Faltava ali, quem sabe, uma historiadora como Diana que ao manusear os documentos pudesse impor certos constrangimentos produtivos ao material, fazendo-o seduzir à análise. Estavam ali mantendo uma alteridade severa, impedindo que os canais da memória embaralhassem, ainda que por alguns segundos, suas respectivas experiências torcedoras. Espantava-me a falta de curiosidade esportiva mútua, mas sobretudo da parte do jovem corinthiano diante daquela jaqueta futebolística hoje tão rara. Tive também o vislumbre ficcional de que se tratava de um gigante diante de um anão, um representando um time popular de exposição midiática agressiva e outro escondido nas frestas empoeiradas da história esportiva da cidade. Era como se o bom senhor jogasse ali uma partida perdida, prenúncio de goleada, um velho diante do novo, o passado pedindo trégua ao presente, quase sempre tomado por moderno.

Foi o corinthiano o primeiro a abandonar o vagão sem qualquer mirada para trás, seguido por atitude não menos evidente do senhor que se manteve impassível e sequer acompanhou a saída do jovem.

A despeito do caráter "histórico" a camisa do Ypiranga parecia muito nova, as listras verticais largas que acompanham o perfil traziam a cor preta na sua melhor condição, retinta. O senhor também estava com um boné, e ao contrário do corinthiano que exibia no seu uma estampa indefinida e sem graça que não rivalizava com a camisa do Corinthians, o dele ostentava o símbolo do *Boston Celtics*, time da liga de basquete norte americana. Aquele senhor parecia deliberadamente ou não ignorar outro aspecto que anima o cromatismoimposto ao futebol pelos torcedores, porque ao vestir a camisa preta e branca do Ypiranga e um boné predominantemente nas cores da referida franquia, verde e branco, parecia amenizar o conflito cromático que anima e acirra disputas contemporâneas entre alvinegros e alviverdes por essas paragens. Situação certamente mais rara em um corinthiano que exitaria em usar um boné verde na condição de torcedor daquele time.

Livre para compor seu próprio estilo, imune à carga histórica do sucesso momentâneo e à lógica das rivalidades que se atualiza o tempo todo, pareceu-me mais à vontade que o corinthiano que acabara de deixar o trem. E talvez pela associação, nem sempre fundada, que fazemos entre velhice e sabedoria, não sei, aquele senhor contrastava com a postura tensa de soldado a manter alguma ordem ostentada pelo corinthiano, que sucumbido pela desproporcional grandeza de seu time, tentava proteger a todo custo algo que pesava demais sobre seus ombros. Já aquele senhor, vestido de Ypiranga, cujo corpo se esparramava gostosamente pelo assento, parecia equacionar sem dever ou culpa suas vontades e aspirações, embaralhando cores, emaranhando memórias. Havia mais, não usava tênis, mas sapatos lustrados que combinavam com as listras da camisa. Parecia adequar melhor o tamanho da sua preferência com o tamanho da sua ambição esportiva, ou tudo, na verdade, era somente uma questão de estilo e, corinthiano fervoroso como o outro que por alguns momentos o ladeou, estava mesmo tirando uma onda com aquela história toda a encher de curiosidade e especulação aqueles que o admiravam.

Pouco importa, a imagem é reveladora do existir pela cidade nas suas "múltiplas temporalidades", que tomadas num instantâneo, condensadas ou comprimidas pela minha curiosidade e olhar um tanto canibalizador, descortinaram a tênue experiência do jogo das diferenças esportivas. Sem batalha e sem vitoriosos, tais pelejas só podem mesmo ser jogadas no fugídio cotidiano, longe dos estádios e suas ruidosas torcidas, da mídia e dos dirigentes. Esse é exatamente o clima desse livro. Aparentemente silenciosas, porque acomodadas ao rés do chão, ensinam tanto quanto as palavras quase esquecidas de um hino esportivo que já não mais é entoado pelos campos da cidade

> Nós somos do alto da colina; Os nossos jogos sem igual; A nossa grana é pequenina; Bem grande é o nosso futebol; E hoje estamos dando samba; Não é caso de espantar; Porque o nosso time é bamba; Aqui e em qualquer lugar; Ouça o grito do Ypiranga; Ouça o grito do Ypiranga; Quando se esquenta; Quando se zanga; Quando se esquenta; Quando se zanga; Ninguém Aguenta o Ypiranga; Jogamos com inteligência; Aquele futebol com gás; O nosso jogo tem cadência; E a prova está lá no seu placar; Se por acaso algum valente; Jogar conosco e vencer; Deixamos o campo bem contente; Pois sabemos também perder.

Passemos agora ao prefácio do professor José Renato e logo a seguir ao minucioso relato historiográfico da autora, Diana Mendes, sobre a sociabilidade em torno do clube Anhanguera e seus associados que, assim como as vozes mais silenciadas dos torcedores do Ypiranga, revela pelas frestas uma experiência que também toma o futebol como fulcro, um futebol aparentemente menor e menos espetacularizado, mas igualmente importante para percebermos a dinâmica e desenvolvimento das relações sociais em uma cidade como São Paulo.

Luiz Henrique de Toledo

Há vários movimentos históricos que marcam o processo de urbanização da maior e mais populosa cidade do Brasil, fenômeno que transcorreu, grosso modo, ao longo de um século, entre o final do XIX e sete décadas do século XX. São Paulo que ainda era uma cidade de 30.000 habitantes em 1872[1] assistiria um grande crescimento demográfico, que produziria uma das maiores metrópoles do continente americano no século XX, acompanhado de uma miríade de processos históricos de cunho econômico, social, político e cultural. Dentre os quais se destacam, sem sombra de dúvida, a migração de mão de obra estrangeira e a implantação de um modo de vida realmente urbano, dentro do qual as práticas desportivas gradativamente ganhariam grande visibilidade.

A Associação Atlética Anhanguera: futebol de várzea na cidade de São Paulo (1928-1940), obra construída por Diana Mendes Machado da Silva, e para qual tive a honrosa tarefa de fazer este texto de abertura, costura estes dois processos tão importantes para a História Social da cidade de São Paulo – a imigração de europeus trazidos no bojo da expansão da lavoura cafeeira paulista e a estruturação do futebol como fenômeno que permeia a sociabilidade desta metrópole desde ao menos a década de 1920.

Encontramos nesta obra não o relato isolado destes fenômenos no seio da metrópole em construção, mas sim a relação intrínseca que há entre eles através da bela história de uma agremiação esportiva: a Associação Atlética Anhanguera, fun-

---

1   Cf. Histórico Demográfico de São Paulo: disponível – http://smdu.prefeitura.sp.gov.br/historico_demografico/index.php.

dada em 1928 por imigrantes e descendentes de italianos residentes no paulistano bairro da Barra Funda. O mais interessante nesta obra é: tal agremiação esportiva, construída em torno da prática do futebol, não se tornará um fenômeno de massas, como aconteceu com outras fundadas nas primeiras décadas do século XX na cidade de São Paulo, ou mesmo como uma que fora fundada quase duas décadas antes em quarteirões próximos no bairro vizinho, também migrante e operário, do Bom Retiro, o Sport Club Corinthians Paulista.

A riqueza e a qualidade deste trabalho, defendido como dissertação de mestrado em História na FFLCH/USP, está justamente em trabalhar com um objeto que aparentemente tem pouca importância para a história de uma cidade que assume dimensões de megalópole, mas que revela a sociabilidade e o cotidiano de uma parcela simbolicamente muito significativa para ela – o imigrante da península itálica que forja com seu trabalho, e com seus momentos de lazer a forma de vida típica dos paulistanos especialmente os oriundos das classes populares e de seus estratos médios.

O grande mérito do trabalho de Diana Mendes Machado da Silva é justamente desconstruir esta aparente pouca relevância de seu objeto, pois joga luz sobre um fenômeno deveras importante para a história do século XX da cidade de São Paulo e para o entendimento de como boa parcela da população da cidade vivia parte de seu cotidiano, em especial as horas livres e de lazer. Objeto que ainda é bem pouco explorado pela historiografia brasileira, afinal o estudo minucioso do transcorrer das atividades do futebol de várzea na cidade de São Paulo ainda é um tema a ser plenamente explorado pela historiografia do século XX dos grandes centros urbanos brasileiros.

Importante lembrarmos que o próprio futebol como objeto de pesquisa acadêmica para as Ciências Humanas, felizmente, nas últimas duas décadas vem ganhando fôlego e consistência, mas, como era de se esperar, seus objetos privilegiados são quase sempre aqueles ligados ao futebol oficial, aquele que bem ou mal construiu a imagem do Brasil como o país do futebol. A várzea, ou o futebol praticado exclusivamente pelas classes populares, infelizmente ainda suscitou pouco interesse por parte da academia brasileira como possível fio condutor para entendermos aspectos importantes do cotidiano das populações presentes no processo de construção dos centros urbanos brasileiros. Posição que, sem dúvida alguma, não encontramos nessa obra, muito pelo contrário, pois ao acompanharmos a história da A. A. Anhanguera nos deparamos com uma série importante de elementos que constituem a história social da cidade de São Paulo.

Com esta obra, longe de somente nos depararmos com o cotidiano de uma pequena associação desportiva de um bairro periférico de São Paulo entre 1928 e

1940, podemos refletir sobre processos como a ocupação do território da cidade de São Paulo e a forma esta sempre espelha as estratificações sociais que encontramos na sociedade; o relacionamento entre grupos migrantes e população nativa; os hábitos e costumes de uma nascente classe média que começa a se estruturar nos espaços urbanos brasileiros; as diferenças entre os modos de vida masculino e feminino desta classe social; a relação entre a elite da cidade e a enorme massa populacional que começava a se espalhar e a ocupar localidades até então não pensadas como locais de moradia, como era o caso das várzeas dos rios paulistanos, entre outros aspectos.

Sem dúvida, com esta obra nos deparamos com um bom exemplo de como a historiografia daqueles que não estão no centro da "história oficial" – como artífices de grandes eventos e datas que delimitam os processos históricos privilegiados por uma história que hoje em dia podemos chamar de oficialesca – é fundamental para compreender os fenômenos sociais presentes em processos como a construção do Brasil urbano dos dias atuais. Afinal, como poderíamos tentar reconstruir o modo de viver, as mentalidades, os hábitos e os costumes da São Paulo da primeira metade do século XX se não usarmos objetos que de fato permeavam a vida do homem comum?

No caso de São Paulo do período em questão, como é largamente sabido, este homem comum é, por um lado, profundamente marcado por hábitos herdados dos migrantes europeus que chegaram em larga escala ao estado de São de Paulo desde a década de 1870 (como os jogos de *morra* e *passatella* entre os associados da A. A. Anhanguera analisados no decorrer do trabalho de Diana). E, por outro, pelo estabelecimento da prática esportiva futebolística nos arrabaldes varzeanos da nascente cidade industrial que já se desenhava nas décadas de 1930 e 1940 em São Paulo. Portanto, nada mais central para a vida do homem comum paulistano do período que uma associação esportiva criada em torno do futebol varzeano no bairro da Barra Funda. Localidade que em 1927 começa a se eternizar como bairro imigrante e operário, afinal Antônio Alcântara Machado já detectara que para entender a pauliceia, *Brás, Bexiga e a Barra Funda* tinham algo especial mercedor de registro.[2]

Por fim, não podemos deixar de marcar a mudança de *status* que a prática futebolística das classes populares experimentará durante o período analisado neste estudo - justamente o momento no qual o futebol oficial deixa o amadorismo de lado para assumir o profissionalismo como prática que o levará a outros patamares nas décadas

---

2   Em 1927 é publicada a primeira edição de *"Brás, Bexiga e Barra Funda"*, clássico da literatura brasileira que retrata a vida cotidiana dos ítalo-paulistanos habitantes das regiões menos nobres da cidade. (MACHADO, ALCANTARA. *Brás, Bexiga e Barra Funda,* São Paulo: Moderna 2004)

posteriores. Para os amantes do esporte, para historiadores e cientistas sociais atentos, a transfiguração do futebol de várzea não será um fenômeno que se encerra em sua lógica interna, mas em movimentos mais amplos da história urbana de São Paulo.

Afinal, nas primeiras décadas do século XX, concomitante às primeiras décadas do futebol oficial paulistano, a prática do futebol varzeano poderia até ser proibido por práticas higienistas presentes nas reformas urbanas do período, momento no qual seus praticantes eram descritos pela imprensa esportiva paulistana pela expressão "canelas negras". Já com a adoção do profissionalismo pelo futebol oficial, aos poucos a várzea irá se transfigurar em "promessas de campeões", transfiguração que terá, sem dúvida, um ator fundamental para sua completa afeição: – o periódico *A Gazeta Esportiva*. Jornal no qual a várzea, não dos "canelas negras", mas sim da forja de futuros jogadores profissionais, sempre teve espaço em suas páginas. Dentro das quais a autora, ao acompanhar este processo de mudança ocorrido dentro do futebol varzeano, demonstra mais uma vez que seu objeto não se restringia somente às suas lógicas internas de funcionamento, pois, como tão bem demonstrado pelo texto que se segue, reflete mudanças que ocorriam na própria sociedade paulistana que agora sim caminhava a passos largos para se tornar uma das principais metrópoles das Américas.

Portanto, é com muita alegria que recomendo toda atenção aos meandros da história do cotidiano de São Paulo que podemos vislumbrar um pouco através da A. A. Anhanguera e da análise histórica empreendida por Diana Mendes Machado da Silva.

José Renato de Campos Araújo

INTRODUÇÃO

Ao invés de permanecer no terreno de um discurso que mantém o seu privilégio invertendo o seu conteúdo (que fala de catástrofe e não mais de progresso), pode-se enveredar por outro caminho: analisar as práticas microbianas, singulares e plurais, que um sistema urbanístico deveria administrar ou suprimir e que sobrevivem a seu perecimento; seguir o pulular desses procedimentos que, muito longe de ser controlados ou eliminados pela administração panóptica, se reforçaram em uma proliferação ilegitimada, desenvolvidos e insinuados nas redes de vigilância, combinados segundo táticas ilegíveis, mas estáveis a tal ponto que constituem relações cotidianas e criatividades sub-reptícias que se ocultam somente graças aos dispositivos e aos discursos, hoje atravancados, da organização observadora.

Michel de Certeau[1]

Em 1928, mais um clube esportivo é fundado por ítalo-brasileiros no bairro da Barra Funda, em São Paulo. Tal como acontecia a dezenas de associações esportivas da região, a então recém-criada Associação Atlética Anhanguera passava também a usufruir da várzea do rio Tietê para a prática do futebol. Promovendo bailes, festivais esportivos e uma série de modalidades lúdicas vividas como divertimentos indissociáveis do cotidiano da várzea, o clube rapidamente angariou associados e integrou-se ao rico cotidiano recreativo do bairro. Além disso, conseguiu manter-se na região com sede social própria, campos de futebol e um estável conjunto de sócios, a despeito das modificações urbanas ali iniciadas nos anos 1930 que levaram ao desaparecimento dos espaços livres do bairro e, com eles, de inúmeras instituições

---

1   CERTEAU, Michel de. *A invenção do cotidiano*. São Paulo: Ed. Vozes, 1996, p. 175.

dedicadas ao esporte e ao lazer. E mesmo sem nunca ter ingressado nas ligas do futebol oficial da cidade, o clube era frequentemente reportado pelo periódico *A Gazeta Esportiva* desde 1929, ano seguinte à sua fundação.

Esses são alguns elementos que justificam a escolha da trajetória da Associação Atlética Anhanguera como eixo desta obra, resultado de uma pesquisa de mestrado defendida no Departamento de História da Universidade de São Paulo, em março de 2013. Acompanhar seus primeiros anos de atividade, entre o ano de sua fundação (1928) e o final da década de 1930, permitiu visualizar como uma comunidade imigrante situada no subúrbio da cidade – à margem dos benefícios oferecidos pelo poder público e à margem das ligas oficiais do esporte – *apropriou-se* do futebol, isto é, como essa comunidade desenvolveu uma forma peculiar de se relacionar com o esporte. Longe de ser exclusividade do Anhanguera ou da comunidade ítalo-brasileira instalada na várzea, essa peculiaridade é também reveladora das formas de apropriação e de produção do espaço urbano naquele momento.

É em face de sua capacidade de produzir e possibilitar a circulação de práticas, sentidos e valores que o futebol é o outro eixo central deste trabalho. Ele aqui representa um *índice* de práticas socioculturais urbanas, uma *linguagem* comum ao permitir o diálogo entre grupos distintos e, muitas vezes, desiguais e, por último, uma espécie de *discurso* a partir do qual esses grupos se autorrepresentaram.[2] Assim, o esporte tornou-se privilegiada plataforma de observação das transformações sociais e culturais pelas quais passava a cidade naqueles anos de 1930.

O objeto e a perspectiva de trabalho tomaram forma a partir do contato com a vasta documentação recolhida e preservada por associados do clube. Compostos por atas semanais no período entre 1928 e 1934, cartões de sócios e fotografias, além de recortes de periódicos, taças e medalhas e um conjunto de entrevistas, tais documentos são preciosos vale na medida em que foram selecionados e preservados pelos próprios agentes, o que permitiu adentrar num universo ainda pouco explorado: o cotidiano dos clubes populares de futebol. Ao acompanhar nas atas os conflitos e as negociações cotidianas foi possível apreender quem eram os varzeanos ítalo-brasileiros responsáveis pelo Anhanguera e quais foram seus itinerários para estabelecer e manter seu clube na várzea. Nesse processo, destaca-se a situação de *desenraizamento* e *enraizamento* vivida pelos imigrantes da península itálica na cidade de São Paulo. Com base em suas *artes cotidianas*, para tomar de empréstimo uma noção de Michel de

---

2   Essas dimensões são bastante exploradas em ensaios e pesquisas recentes. Cf., por exemplo, FLO-RENZANO, José Paulo. *A democracia corinthiana.* São Paulo: Educ/Fapesp, 2009; WISNIK, José Miguel. *Veneno remédio.* São Paulo: Companhia das Letras, 2008; FRANCO JÚNIOR, Hilário. *A dança dos deuses.* São Paulo: Companhia das Letras, 2007.

Certeau, a comunidade manteve tradições trazidas da península ao mesmo tempo em que incorporou outras tantas já enraizadas na cidade de adoção.

As fontes de imprensa, por sua vez, foram fundamentais não só para cotejar algumas das informações encontradas nos documentos internos ao clube, como para compreender como se davam as relações estabelecidas entre os incipientes suplementos esportivos da imprensa paulista e seu público consumidor, em evidente alteração na passagem dos anos 1920 para a década seguinte quando São Paulo vivia a construção de seu discurso identitário calcado na valorização do trabalho e da imigração europeia.

Essas questões, complexas e imbricadas em diferentes temporalidades e espacialidades, foram mobilizadas para compreender como os associados do clube criaram e vivenciaram o seu futebol. Trata-se, pois, de uma observação voltada para uma experiência específica e a periodização escolhida ilustra essa preocupação. Com início em 1928, ano de fundação do Anhanguera, a periodização desta pesquisa acompanha a forma pela qual o clube e seus associados se estabeleceram na várzea da Barra Funda, destacando como um rico associativismo de bairro foi constitutivo da experiência do futebol amador. Algo bastante distinto do que foi vivido, por exemplo, pelos associados dos clubes de elite vinculados ao universo oficial do esporte. Embora mantivessem pontos de contato com a várzea na forma como reagiram ao processo de profissionalização do futebol, clubes como o Paulistano, organizados sob o modelo do *football association,* não lidavam com os mesmos dilemas, nem encontravam as mesmas dificuldades para vivenciar o esporte na cidade.

O limite final da periodização foi estabelecido em diálogo não apenas com as transformações que o clube Anhanguera viveu no início dos anos 1940, mas também com aquelas que marcaram os bairros da Barra Funda e do Bom Retiro, sobretudo as que se referem às relações entre as associações políticas, recreativas e esportivas a partir da intensa industrialização da região naquele momento. Além disso, em graus e modos variados, a intensificação do processo de profissionalização do futebol, o advento do Estado Novo, a eclosão da Segunda Guerra Mundial e a Copa do Mundo de 1938 também contribuíram para modificar tais relações, sobretudo no que se refere à formação de identidades coletivas.

As entrevistas com os antigos associados do clube representaram outra rica fonte de informação ao apontarem caminhos em relação aos aspectos que mereceriam maior atenção na pesquisa. O recurso à memória desses agentes exige uma breve consideração sobre a questão da veracidade, aqui tecida a partir da leitura da obra de Ecléia Bosi. Para a autora, tal questão nunca a preocupou em suas pesquisas, pois erros e lapsos "são menos graves em suas consequências que as omissões da história oficial". Tal como para a autora, nosso interesse se concentrou "no que foi lembrado, no que foi escolhido para perpetuar-se na história de vida".[3] Mais do que buscar a *veracidade* dos dados aos quais os entrevistados se referiram, interessou entrever que práticas e sentidos sustenta-vam suas lembranças numa perspectiva próxima da etnografia.

As questões de cunho teórico emergiram em meio a uma série de impasses. Por ser o futebol de várzea um campo de fontes escassas e renitentes,[4] raros também são os trabalhos que adentram sua especificidade.[5] Isso parece explicar a tendência em tratar a experiência varzeana apenas a partir de seus vínculos com o universo oficial do esporte, amador ou profissional. Daí o uso difuso e generalizado de noções como *popularização* e *profissionalização* para tratar de clubes e jogadores populares no início do século XX. Embora ambas sejam importantes categorias operativas, elas pouco nos ajudam a compreender a atuação de clubes que não se oficializaram; não se profissionalizaram, mas também não desapareceram, caso do Anhanguera e de alguns outros de sua geração. Nesse sentido, a pesquisa procura oferecer elementos para a compreensão do que ocorria paralelamente ao futebol das ligas oficiais.

Por outro lado, é preciso deixar claro que não se trata aqui de negar o diálogo, a permeabilidade ou a *circularidade cultural* entre os universos oficial e extraoficial do futebol praticado em São Paulo. Como já alertava Matthew Shirts, em 1982, ao es-crever sobre a história dos primeiros anos do esporte em São Paulo:[6] mais importante

---

3   BOSI, Ecléa. *Memória e sociedade*. São Paulo: Companhia das Letras, 2007, p. 37.

4   E como os estudos sobre história do futebol não o configuram como um campo ou uma linha de pesquisa na historiografia, os trabalhos ligados à cultura popular – ao seu cotidiano e à sua socia-bilidade – foram centrais nesta pesquisa. Aqui destacamos os seguintes: FAUSTO, Boris. *O crime do restaurante chinês*. São Paulo: Companhia das Letras, 2009; GAMA, Lúcia Helena. *Nos bares da vida*. São Paulo: Ed. Senac, 1998; MORAES, José Geraldo Vinci de. *Metrópole em sinfonia*. São Paulo: Esta-ção Liberdade, 2000; SCHPUN, Mônica Raisa. *O cinema mudo em São Paulo*. ArtCultura, Uberlândia, vol. 9, n. 14, p. 71-81, jan/jun. 2007; SIQUEIRA, Uassyr de. *Entre maxixes, peladas e palavras de ordem*. *Revista Esboços*, Florianópolis, vol. 12, p. 75-86 n. 14, 2005.

5   As exceções são: HIRATA, Daniel Veloso. *Futebol de várzea*. Dissertação (mestrado em Sociologia) – Universidade de São Paulo, São Paulo, 2005; JESUS, Gilmar Mascarenhas de. *Construindo a cidade moderna*. Revista Estudos Históricos, São Paulo, n. 23 vol 13, 1999; *Idem*. *Várzeas, operários e fute-bol*. Geographia: Revista do Programa de Pós-Graduação em Geografia da UFF, Niterói, n. 8, vol. 4, 2002 p. 84-92; e SEABRA, Odette Carvalho de Lima. *Urbanização e fragmentação*. Tese (livre-docência em Geografia) – Faculdade de Filosofia, Letras e Ciências Humanas, Universidade de São Paulo, São Paulo, 2003. Além disso, podem-se citar alguns artigos reunidos na coletânea *Futebol: espetáculo do século*, organizada por Márcia Regina da Costa *et al*. (São Paulo: Musa Editora, 1999); e os trabalhos que dedicam capítulos ao tema: ANTUNES, Fátima M. R. Ferreira. *Futebol de fábrica em São Paulo*. Dissertação (mestrado em Ciências Sociais) – Faculdade de Filosofia, Letras e Ciências Humanas, Universidade de São Paulo, São Paulo, 1992; e NEGREIROS, Plínio José L. de Cam-pos. *Resistência e rendição*. Dissertação (mestrado em História) – Faculdade de História, Pontifícia Universidade Católica, São Paulo, 1992.

6   SHIRTS, Matthew G. *Literatura futebolística: uma periodização*. In: MEIHY, José Carlos S. B.; WIT-

do que reafirmar as controvérsias sobre onde, quando e como o futebol começa a ser praticado e difundido, é notar que a problemática de fundo está, desde muito cedo, inscrita na disputa por seu controle *ideológico*. Assim, em lugar de procurar identificar os responsáveis pela *introdução* ou *popularização* do futebol na cidade, optou-se por perceber as trocas realizadas entre praticantes oriundos da *elite* ou de segmentos populares. Para tanto, um conceito menos estrito de cultura foi mobilizado. Compreendida na ampla acepção de *interação*, a cultura é o âmbito em que se declaram:

> valores e propõem-se sentidos que podem entrar em conflito com outros valores e sentidos. Os conflitos, portanto, devem ser considerados não apenas como ingrediente normal da cultura, mas como instância geradora, força motriz. Como consequência, pretender que a cultura tenha funções anestésicas, de harmonização e integração social, já é uma forma cultural de agir (segundo interesses hegemônicos), mas desfigura o fenômeno se pretender eliminar de seu horizonte especificamente o conflito, a desarmonia, a segmentação.[7]

Assim, a perspectiva desta pesquisa não nega nem a importância da circularidade cultural para compreender como o futebol foi construído em São Paulo, nem a importância dos conflitos em tal construção.

Com essa perspectiva foi possível, por exemplo, superar a noção amplamente difundida de que o futebol popular seria fruto do decalque ou do mimetismo das práticas de seus supostos *introdutores* na cidade. Embora o conjunto de regras oficiais – constantemente lembradas pelos órgãos responsáveis por organizar o futebol na cidade – tenha garantido uma base comum para a prática do jogo, sua *apropriação* não se deu de maneira homogênea pelos diferentes grupos que compunham a cidade naquele momento. A pesquisa procura mostrar que o esporte assumiu conotações diferentes mesmo entre aqueles que pertenciam ao estrato mais pobre da população: os imigrantes, seus descendentes e a população negra, ex-escrava.

Ainda sobre esse aspecto, é preciso ressaltar o papel da imprensa esportiva em relação à construção da imagem do futebol praticado nas regiões de várzea. Fátima Ferreira Antunes já havia lançado luz sobre a centralidade da imprensa em relação aos discursos integradores quando analisou o poder irradiador das ideias de José Lins do Rêgo, Mário Filho e Nelson Rodrigues nos periódicos da capital brasileira,

---

TER, José S. (orgs.). *Futebol e cultura*. São Paulo: Imprensa Oficial: Arquivo do Estado, 1982.

7   MENESES, Ulpiano Toledo Bezerra de. *Os usos culturais da cultura*. Transcrição da conferência proferida no encerramento do Congresso Internacional de Geografia e Planejamento do Turismo, 1995.

durante as primeiras décadas do século passado.[8] Para ela, a ligação desses autores com os centros de poder – dos clubes esportivos, da própria imprensa, da confederação de desportos ou mesmo de instâncias do governo – explica a rápida difusão de suas ideias e fornece pistas sobre a assunção do discurso nacionalista que então se formava. Por meio do futebol e em diálogo com acadêmicos e políticos influentes, aqueles jornalistas[9] traduziram para a população do Rio de Janeiro o discurso sobre o *ser nacional*.

A permeabilidade entre Estado e sociedade – ou, ainda mais especificamente, entre Estado e imprensa – na produção do discurso nacional, apresenta cores regionalistas em São Paulo, principalmente a partir do aparecimento de *A Gazeta Esportiva* que, tal como o Anhanguera, surge no ano de 1928. A opção por acompanhá-la durante sua primeira década se justifica pela posição diferenciada que ela assumiu em relação aos jornais *O Estado de S. Paulo* e *Folha da Manhã*, com os quais passou a concorrer oferecendo aos setores médios da sociedade paulistana um contraponto à tradicional perspectiva da elite agrária. É em razão desse posicionamento que a *Gazeta* ajuda a tecer a face paulistana do discurso nacional.

A partir desses elementos, o primeiro capítulo é dedicado a acompanhar como os peninsulares e seus descendentes se estabeleceram na região varzeana da cidade e dela se apropriaram física e simbolicamente, muitas vezes em conflito com o poder público. Discorre-se, ainda, sobre o universo do trabalho e o uso do tempo livre em tal processo de integração à cidade. Um rico associativismo de bairro figurou como a base dessas experiências, o que se estendeu ao futebol.

Esses aspectos são então mobilizados no segundo capítulo para compreender quais foram as bases de organização da vida esportiva do clube. Vale ressaltar que, embora o Anhanguera não integrasse as ligas que organizavam o futebol oficial, o clube não deixou de com ele se relacionar. Viveu, sobretudo entre os anos 1928 e 1931, de maneira surpreendentemente semelhante ao aristocrático clube Paulistano, as tensões impostas pela *competência esportiva*, entre outras pautas e demandas da LAF e da APEA,[10] o que também revela suas dificuldades em manter-se paralelo àquele universo.

---

8   Discussão também desenvolvida em: SILVA, Marcelino Rodrigues da. *Mil e uma noites de futebol.* Belo Horizonte: Ed. UFMG, 2006; HOLLANDA, Bernardo B. Buarque de. *O descobrimento do futebol.* Rio de Janeiro: Biblioteca Nacional, 2004.

9   Foram leitores e colegas de intelectuais como Gilberto Freyre, é o caso de Mário Filho.

10   A Liga dos Amadores de Futebol (LAF) foi criada em 1926, em meio a disputas internas à Associação Paulista de Esportes Atléticos (APEA), de 1913, acerca da manutenção do amadorismo.

O terceiro capítulo, por sua vez, desloca-se das questões internas do clube e procura compreendê-lo em meio a outras instituições da Barra Funda e do Bom Retiro e às formas como estava organizada a vida recreativa e esportiva dos moradores desses bairros. Formas estas que se inscreviam no campo das disputas simbólicas por uma identidade social no espaço urbano. Por último, considera-se a entrada de *A Gazeta Esportiva* nessa dinâmica e no incipiente mercado editorial esportivo e a relação por ela mantida com o universo varzeano. O periódico ofereceu um espaço até então inédito para os clubes de várzea, designando-os como os representantes de um futebol *tradicional* e *moderno*. O futebol de várzea, fundamentalmente retratado pela figura dos ítalo-brasileiros, seus clubes, procedimentos e costumes passou a ser apresentado pelo periódico como uma nova forma de amadorismo a ser valorizada na medida em que representava o *povo*, categoria já bastante cara à imprensa e ao Estado Nacional naquele momento.

NAS VÁRZEAS E NOS SUBÚRBIOS:
O SURGIMENTO DA ASSOCIAÇÃO ATLÉTICA ANHANGUERA

DESENRAIZAR-SE E ENRAIZAR-SE:
A INSTALAÇÃO DE IMIGRANTES PENINSULARES NA BARRA FUNDA

Quando fundaram a Associação Atlética Anhanguera, Saverio Russo, Bartholomeu Maggi, Ezzio Marchetti e outros jovens descendentes dos primeiros emigrados da península itálica circulavam pelo bairro da Barra Funda havia algum tempo. Seus pais e avós chegaram à região entre 1870 e 1900 fixando residência nas imediações da Hospedaria dos Imigrantes, localizada na confluência da antiga rua dos Imigrantes, atual José Paulino, e rua Tenente Pena[1] e das recém-criadas ferrovias Sorocabana e São Paulo Railway (mapa 1).[2] Esse foi o caso do pai de Saverio, que em 1876 se instalou no Largo da Banana, região onde hoje se encontra o Memorial da América Latina e o viaduto 'Pacaembu'. Foi também o caso da família Vignola, cujo patriarca, Consolato, chegara à região em 1896, com apenas três anos de idade.[3] Já a família Tirone, cuja história se confunde com a do clube Anhanguera, ao contar com três gerações de associados, estabeleceu-se na região da rua Cruzeiro no mesmo período, sendo o calabrês Nicola Tirone e sua esposa os primeiros a chegar.

---

1   PERELMUTTER, Daisy. *Um Bom Retiro*. São Paulo: SESC, 2011, p. 3.

2   Primeiramente, a Ferrovia Sorocabana, criada em 1870 para ligar com mais agilidade o polo de produção ao de distribuição do café, instalou uma de suas estações na Barra Funda. Em 1892, foi a vez de a Ferrovia São Paulo Railway fazer o mesmo.

3   Consolato Vignola era tio de Antônio e Miguel Vignola, que viriam a ser importantes diretores do Anhanguera e também os responsáveis pela cessão de terrenos e do prédio da primeira sede do clube. Consolato se tornou parte da família Satriano, também ligada ao clube, ao casar-se com Filomena Satriano, em 1912 (entrevista com o sr. Pedro Cardoso, neto de Consolato Vignola, realizada em 1º de agosto de 2012).

Ao imigrar para a capital de São Paulo, essas famílias encontraram condições bastante diferentes das enfrentadas por aqueles que vinham atender à lavoura cafeeira no Oeste Paulista. Sua chegada possuía conteúdo extra de preocupações, pois, ao contrário dos agricultores, não contavam com subsídios para a viagem, garantias de trabalho e tampouco com a companhia da família.[4] Principalmente para eles, a hospedaria cumpriu papel fundamental ao possibilitar a rede de contatos entre os imigrantes já estabelecidos e os recém-chegados à cidade. Dessa rede derivou, por exemplo, a preferência por habitar certos bairros da região central de São Paulo. A possibilidade de estar perto de familiares, amigos e conhecidos, e de trabalhar a partir de contatos por eles fornecidos, não parecia ser de pouca importância para quem nem mesmo conhecia a língua do novo país.

Acrescente-se que esses pioneiros chegaram a São Paulo como vênetos, campânios ou calabreses,[5] falando dialetos regionais e não um idioma unificado territorialmente, como destaca a linguista Elisabetta Santoro: "Na Itália, no final do século XIX, a língua ainda não era o italiano para todo mundo. […] as pessoas não sabiam falar italiano. […] a unificação da Itália como país, como nação, era um fato recente".[6] É fácil imaginar que, por essa razão, mesmo o diálogo mais simples entre conterrâneos se tornasse tarefa complexa. Considere-se ainda que, além da profusão de dialetos peninsulares, também se ouviam em São Paulo línguas como o castelhano, o árabe e, mais tarde, o japonês.[7] Ao contrário do que se imagina, uma nova Babel não foi instaurada na cidade; a necessidade de comunicação acabou por rapidamente firmar o português como língua franca nos bairros que receberam esses imigrantes, caso da Barra Funda, do Bom Retiro e do Brás. Arranjos linguísticos variados como os diale-

---

4   Para ALVIM,Zuleika Maria, a imigração dos mais pobres, oriundos do sul da Itália, tem início nos anos 1890, justamente quando se inicia maior afluxo para a capital de São Paulo. No mesmo período, aumenta significativamente a imigração de peninsulares desacompanhados da família "O Brasil italiano (1880-1920)". In: FAUSTO, Boris (org.). *Fazer a América*. São Paulo: Edusp, 2000.

5   Advindos de regiões das quais vieram a maior parte dos imigrantes italianos. Segundo dados do IBGE, entre 1876 e 1920, emigraram para o Brasil: 365.710 vênetos, 166.080 campânios e 113.115 calabreses (Cf. IBGE. *Brasil: 500 anos de povoamento*. Rio de Janeiro, 2000). Note-se ainda que a região do Vêneto localiza-se ao norte da Itália, enquanto a Campânia e a Calábria, pobres e rurais, encontram-se ao sul.

6   Informação fornecida na palestra *L' Italia e l'italiano in Brasile: tra immigrazione e attualità*, realizada em 26 de janeiro de 2012 na *Université Paris X*. Evidentemente, Santoro se refere ao que se configuraria como língua italiana a partir do dialeto da região toscana.

7   Aos italianos, que representaram praticamente um terço dos imigrantes de São Paulo (cerca de 945 mil pessoas), seguiram-se respectivamente essas nacionalidades, considerando-se o período 1894-1933 (Cf. IBGE, *Op. cit.*; HALL, Michael. *Imigrantes na cidade de São Paulo*. In: PORTA, Paula (org.). *História da cidade de São Paulo*. São Paulo: Paz e Terra, 2004, p. 124 vol. 3).

tos francos foram bastante utilizados na cidade, caso do *talian*, "uma mistura entre o dialeto vêneto e a língua portuguesa".[8]

Esse processo de "mistura" esteve associado apenas ao português falado, pois, tal como a população local, cujo índice de alfabetizados não chegava a 30%, os peninsulares aqui chegavam sem o domínio do código formal da escrita.[9] Na Calábria, terceira região italiana a enviar emigrados para o Brasil, menos de 50% da população sabia ler e escrever em 1911.[10] A situação só se alteraria na península nos primeiros anos do século XX, a partir da adoção do italiano como língua oficial e do impulso estatal de alfabetização massiva da população, medidas que integravam o movimento de construção da nação italiana. Tal como a formação de seu Estado, a unificação linguística da Itália aconteceu tardiamente, sendo concluída apenas nos anos 1920, a partir da centralização totalitária do poder político experimentada com o regime fascista.[11]

Assim, peninsulares alfabetizados e falantes de um idioma nacional só chegaram à Barra Funda anos depois, nas últimas levas de imigração para a cidade. É, pois, nesse sentido que se pode compreender as conhecidas variações que caracterizam o uso do português falado em São Paulo, retratadas de forma caricata e bem-humorada por Alcântara Machado e Juó Bananére, como marcas de um processo de incorporação de uma língua nova sem abandonar de todo os elementos que estruturavam a anterior.[12] A falta de domínio da língua escrita entre os nacionais e os imigrantes contribuiu para que criativos recursos próprios à oralidade facilitassem a integração entre eles.[13]

---

8   Falado especialmente no Espírito Santo e em Santa Catarina, há indícios de sua presença também em São Paulo (Informação fornecida pela profa. dra. Elisabetta Santoro na palestra *L´Italia e l´italiano in Brasile: tra immigrazione e attualità*, realizada em 26 de janeiro de 2012).

9   Cf. IBGE. *Op.cit*

10   BIONDI, Luigi. *Entre associações étnicas e de classe*. Tese (doutorado em História) – Instituto de Filosofia e Ciências Humanas, Universidade Estadual de Campinas, Campinas, 2002, p. XVIII.

11   Informação fornecida pela profa. dra. Elisabetta Santoro na palestra *L´Italia e l´italiano in Brasile: tra immigrazione e attualità*, realizada em 26 de janeiro de 2012. Cf. também: FAUSTO, Boris. *Imigração: cortes e continuidades*. In: NOVAIS, Fernando A. (org.). *História da vida privada no Brasil*. vol. 4. São Paulo: Companhia das Letras, 1998.

12   Em, respectivamente, *Brás, Bexiga e Barra Funda*, obra publicada em 1927, e *La divina encrenca*, publicada em 1933.

13   Esse lento processo de integração pela língua seria posteriormente intensificado devido às tensões decorrentes da pressão realizada pelo Estado brasileiro no sentido de eliminar todo tipo de *estrangeirismo* no país. Durante a Segunda Guerra Mundial, o Brasil se colocou contra o eixo e, por essa razão, passou a exercer controle extra sobre imigrantes da Itália, do Japão e da Alemanha, países que o compunham. A partir de 1937, tais imigrantes foram o principal foco na campanha para diminuir as diferenças trazidas pelos estrangeiros residentes no Brasil. Além de controlar as liberdades civis e eliminar a *ameaça* comunista em muito associada aos italianos, o regime ditatorial de Getúlio Vargas intensificou o projeto de criar uma unidade nacional com base na identificação entre Estado e povo.

Os ítalo-brasileiros, entre os quais estavam os fundadores da Associação Atlética Anhanguera, não conheceram as mesmas dificuldades enfrentadas por seus antecessores. Embora nem todos pudessem ser comparados aos herdeiros de propriedades e capital de fábricas como os membros das famílias Crespi e Matarazzo, nasceram brasileiros – segundo a tradição jurídica brasileira do *jus soli* e foram beneficiados por saberes e bens adquiridos por seus parentes. Primeiramente, aprenderam o português como língua materna, o que fez com que os mais antigos passassem a se empenhar na tarefa de ensinar sua língua e transmitir elementos de sua cultura aos mais jovens, como rememora o historiador Boris Fausto:

> Lembro o exemplo de imigrantes, entre os quais figuravam não poucos analfabetos, que se reuniam para ouvir a leitura dos jornais de sua comunidade [...] [os quais] continham notícias do país de origem e principalmente matérias que diziam respeito à inserção do agrupamento étnico na vida da cidade. Eram, pois, um instrumento valioso no esforço da primeira geração para manter-se fiel às raízes e buscar transmiti-las a seus descendentes.[14]

Note-se que os signos oficiais nacionais, como a língua e o território, parecem integrar o repertório daqueles que deixaram a península antes mesmo que ela fosse oficialmente reconhecida como uma nação, o que não deixa de suscitar questões sobre a base de construção do sentimento de pertença nacional fora da Itália. As pesquisas de José Renato de Campos Araújo e de Luigi Biondi abordam aspectos dessa questão. Suas conclusões são convergentes no que se refere à construção de uma identidade nacional italiana no Brasil em diálogo com o processo instaurado na Itália. A identificação de parte da massa operária ao contingente imigrante e sua expressiva

---

O Decreto-Lei n° 1.545, de 1939, que dispunha sobre "a adaptação ao meio nacional dos brasileiros descendentes de estrangeiros", materializava algumas dessas preocupações, como em seu artigo relacionado à educação: "Incumbe ao Ministério da Educação e Saúde: a) promover, nas regiões onde preponderarem descendentes de estrangeiros, e em proporção adequada, a criação de escolas que serão confiadas a professores capazes de servir os fins desta lei; b) subvencionar as escolas primárias de núcleos coloniais, criadas por sua iniciativa nos Estados ou Municípios; favorecer as escolas primárias e secundárias fundadas por brasileiros; c) orientar o preparo e o recrutamento de professores para as escolas primárias dos núcleos coloniais; d) estimular a criação de organizações patrióticas que se destinem à educação física, instituam bibliotecas de obras de interesse nacional e promovam comemorações cívicas e viagens para regiões do país; e) exercer vigilância sobre o ensino de línguas e da história e geografia do Brasil; f) distribuir folhetos com notícias e informações sobre o Brasil, seu passado, sua vida presente e suas aspirações" (BRASIL. Decreto-Lei n° 1.545, de 25 de agosto de 1939. Dispõe sobre a adaptação ao meio nacional dos brasileiros descendentes de estrangeiros. *Diário Oficial da União*, Brasília, seção 1, 28 jul. 1939).

14   FAUSTO, Boris, *Op. cit.*, p. 37, 1998

ligação com o movimento sindical, anarquista ou comunista penetraram o cotidiano dos trabalhadores, operários ou não, por meio de panfletos, jornais e outros meios de comunicação, alimentando o sentimento de pertença dessa comunidade. Ao mesmo tempo, a propaganda oficial da Itália, que assumiu tons fascistas a partir do fim da década de 1920, também gerara adeptos ao construir a imagem de um país forte, contribuindo para o sonho de retorno de alguns deles.[15]

Embora bastante significativa, a apropriação da língua portuguesa pelos imigrantes e seus descendentes é apenas um dos aspectos a revelar o delicado processo de *desenraizamento* e *enraizamento* vivido pelas várias gerações de sua comunidade. O delicado equilíbrio entre o abandono, a manutenção e a adoção de lugares, práticas e valores[16] criou um rico substrato material e simbólico que marcou profundamente os modos de vida na Barra Funda. Pode-se mesmo afirmar que um dos aspectos que confere especial singularidade ao bairro diz respeito às *artes do fazer* cotidiano em torno da moradia, do trabalho, da religião e do lazer a partir das quais os imigrantes e seus descendentes ali se estabeleceram. Dentre essas *artes* destaca-se, sem dúvida alguma, o futebol.

A BARRA FUNDA E A VÁRZEA DOS ÍTALO-BRASILEIROS

O movimento de ocupação da Barra Funda tem início nas últimas décadas do século XIX, quando os técnicos da Ferrovia Sorocabana encontraram no bairro um espaço adequado para sua instalação. A várzea do rio Tietê representava um lugar intermediário tanto em relação às distâncias entre Santos e o Oeste Paulista, como em relação às diferenças topográficas do estado. Além disso, ela era praticamente desocupada, à exceção de uns poucos grupos sertanejos que viviam em pequenas casas próximas aos rios.

Afora possibilitar a entrada de milhares de imigrantes e ampliar e acelerar a circulação de mercadorias, a instalação da ferrovia desencadeou transformações nos costumes e na forma de ocupar o espaço urbano. O sociólogo José de Souza Martins associa, por exemplo, a chegada das ferrovias à São Paulo à instauração do hábito de consumo de cerveja entre os trabalhadores.

---

15   ARAÚJO, José Renato de Campos. *Imigração e futebol*. Dissertação (mestrado em História) – Instituto de Filosofia e Ciências Humanas, Universidade Estadual de Campinas, Campinas, 1996; *Idem. Migna terra*. Tese (doutorado) – Instituto de Filosofia e Ciências Humanas, Universidade Estadual de Campinas, Campinas, 2003; BIONDI, Luigi. *Op.cit.*

16   *Desenraizar* e *enraizar* são processos interligados, complexos e descontínuos que devem, portanto, ser analisados conjuntamente (Cf. SEIXAS, Jacy Alves de. *Mémoire et oubli*. Paris: Ed. de la Maison des sciences de l'homme, 1992).

"Até então [eles] não dispunham de uma bebida cotidiana, nem de uma bebida de cerimônia, até porque eram pobres e o mercado, minguado. Pela primeira vez passaria a existir uma bebida popular não estigmatizada, oposta ao que acontecia com a cachaça, que era bebida calmante do cativo".[17]

É, pois, com o trabalho assalariado, impulsionado pela substituição de mão de obra escrava e pela introdução da ferrovia, que surge a figura do consumidor associada ao homem livre.

Quanto ao espaço urbano, a ferrovia representou a base para a criação de novos lugares ao alterar a geografia imaginária da cidade de São Paulo, processo que se deu de maneira ainda mais intensa nos bairros que a receberam, como a Barra Funda.[18] Após ser literalmente dividido ao meio pelos trilhos da Sorocabana, o bairro seguiu uma conformação muito particular, expressa de maneira curiosa por seus moradores. Eles contam que, em razão da instalação da ferrovia, o bairro passou a ser tratado não mais como uma unidade, mas a partir de dois segmentos: a Barra Funda *de baixo* e a Barra Funda *de cima*.[19]

A Barra Funda *de baixo* correspondia ao exato limite da zona suburbana, como indicam as plantas da cidade de São Paulo da época, iniciando na rua Salta-Salta e se estendendo pela várzea do rio Tietê até o bairro do Bom Retiro (mapa 1). Já a Barra Funda *de cima* correspondia à região que, integrada aos Campos Elíseos e à Santa Cecília, convertia-se no aclive que dava acesso ao bairro de Higienópolis (mapa 1), o que explica sua ligação com os limites urbanos da capital.[20] Os bairros localizados nas regiões mais altas da cidade foram escolhidos para local de residência pela elite paulistana, desejosa de evitar os pontos mais sujeitos às enchentes periódicas.

---

17   MARTINS, José de S. *A aparição do demônio na fábrica*. São Paulo: Editora 34, 2008, p. 25.

18   A *produção* de novos lugares se dá na medida em que o espaço não "é para o homem um meio neutro e constante, mas preenchido com significados nas relações vitais de atuações opostas, e esses significados, por sua vez, mudam de acordo com os diferentes lugares e regiões do espaço. Também esses significados não são devidos a sentimentos apenas subjetivos que o homem liga ao espaço, mas são caracteres autênticos do próprio espaço vivido [...] Cada modificação no homem condiciona uma mudança de seu espaço vivido" (BOLLNOW, Otto Friedrich. *O homem e o espaço*. Paraná: Editora UFPR, 2008, p. 18).

19   Os antigos associados do clube Anhanguera entrevistados durante essa pesquisa são também antigos moradores da Barra Funda, além de descenderem dos primeiros imigrantes chegados à região. Sua recorrente referência à divisão do bairro chamou a atenção para as práticas cotidianas de espaço reiteradas tanto em seus relatos, quanto em suas enunciações pedestres, seus caminhos pelo bairro, por assim dizer. Tais enunciações tornaram-se possibilidades para o reconhecimento dos usos que os varzeanos fizeram da várzea e da cidade (Cf. CERTEAU, Michel de. *A invenção do cotidiano*. Vol. 1. Rio de Janeiro: Vozes, 2000, v. 1).

20   Segundo anotações na *Planta da cidade de São Paulo*, de 1924 (Disponível no setor de obras raras da Biblioteca Mário de Andrade, em São Paulo). Cf. ainda: Mapa de Expansão da Área Urbanizada da Região Metropolitana de São Paulo, 1915/1929 (anexo).

Assim, ao contrário da ocupação da área varzeana, iniciada principalmente com a chegada dos imigrantes, a formação da Barra Funda *de cima* se deu a partir de 1850, com a instalação de chácaras de recreio e residência de cafeicultores que deixaram o interior para se aproximar do centro de decisões de seus negócios. A mais importante delas foi a Chácara do Carvalho, herança deixada pelo Barão de Iguape para o neto, Antônio Prado Jr., que

> a colocou em reformas sob a direção de Luigi Pucci, arquiteto italiano também responsável pelo projeto do Museu do Ipiranga. Ao terminá-las, em 1902, trabalhou pela inauguração da primeira linha de bondes elétricos de São Paulo, uma vez que era também um dos sócios fundadores da Companhia Paulista de Estradas de Ferro. A linha ligaria a Barra Funda, na altura da Chácara do Carvalho, ao centro da cidade, no Largo São Bento.[21]

As características e necessidades desse abastado grupo social explicam por que tão rapidamente se estabeleceu naquela região o ramo de pequenos serviços, o setor de abastecimento, bem como uma série de melhoramentos urbanos que não ultrapassaram a linha férrea. Do outro lado, a rua do Bosque era praticamente intransitável:

> nela havia três interrupções; a primeira, a poucos metros de seu início, junto à rua Barra do Tibagi, onde uma galeria abandonada de águas pluviais impedia o trânsito de veículos – só pedestres conseguiam atravessar esse local; a segunda surgia após a rua Anhangüera, onde o antigo córrego, chamado "o esgoto", novamente interrompia o trânsito de veículos, sendo necessário contorná-lo; o terceiro obstáculo ficava na altura da rua dos Americanos – um proprietário, em questão com a prefeitura, alegando ser o "dono" de toda via, cercou-a e plantou capim no terreno, forçando os moradores a passar pela cerca e pelo capinzal, a fim de alcançarem suas moradias.[22]

Afora diferenças topográficas e socioeconômicas como as mencionadas, a Barra Funda também vivenciou as experiências advindas do encontro entre imigrantes e a população negra que habitava a parte alta do bairro. Até a chegada das linhas férreas, o principal contingente populacional da Barra Funda era formado por escravos,

---

21 BRUNELLI, Aideli S. Urbani *et al. Barra Funda*. São Paulo: DPH, 2006, p. 27.

22 *Ibidem*, p. 19-20. Por essa razão, a pavimentação e a iluminação públicas na Rua Anhanguera foram concluídas apenas ao final da década de 1950.

libertos e seus descendentes ali concentrados[23] devido à oferta de serviços de suporte às chácaras dos cafeicultores. A eles se somavam, ainda que em menor escala, "pessoas vindas de casebres do interior do país ou dos portos estrangeiros [...] e brancos pobres que já inchavam as cidades imperiais e junto a eles aprenderiam a sobreviver na instabilidade que marcaria suas vidas também em seu novo habitat".[24]

Após a abolição da escravidão, essa população não deixou o trabalho predominantemente doméstico que até então vinha realizando e manteve-se no bairro apenas até o fim dos anos 1940. Embora também tivessem prestado serviços no setor comercial, na estrada de ferro como carregadores, ou praticado o comércio ambulante de comestíveis e gêneros de primeira necessidade, os negros não conseguiram novas ocupações no setor de serviços ou nas fábricas recém-instaladas na várzea, cujos postos foram preenchidos principalmente por imigrantes. A série de alterações econômicas e espaciais expulsou-os gradualmente da Barra Funda *de cima* sendo o encarecimento dos aluguéis o estopim para que atravessassem o rio e fossem viver em bairros como a Casa Verde e a Freguesia do Ó, onde as moradias possuíam preços mais abordáveis.

Em parte, os ítalo-brasileiros aderiram à mesma perspectiva discriminatória dos nacionais em relação aos seus vizinhos negros. Quando alguns deles se mudaram para a Barra Funda *de baixo*, contrariando o fluxo que os dirigia para o outro lado do rio, tiveram suas moradias apelidadas de caldeirão do inferno. Segundo antigos associados da Associação Anhanguera, tratava-se de uma espécie de cortiço que, instalado na rua Anhanguera,[25] não fora bem aceito pelos moradores ítalo-brasileiros. Assim, os varzeanos imigrantes da Barra Funda *de baixo* não se diferenciavam apenas dos abastados cafeicultores da Barra Funda *de cima* e de seus arredores, mas também dos negros que moravam *do lado de lá* e eram ainda mais pobres que eles. Apesar disso,

---

23   Não parece haver consenso na escassa bibliografia existente sobre o início da presença negra na Barra Funda. Para alguns autores, a chegada maciça teria acontecido apenas no início do século XX (Cf., por exemplo: JORGE, Janes *et al. Paulicéia afro.* São Paulo: Secretaria Municipal de Cultura, 2008). Outra corrente, à qual nos vinculamos, indica como marco as últimas décadas do século XIX, em que, mesmo antes da abolição da escravidão, havia um contingente negro na Barra Funda vinculado ao trabalho nas chácaras dos barões do café, o que só se teria ampliado posteriormente. Segundo Rolnik: "A área Barra Funda/Campos Elísios foi, no início do século XX, o território mais caracterizadamente negro de São Paulo. O distrito de Santa Ifigênia, em 1893, concentrava a maior porcentagem de negros e mulatos – 14% – em um momento em que São Paulo se italianizava rapidamente, com a grande imigração, e que a população negra e mulata representava menos de 10% da população total" (*apud* BRUNELLI, Aideli S. Urbani *et al., op. cit.*, p. 23. Cf. também: SCHWARCZ, Lilia Moritz. *Retrato em branco e negro.* São Paulo: Companhia das Letras, 2001).

24   MARINS, Paulo César Garcez. *Habitação e vizinhança.* In: SEVCENKO, Nicolau (org.). *História da vida privada no Brasil.* Vol. 3. São Paulo: Companhia das Letras, 1998, p. 132.

25   Entrevista com o sr. William João Sandonato, realizada em 23 de maio de 2010.

as mais diferentes relações foram mantidas entre imigrantes e a população negra da Barra Funda *de cima*. O famoso carnaval do bairro, por exemplo, nasceu da parceria entre os dois grupos.

Outro importante elemento para compreender a forma como os ítalo-brasileiros se instalaram e estabeleceram-se no bairro passa pelos usos e representações mais comuns das várzeas da cidade tanto por seus moradores quanto pelo poder público. Em conformidade com as práticas e concepções higienistas em voga desde o fim do século XIX,[26] predominava a ideia de que tais regiões eram insalubres e sujas, algo patente no comentário do prefeito Washington Luís acerca da Várzea do Carmo, no centro da cidade: "uma vasta superfície chagosa, mal cicatrizada em alguns pontos, e, ainda escalavrada, feia e suja, repugnante e perigosa".[27] O comentário é parte do relatório elaborado pelo prefeito em 1916, pouco antes de dar início às obras de saneamento naquele local. Durante seu governo, foram decretadas várias medidas que visavam ao controle de doenças relacionadas às inundações no perímetro urbano da capital, como a leptospirose e a febre amarela.[28] Para o prefeito, no entanto, esse controle parecia representar um pouco mais, como se vê na continuação de seu relatório. Para ele, era na várzea que "se reunia e dormia à noite":

> a vasa da cidade, numa promiscuidade nojosa, composta de negros vagabundos, de negras emaciadas pela embriagues habitual, de uma mestiçagem viciosa, de restos inomináveis e vencidos de todas as nacionalidades, em todas as idades, todos perigosos [...]. Era aí que, quando a polícia fazia o expurgo da cidade, encontrava a mais farta colheita.[29]

Provavelmente o prefeito se referia "às lavadeiras, caboclos e pretos véios", nacionais pobres que, segundo a pesquisa de Carlos José Ferreira dos Santos, foram aqueles que ocuparam a várzea no exercício cotidiano de inúmeras atividades. Era, portanto, pela desqualificação das pessoas que por ela circulavam, "igualando-as ao

---

26   Cuja intensa divulgação se deu na gestão de Washington Luís na prefeitura entre 1914 e 1919 e no estado de São Paulo, entre 1920 e 1924.

27   *Apud* SANTOS, Carlos José Ferreira dos. *Nem tudo era italiano*. São Paulo: Annablume/Fapesp, 2008, p. 88, 91.

28   Para explorar as práticas e concepções higienistas em São Paulo e Rio de Janeiro, cf. MOTA, André. *Tropeços da medicina bandeirante*. Tese (doutorado) – Faculdade de Filosofia, Letras e Ciências Humanas, Universidade de São Paulo, São Paulo, 2001; COSTA, Jurandir Freire. *Ordem médica e norma familiar*. Rio de Janeiro: Edições Graal, 1999; MERHY, Emerson E. *O capitalismo e a saúde pública*. Campinas: Papirus, 1987.

29   Relatório de Washington Luis, 1916, *apud* OLIVEIRA, Maria Luiza Ferreira de. *O registro dos limites da cidade*. *Anais do Museu Paulista*, São Paulo, Vols. 6-7, 2003, p. 37-59 (1998-1999).

espaço que ocupavam", que o poder público começava a justificar uma série de ações em nome da "limpeza, saúde e da segurança pública", ações de caráter moralizador e disciplinador que visavam "a exclusão dos indesejáveis do centro da cidade".[30]

Ao contrário da Várzea do Carmo, a várzea do rio Tietê, na região suburbana da cidade, não despertava a mesma atenção das autoridades públicas naquele momento. Era ainda praticamente despovoada no início do século XX em razão de seu solo argiloso; além disso, por estar sempre sujeita à "enchente brava",[31] foi durante anos ocupada apenas por chácaras de vacarias e não favorecia o assentamento de casas (mapa 1): "[a várzea] era lugar de vacas de leite [...] e existiam buracos de extração de areia. Os buracos que a extração de areia provocou acabavam ficando vazios".[32]

Assim, afora o período das cheias, fonte de preocupação intermitente dos urbanistas de espírito sanitarista do início do século, a várzea não sofreu nenhuma grande modificação urbana até pelo menos o fim dos anos 1940. A exceção parece ter sido a retificação de um pequeno trecho do Tietê, em 1919. Provavelmente, tal iniciativa já visava a valorização econômica da região, o que se daria, posteriormente, a partir da cessão do terreno para a *Light and Power*, que exploraria o potencial energético do rio, lotearia parte da várzea para habitação e cederia outra para a instalação de fábricas.[33]

A ausência de interesse pelos terrenos varzeanos do Tietê naquele momento permitiu que atividades de lazer e de subsistência surgidas nos séculos anteriores nela se mantivessem até, pelo menos, a instalação das avenidas marginais. Assim, as pescarias, os passeios, os piqueniques, os banhos, a lavagem de roupas e utensílios domésticos, e a coleta de areia e pedregulho para uso nas olarias dos arredores, próprias do cotidiano da cidade no século XVIII, adentraram os primeiros anos do século XX.[34] Permitiu também que práticas novas, como o futebol, fossem integradas a essa dinâmica num local bastante adequado para sua realização.

Apesar de naquelas primeiras décadas não recaírem sobre a várzea do Tietê os mesmos interesses que marcaram a história da Várzea do Carmo, a região suburbana passou por processo semelhante àquele vivido pela região central: a desvalorização

---

30   SANTOS, Carlos José Ferreira dos. *Op.cit.* p. 91.

31   Entrevista realizada com a profa. dra. Odette Seabra, realizada em 20 de maio de 2011.

32   *Ibidem*

33   Cf. SEABRA, Odette Carvalho de Lima. *Os meandros dos rios nos meandros do poder: Tietê e Pinheiros.* Tese (doutorado) – Faculdade de Filosofia, Letras e Ciências Humanas, Universidade de São Paulo, São Paulo, 1987.

34   Para compreender os antigos usos da região do rio Tietê, cf.: JANES, Jorge. *Tietê, o rio que a cidade perdeu.* São Paulo: Alameda, 2006.

do espaço da várzea associada à progressiva desvalorização de seus moradores. É nessa medida que se pode compreender o teor pejorativo do termo *varzeano*, tratava-se de um estigma que remetia o habitante à área desvalorizada. Faz-se necessário notar, porém, que se desvalorizava a várzea enquanto realidade geográfica *natural*, mas vislumbrava-se para ela usos muito próximos aos implementados na Várzea do Carmo.

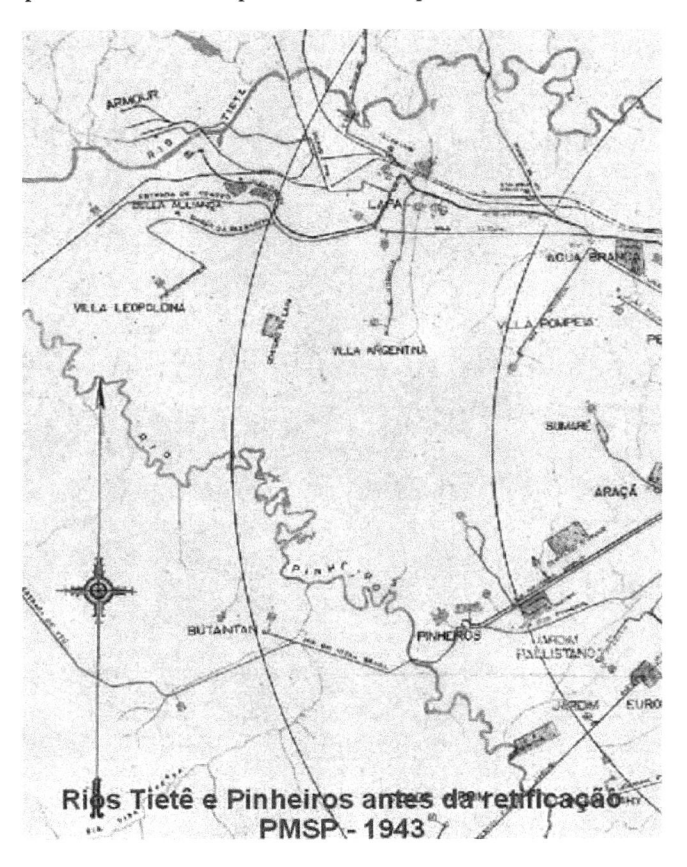

Figura 1 – Rios Tietê e Pinheiros antes da retificação, em 1943. (Fonte: Prefeitura de São Paulo)[35]

---

35   Disponível em: <http://atlasambiental.prefeitura.sp.gov.br>. Acesso em: 10 jan. 2013.

Figura 2 – Rio Tietê na cidade de São Paulo, ainda cheio de meandros no início do século XX. Foto anônima. (Fonte: Prefeitura de São Paulo)[36]

É, pois, em meio a esse universo que se pode compreender a classificação da Barra Funda em *de cima* e *de baixo* por seus moradores e até mesmo pela prefeitura, que registra, em 1943, o termo "Várzea da Barra Funda" para se referir à região baixa em uma das plantas da cidade.[37] Essa dupla designação não foi apenas fruto das diferenças topográficas do bairro, realçadas com a chegada da ferrovia. Ela indica um pouco mais.

A referência à Barra Funda a partir dessas unidades é reveladora da percepção de seus moradores acerca do processo de segmentação social ocorrido no bairro a partir da ocupação dos cafeicultores. Em outros termos, ela indica a construção de outra espacialidade, "metafórica", no "texto claro da cidade planejada e visível", como alerta Certeau.[38] Para Mônica Raisa Schpun, é justamente a partir da instalação da

---

36   Disponível em: <http://atlasambiental.prefeitura.sp.gov.br>. Acesso em: 10 jan. 2013.

37   Planta da cidade de São Paulo e municípios circunvizinhos, organizada pela repartição de eletricidade da *The São Paulo Tramway Light and Power*, 1943. Disponível em: <http://smdu.prefeitura. sp.gov.br/historico_demografico/img/mapas/1943.jpg>. Acesso em: 15 set. 2012.

38   CERTEAU, Michel de. *Op. cit.*, p. 172.

oligarquia rural na cidade que os cidadãos são "preparados para repartir o espaço da cidade de forma anônima, mas sem deixar de exibir, pelo modo de aparição pública, suas identidades sociais".[39]

A construção física e *metafórica* da Barra Funda se deu em torno de, no mínimo, três grupos com identidades sociais diferenciadas: os negros, os imigrantes e a elite cafeicultora. Foi nesse terreno, marcado por transformações e conflitos entre a Barra Funda *de cima* e a *de baixo*, entre a face urbana e a suburbana, e entre diferentes usos e compreensões da várzea por seus moradores que se estabeleceu parte fundamental do que veio a ser conhecido como o futebol de várzea da cidade. E ele não ficaria imune nem às transformações, nem aos conflitos que marcaram o período.

A VÁRZEA SE APROPRIA DO FUTEBOL

Das novidades que chegaram a São Paulo nos primeiros anos do século XX, poucas receberam adesão tão significativa quanto o futebol. Talvez apenas o teatro musicado e o cinema[40] tenham despertado interesse equivalente entre os diversos grupos sociais que apenas começavam a tomar forma na cidade. Nacionais e imigrantes, brancos e negros, ricos e pobres organizaram associações esportivas e dedicaram parte de seu tempo ao futebol. Se no estrato social mais abastado da cidade temos a fundação do São Paulo Athletic em 1888 (visando, inicialmente, apenas a prática do críquete) e do Clube Atlético Paulistano em 1900, no estrato dos mais pobres, o União Futebol Clube apresentava, já em 1901, Formiga e Simão, "um mulato e um negro que formaram uma dupla de ataque muito conhecida".[41] Segundo a Liga Paulista de Futebol, existiam no estado de São Paulo "aproximadamente 2 mil clubes praticantes de futebol" em 1914.[42] E no ano seguinte, o jornal *O Estado de São*

---

39   SCHPUN, Mônica Raisa. *Beleza em jogo*. São Paulo: SENAC/Boitempo, 1999, p. 21.

40   Para Lúcia Gama, o "cinematógrafo do salão de variedades [...], o teatro musicado, picadeiros e pavilhões de circo" também mobilizaram setores das camadas médias e populares da cidade (GAMA, Lúcia, *Sociabilidade e produção cultural*. *Cidade: Revista do Departamento do Patrimônio Histórico/ SMC*, São Paulo, ano 5, n. 5, jan. 1998, p. 43). Sobre as transformações nas formas de lazer e entretenimento da primeira metade do século XX, cf. também: RAGO, Margareth. *A invenção do cotidiano na metrópole:*. In: PORTA, Paula (org.). *Op. cit.* Vol. 3, p. 387-435. Sobre as semelhanças entre a forma como o futebol e o cinema foram apropriados no Rio de Janeiro, cf. MELO, Victor. *Futebol e cinema*. In: ALVITO, Marcos; MELO, Victor (orgs.). *Futebol por todo o mundo*. 1ª. ed. Rio de Janeiro: FGV, 2006, p. 9-26.

41   SANTOS NETO, José Moraes dos. *Visão de jogo*. São Paulo: Cosac Naify, 2002, p. 53. Não se pode esquecer, ainda, daqueles que representavam a comunidade imigrante. O periódico *A Fanfulla* parece ter registrado vários embates entre clubes da comunidade ítalo-brasileira em suas páginas já na primeira década do novo século.

42   *Apud* NEGREIROS, Plínio José L. de Campos. *Op. cit*, 1992, p. 51.

Paulo anunciava, num domingo "47 jogos envolvendo 94 clubes, 188 times e 1.068 jogadores".[43] Esses números indicam que o processo de apropriação do futebol extrapolou barreiras socioculturais e se deu de maneira concomitante entre os diferentes grupos que compunham a cidade, contrariando "certa visão oficial [que] privilegiou as elites como protagonistas da história brasileira e apegou-se à ficção da concessão de direitos promovida pelos setores dominantes".[44]

De caráter urbano e vocação não exclusivista, o futebol tornava-se, assim, um empreendimento coletivo marcado pelo entusiasmo e pelo engajamento de representantes desses diversos segmentos sociais. Pela mesma razão, transformava-se também uma prática heterogênea e fragmentada. Ao fazer parte dos repertórios culturais de grupos como a elite cafeicultora, os nacionais pobres – com destaque para os ex-escravos – e os recém-chegados imigrantes, sobre o futebol recaíram conteúdos bastante diversificados durante os anos iniciais do século de ares modernos.[45]

No caso da elite cafeicultora, tal apropriação se deu em diálogo com as transformações advindas da passagem de um meio de vida rural para um urbano. O rápido crescimento da cidade de São Paulo alterara códigos e padrões de representação social, o que exigia a criação de estratégias para que ela pudesse afirmar sua distinção também na cidade. É nesse sentido que se pode compreender a forma como o futebol foi por ela recebido. Tratava-se de incorporá-lo como um dos elementos que compunham sua distinção social, como algo que lhe era próprio, uma extensão de seu *ethos*.

Daí a tentativa de afirmação de antigas hierarquias por setores da elite diante de contatos cada vez mais regulares com os populares no espaço urbano. A cidade se modificava, mas o "passado escravista, ainda recente, palpitava nos tratos sociais e na atitude discricionária, peremptória", diz Sevcenko.[46] Ao analisar algumas posições da incipiente imprensa esportiva nos primeiros anos do século XX, Santos Neto revela a forma como as "atitudes discricionárias" assumiram no futebol. Para ele, periódicos

---

43   *Ibidem*

44   FRANCO Júnior., Hilário. *Op.cit*, p. 61.

45   Para explorar a difícil noção de modernidade, parte-se aqui da imagem utilizada por Marshall Berman, que, em diálogo com Baudelaire, afirma ser a experiência moderna da *perda do halo*. Para o poeta, não havia mais inocentes ou escolhidos em face das transformações decorrentes da reurbanização de Paris. A modernidade se apresentava como o tempo novo, em que se abandonavam as dualidades e a transcendência: arte e mundo, beleza e realidade, espiritual e material. Nesse sentido, a rua, elemento que condensava todos esses aspectos, figurava como seu espaço. Cf. BERMAN, Marshall. *Tudo que é sólido desmancha no ar*. São Paulo: Companhia das Letras, 1996. Para uma análise de como a modernidade passa a integrar o cotidiano de cariocas e paulistanos a partir do fim do século XIX, cf. SEVCENKO, Nicolau. *A capital irradiante, técnica, ritmos e ritos do Rio. In História da vida privada no Brasil*. São Paulo: Companhia das Letras, 1998, vol. 3, p. 513-618; e *Orfeu extático na metrópole*. São Paulo: Companhia das Letras, 1992.

46   SEVCENKO, Nicolau. *Op. cit.*, p. 31.

como *O Estado de S. Paulo* utilizaram sistematicamente o tom pejorativo para falar da prática esportiva pelos populares, expressando uma

> política consciente para separar [...] dois universos futebolísticos. Para os primeiros jornalistas esportivos, assim como para os primeiros dirigentes, havia o "grande futebol", o das elites, e o "pequeno futebol" [...] Uns eram os dignos representantes do nobre esporte bretão, e os outros não estavam à altura do reconhecimento oficial e da igualdade na forma de tratamento. Os times populares eram vistos como brutos, incapazes de seguir as regras de conduta do futebol e dos *gentlemen* ingleses, e por várias vezes foram até mesmo ridicularizados pelas folhas como um bando de jogadores que davam chutões para o alto, sendo chamados de "canelas negras".[47]

Os canelas negras, representantes do pequeno futebol, eram desqualificados em seus gestos quando comparados aos praticantes do grande futebol: os aristocráticos sportmen.[48] A suposta e difundida incapacidade dos primeiros em cumprir as regras de conduta do futebol sustentava a ideia de que os últimos seriam os legítimos representantes do esporte trazido da Europa, uma vez que apenas os seus gestos estariam de acordo com uma alegada etiqueta, ou mesmo com as regras que o organizavam. Hilário Franco Júnior mostra que condutas semelhantes marcaram a chegada do esporte ao Rio de Janeiro: "o primeiro número de um novo periódico lançado no Rio de Janeiro declarava solenemente que 'o futebol é um esporte que só pode ser praticado por pessoas da mesma educação e cultivo. [Se formos] obrigados a jogar com um operário [...] a prática do esporte torna-se um suplício, um sacrifício, mas nunca uma diversão".[49]

Vale ressaltar que a seção de esportes de *O Estado de S. Paulo* foi, durante anos, chefiada pelo jornalista Mário Cardim, um dos fundadores do Clube Atlético Paulistano.[50] Para Cardim e outros representantes daquela elite, alegadas diferenças na gestualidade figuravam como meio de distinção entre grupos sociais, pois se tornava cada vez mais difícil manter ativas as distinções manifestas, por exemplo, na ocupação do espaço social. Partilhar com os populares a Várzea do Carmo e outros espaços para a prática do futebol poderia causar confusão sobre os lugares sociais de cada grupo. A situação parecia comum, pois, segundo notícia de *A Gazeta Esportiva*,

---

47 SANTOS NETO, José Moraes dos. *Op.cit.*, p. 53.

48 FRANCO JÚNIOR, Hilário. *Op. cit.*, p. 65.

49 *Sports*, 6 ago. 1915, *apud*, *Ibdem* p. 63.

50 RIBEIRO, André. *Os donos do espetáculo*. São Paulo: Editora Terceiro Nome, 2007, p. 39.

de março de 1930, que rememorava o início do futebol, a Várzea do Carmo possuía oito campos de futebol. Sem regulação do poder público, mais interessado em aterrar a várzea, o uso do espaço era indiscriminado, o que possibilitou que o futebol fosse ali praticado pelos mais diferentes clubes da cidade.

Daí que recursos como pequenas notas na imprensa tornaram-se cada vez mais comuns para distinguir os futebolistas que dividiam o mesmo espaço de jogo: "Um '*ground*' em polvorosa – Na várzea do Carmo, dois 'times' anônimos de menores desocupados se empenharam ontem às três e meia horas da tarde, num '*match*' de 'futebol', com entusiasmo beliçoso de dois cães na disputa de um osso".[51] Anônimos, menores e desocupados eram os atributos a que mais recorriam os jornalistas quando se referiam ao futebol "pequeno".

Afora o posicionamento apresentado em *O Estado de S. Paulo* nesse período, uma concreta separação espacial passou a ser empreendida por aqueles setores para evitar o "indesejável compartilhamento de espaços públicos"[52] que a cidade, envolta em novos tempos, parecia possibilitar. Era preciso traduzir diferenças sociais em distâncias físicas. Quem primeiro conseguiu realizar tal *tradução*, já no ano de 1901, foi o Clube Atlético Paulistano, quando promoveu, "em conjunto com a prefeitura municipal, a transformação do Velódromo existente na cidade em campo de futebol".[53] Esse parece ter sido um dos primeiros passos rumo à separação e à especialização dos espaços de jogo da cidade com o apoio da administração municipal, que, não se pode deixar de notar, tinha entre seus membros assíduos frequentadores ou mesmo sócios das associações do chamado grande futebol, caso do futuro prefeito Washington Luís, frequentador do Clube Atlético Paulistano e da família Prado, associada ao mesmo clube.

É nesse contexto de progressivo abandono das várzeas[54] pelos oligarcas que a noção de *futebol de várzea* começou a circular, ainda segundo Santos Neto. A locução vinha para designar especificamente a prática dos times populares que continuaram a utilizar os espaços de vazão dos rios para o jogo. Embora não tenham sido encontrados documentos diretamente associados à construção de tal acepção, a alcunha de varzeanos para designar aqueles que moravam na várzea ou que dela usufruíam já

---

51   *O Estado de S. Paulo*, 14 ago. 1915, *apud* NEGREIROS, Plínio José L. de Campos. *Op. cit.*, p. 52.

52   *Ibidem*

53   SANTOS NETO, José Moraes dos. *Op. cit.*, p. 49. Cf. também: ANTUNES, Fátima M. R. Ferreira. *Do velódromo ao Pacaembu. Cidade: Revista do Departamento do Patrimônio Histórico/SMC*, São Paulo, ano 5, nº 5, jan. 1998.

54   Além da Várzea do Carmo, havia a Chácara Dulley e a Chácara White, ambas na várzea do rio Tietê, no Bom Retiro. Por outro lado, além do velódromo, o futebol oficial e de elite passou a utilizar também o antigo hipódromo da cidade e o Parque Antarctica.

circulava com claro conteúdo pejorativo entre os anos de 1910 e 1920, como vimos nas ações do poder público. Curiosamente, tais sujeitos das camadas mais pobres da população – principalmente os moradores dos bairros da Barra Funda e do Bom Retiro, na várzea do rio Tietê – não rejeitaram a denominação associada ao seu futebol. Muito embora representasse uma série de conflitos, ela foi incorporada por eles tornando-se uma afirmação identitária forte e corrente, prenhe de conteúdos novos já ao final dos anos 1920, a ponto de um antigo morador da Barra Funda assim rememorá-la: "[era] futebol de várzea, naquele tempo. Nem amador não se chamava".[55]

O CLUBE ANHANGUERA: UMA EXPERIÊNCIA ASSOCIATIVA

O futebol praticado na várzea entre os populares já era uma realidade em janeiro de 1928, quando Saverio Russo, Bartholomeu Maggi e Ezzio Marchetti reuniram-se na alfaiataria deste último com o intuito de criar um clube para praticar o esporte. A ideia dos rapazes surgira após seu desentendimento com a diretoria do Grupo Esportivo Carlos Gomes (fundado em 1913), do qual até então faziam parte: os diretores teriam discordado da sugestão por eles apresentada de instalar um bar nas dependências sociais do clube, o que os levou a criar outra associação na qual pudessem usufruir de um bar sempre abastecido. Assim nasceu o clube Anhanguera, batizado com o nome da rua onde fora fundado e com as cores rubro-negras. Assim nasceu também a rivalidade que colocaria em disputa constante os clubes irmãos da comunidade ítalo-brasileira instalada na Barra Funda *de baixo*.

Após a reunião de fundação, uma série de exigências se impôs aos rapazes. Além das providências que envolviam a obtenção da licença para o funcionamento do clube,[56] fazia-se necessário compor um considerável grupo de associados, eleger diretores e presidente, redigir os estatutos e, ainda, obter espaços para estabelecer uma sede social e uma sede esportiva. Tudo indica que eles buscavam reunir elementos para caracterizar a fundação de uma *associação* esportiva, e não de uma *agremiação*. Embora essas duas designações fossem, em geral, utilizadas como sinônimas, alguma diferença as distanciava à época: segundo os órgãos estatais que regulavam

---

55 Depoimento de Alfredo Campos, morador da Barra Funda, descrevendo sua infância e juventude no bairro. Museu da Pessoa. Disponível em: <http://www.museudapessoa.net/_index.php/historia/5284-historia-de-vida?historia=integra>. Acesso em: 11 jan. 2013.

56 "Como: o requerimento da agremiação interessada – contendo seus estatutos sociais – e principalmente o aval da autoridade mais próxima do local onde a sociedade requisitante se instalava, os Delegados de Polícia responsáveis pelos bairros" (SIQUEIRA, Uassyr de. *Clubes e sociedades dos trabalhadores do Bom Retiro*. Dissertação (mestrado em História) – Departamento de História do Instituto de Filosofia e Ciências Humanas, Universidade Estadual de Campinas, Campinas, 2002).

as organizações civis para o lazer, a agremiação reunia os interessados na prática de apenas uma modalidade esportiva; já a associação, mais complexa, era organizada fundamentalmente sob interesses sociais, o que lhe impunha a missão de desenvolver outras atividades além dos esportes.[57] Em verdade, as associações não eram modalidades de organização desconhecidas entre os imigrantes europeus instalados na várzea, sobretudo entre aqueles advindos da península itálica que, desde o fim do século XIX, vinham desenvolvendo

> um tecido muito denso de associações culturais, artísticas, [...] de ajuda mútua, além das escolas. Essa rede associativa, organizada segundo as diversas origens e sensibilidades políticas, liga-se não somente a uma grande circulação de jornais em língua estrangeira, mas também a uma comunicação intercomunitária.[58]

Nessas entidades circulavam os mais diversos interesses, desde "o combate ao alcoolismo, a luta contra os açambarcadores de alimentos ou o movimento pelo barateamento do preço dos aluguéis",[59] até a oferta de atividades como o teatro e a dança. Embora diversas, essas "práticas recreativas, sindicais e esportivas não necessariamente se auto - excluíam e, em algumas ocasiões, se entrecruzavam no cotidiano dos trabalhadores – mantendo relações entre si e atuando de forma semelhante".[60]

Foi em meio a essa atmosfera associativa que o Anhanguera se organizou. E tão logo a sede social do clube foi provisoriamente estabelecida à rua do Córrego, nº 5 (mapa 2), ela tornou-se um espaço central na sociabilidade de seus membros, sobretudo para o presidente da associação, seus diretores sociais e esportivos, ao funcionar como o espaço onde se realizavam as assembleias semanais. Essas ocorriam nas noites de segunda-feira e, não raramente, ultrapassavam três horas de duração. Entre

---

57   Segundo a profa. dra. Odette Seabra: "O grêmio reúne em torno de uma prática e a associação reúne [...] morador, família, reúne tudo. Ela não é só um time. O que se formava sem parar eram grêmios [...] os jovens queriam jogar, então eles não fundam clube, eles formam um grêmio e vão [...] jogar. Daí eles procuram quem queira jogar. Aliás, acho que tem uma norma. Foi normatizado na década de 1930 porque foi exigido dos clubes que eles tivessem várias coisas, eles tinham que formar uma associação. Eles tinham que ser uma associação, eles tinham que ter uma biblioteca, tinham que ter uma porção de coisas pra funcionar, pra ser uma associação" (entrevista com a profa. dra. Odette Seabra, realizada em 20 de junho de 2011). Seu comentário aponta não só para a força da normatividade estatal em relação às organizações esportivas, sobretudo a partir do Estado Novo, mas também para a maior formalidade institucional das associações em comparação com as agremiações. Aponta ainda, mesmo que indiretamente, para os interesses em jogo dos agremiados ou associados, como veremos adiante.

58   SCHPUN, Mônica Raisa. *Op. cit.*, 2007, p. 74. Cf. ainda: BIONDI, Luigi. *Op.cit.*

59   SIQUEIRA, Uassyr de. *Op. cit.*, 2002, p. 49.

60   Cf. *Ibdem*, p. 78.

1928 e 1934, suas pautas privilegiavam basicamente três momentos: o encaminha-
mento de questões burocráticas – principalmente as propostas de novos associados,
quase sempre interessados em integrar o time de futebol –, a resolução de conflitos
entre sócios e a organização de eventos sociais.

Após estabelecerem seu tempo e espaço de reunião, outras necessidades emergiram e tornaram-se centrais entre os organizadores do Anhanguera. Em uma das
primeiras assembleias de outubro de 1928, por exemplo, o então presidente Antônio
Vignola pede à diretoria que "se entre num accordo a respeito das photographias
d[os] 1os e 2os quadros de foot-ball e o de diretores",[61] o que revela o interesse dos associados em iniciar o novo clube conforme o costume de registrar, ano a ano, as imagens de jogadores e dirigentes dos clubes. Durante a mesma assembleia, o secretário,
sr. Jeronymo Ferro, anteriormente incumbido de pesquisar os preços para o serviço,
é então chamado para apresentar o orçamento. O valor foi unanimemente compreendido como exorbitante pelos presentes, o que indica não apenas o descompasso
entre o serviço e a receita do clube, mas, principalmente, a falta de familiaridade dos
associados com aquele universo. Não havia alternativa, portanto, senão recusar o
serviço. Logo em seguida, porém, o associado Antonio Chieregati

> muito acertadamente ideiou que cada director trouxesse a sua
> photografia a esta secretaria [para mandar] collocar em um qua-
> dro como sóe. Desta forma, sahiria o serviço mais perfeito e
> muito mais vantajoso no preço. Como todos achassem que o
> Sr. Chieregati fosse feliz apresentando essa bella ideia, foi una-
> nimemente acceita.[62]

A solução caseira, unanimemente aceita, chama a atenção tanto pela economia
que representava entre os presentes, quanto pela afirmação de que o serviço sairia
mais perfeito. Embora não se possa precisar a que exatamente se referia Chieregati
ao apostar em tal *perfeição*, a situação oferece indícios de como se movimentavam os
associados na organização do novo clube: se por um lado desejavam partilhar do
universo simbólico em torno da prática do esporte na cidade, por outro começavam
a encontrar lugar um pouco diferente daquele em que provavelmente se espelha-
vam. Anos depois, as fotografias coletivas acabaram tornando-se parte do repertório
material do clube, mas os painéis montados a partir de fotografias individuais não
deixaram de representar recurso entre os anhangueristas (figura 3).

---

61   Atas da Associação Atlética Anhanguera, 15 out. 1928.

62   *Ibdem*

Figura 3 – Painel com o time da Associação Atlética Anhanguera, 1938.
(Fonte: acervo do clube).

De todo modo, a construção de um painel de fotografias estava longe de ser a última das demandas durante o período de constituição do clube e algumas delas tornaram-se tão complexas que não dependeram apenas de soluções caseiras para sua resolução. Esse foi o caso diante da necessidade de buscar endereço mais estável para abrigar a sede social. A partir do apoio de um membro do clube e de seu sócio, ambos economicamente bem estabelecidos no bairro, ela foi alocada, já em 1929, em um espaço definitivo, algo tão raro quanto fundamental para a estabilidade de uma associação esportiva à época. O primeiro era Matheus Sabatini, um dos diretores sociais do Anhanguera; o segundo, Miguel Vignola, que ao clube se vincularia posteriormente. Miguel era irmão de Antonio Vignola, o presidente da associação à época.

De acordo com antigos associados, Sabatini e Vignola cederam um dos terrenos de sua propriedade, localizado no cruzamento entre a rua Anhanguera e a rua do Bosque (mapa 2), para a construção de um prédio especialmente destinado a sediar a Associação Atlética Anhanguera. Alguns relatos dão conta, no entanto, de que o mesmo prédio abrigou em seu andar térreo, durante anos, o bar *Invicta* do "sr. Aires",[63]

---

63   Entrevista com o sr. Pedro Cardoso, realizada em 8 de setembro de 2012.

que não parece ter tido relação com o clube. Por esse motivo, a associação teria sido alocada no primeiro andar, o *sobrado*.

Entregue ao final de 1929, o prédio possuía "todas as condições necessárias ao funcionamento do clube: salão de baile, w.c. feminino, palco para representação de dramas e comédias e local para a orquestra dos bailes", segundo atas recentes da associação.[64] O grau de detalhamento desse registro sugere que possuir sede própria e as condições necessárias ao seu funcionamento, com destaque para aquelas que viabilizavam a presença feminina, representava um diferencial em relação a outros clubes da várzea. E isso não apenas nos anos em que tais dados foram rememorados, como se entrevê na notícia publicada em fevereiro de 1930, no suplemento esportivo de *A Gazeta*:

> A Associação Atlética Anhanguera, uma das mais representativas sociedades da Barra Funda, acaba de transferir a sua sede social para a Rua Anhanguera, 34, sobrado, onde continua à disposição dos clubes da capital e do interior. A inauguração da nova sede do rubro-preto dar-se-á no próximo domingo, dia 09, constando do programa o batismo da Nova Bandeira, posse da nova diretoria, animado vesperal dançante, 'comes e bebes' etc.[65]

As informações selecionadas sobre a festa de inauguração e a própria iniciativa de torná-la pública revelam que tal mudança não parecia ser de pouca importância nem para o grupo fundador, nem para as famílias que financiavam o novo clube. Provavelmente para Russo, Maggi e Marchetti, ela assumisse grande valor simbólico, pois marcava a transição para um espaço novo e próprio. Vale lembrar que o clube ganharia como vizinho justamente o Grupo Esportivo Carlos Gomes, com quem dividiria, face a face, a rua Anhanguera.[66]

---

64   Atas da Associação Atlética Anhanguera, 2 jan. 1981. Por ocasião de nova mudança de endereço da sede social, em 1981, a associação rememorou e registrou alguns fatos associados à antiga sede.

65   *A Gazeta Esportiva*, 2 fev. 1930, p. 11.

66   Por longos trinta anos até o fechamento desse último, em 1958, em razão da perda do direito de usufruto de seu campo de futebol à rua dos Americanos.

Figura 4 – Reprodução de fotografia da sede social à rua Anhanguera, nº
250 (embora o registro da fotografia a remeta a 1928, a análise de outras
fontes sugere que ela seja posterior a 1930). (Fonte: acervo do clube)

Quanto às famílias que financiavam o clube, outros elementos pareciam estar
em jogo, pois delas faziam parte "os homens de dinheiro da Barra Funda",[67] como
ficaram conhecidos os Sabatini e os Vignola. Os primeiros "eram donos de grande
parte da Barra Funda *de baixo*";[68] já os Vignola tinham suas atividades econômicas
concentradas nas proximidades da rua Anhanguera. Ainda segundo Sandonato:

> Um dos Vignola era delegado de polícia... O Miguel Vigno-
> la morava aqui [apontando para o início da rua Anhanguera],
> onde tem uma casa grande onde ainda se faz recepção. [...] o
> Raphael Vignola morava aqui [também apontando para o iní-
> cio da rua Anhanguera]. Ele tinha a venda na frente da minha
> casa... Tinha também o Pedro Vignola, que jogava.[69]

O vínculo do Anhanguera com os negócios de tais *homens de dinheiro* não se
resumia a esse ponto. O prédio onde a sede social do clube fora abrigada era de pro-

67   Entrevista com o sr. William João Sandonato, realizada em 23 de maio de 2010. Admitido em
        1945 como jogador do time de futebol, Sandonato passou rapidamente à presidência do clube.

68   Entrevista com o Sr. William João Sandonato, realizada em 23 de maio de 2010.

69   *Ibidem*

priedade de Margarida Sabatini e Caetano Sabatini, provavelmente esposa e filho de Matheus Sabatini. Isso talvez explique por que, durante o delicado período financeiro que se seguiu à Revolução de 1932, d. Margarida resolve:

> dar quitação à sociedade, ficando todos os meses em atraso perdoados. Ficando assim a A. A. A. completamente quite com os aluguéis até esta data. Fica a pagar só o mês de outubro que terminará em 10 de novembro. Os futuros pagamentos deverão ser feitos até o dia 10 do mês subsequente ao vencido. Porém, se vencidos dois meses e a sociedade não puder quital-os, a dona do prédio reserva-se o direito de evacuar a sede sem prévio aviso.[70]

O perdão pode ter significado a opção por menor prejuízo diante da instabilidade econômica e do fato de que os Sabatini possuíam outros imóveis e terrenos no bairro. A capacidade de agenciar tais propriedades era bastante conhecida entre os vizinhos e foi rememorada por Sandonato com um agudo comentário: "eles tinham dinheiro, mas não davam um tostão para ninguém, sempre queriam mais".[71] Já nas lembranças do sr. Pedro Cardoso, neto do patriarca da família Vignola, essa capacidade assume outro tom:

> Meu nonno Consolato Vignola foi construtor por muitos anos [...] quando tinha 40 anos morando na Anhanguera, logo depois da inundação de 1929, um senhor perguntou para ele se havia alguma casa para ele comprar na rua. Ele indicou a casa do vizinho. Uma semana depois aquele senhor toca a campainha quando o nonno ia tomar uma sopa. Ele atende. O senhor agradece a indicação e diz que comprou a casa. Tem nas mãos um saco de papel de pão que entrega para o Consolato. Estava cheio de dinheiro. Diz que é a comissão dele pela indicação da casa. O nonno diz que não precisava pagar nada, mas ele insiste dizendo que estava feliz em ter ele como vizinho e não podia deixar de pagar. O nonno aceita. O Consolato que nunca tinha visto tanto dinheiro, falou para a nonna: "Filomena daqui para frente vou ser corretor de imóveis. Ele trabalhou 50 anos como corretor na Barra Funda." Era tão conhecido que chegou a vender alguns imóveis diversas vezes, para novos proprietários.[72]

---

70   Atas da Associação Atlética Anhanguera, 4 out. 1932.

71   Entrevista com o sr. William João Sandonato, realizada em 23 de maio de 2010.

72   Entrevista com o sr. Pedro Cardoso, realizada em 8 de setembro de 2012. Cardoso é neto de Consolato e sobrinho de Miguel e Antônio Satriano. Curiosamente, é o único descendente entrevistado a não ter feito parte do clube.

As versões não são congruentes, mas há nelas certa correspondência no que se refere ao volume de dinheiro ou à capacidade de gestão dos negócios dos Vignola. Quanto aos demais envolvidos com o pagamento do aluguel da sede, o gesto de D. Margarida parecia representar um pouco mais. Os *recibos*, pagamentos mensais realizados pelos sócios, principal fonte de receita do clube, vinham declinando desde o início da Revolução, como indicam as medidas tomadas em agosto pelo clube:

> Devido a situação anormal, motivada pela Revolução Constitu-
> cionalista, foi suspenso, desde o dia 24 de julho de 1932, o baile
> em nossa sociedade, até cessação do nosso movimento. Nesse
> período de trégua, até esta data, a sociedade não tem tido um
> bom andamento e em vista disso deliberou-se fazer essa sessão
> para se tratar da questão e ver que providências se poderiam to-
> mar. Deliberou-se o seguinte: 1º. Prestação de contas que ficou
> marcada para a próxima 5ª feira, dia 01-09-1932, 2º. Nomear
> novo cobrador, provisoriamente, 3º. Os sócios, enquanto durar
> a revolução e não se dansar, pagam 3$000 de mensalidades,
> 4º. Depois da revolução, convocar uma assembleia geral para
> eleger nova directoria.[73]

O grupo dos endinheirados – em parte coincidente com a presidência e a diretoria do Anhanguera nesses primeiros anos – era pequeno diante de seus associados. Por sua vez, esses estiveram muito mais sujeitos às instabilidades econômicas e à modificação do perfil de trabalho que a nascente industrialização, a diversificação das atividades terciárias e o crescimento agudo da cidade começavam a anunciar nos anos 1930.

Ainda que os serviços e o comércio, em atividades como as de "consertadores de guarda-chuvas ou de colchões, fornecedores de gelo, peixeiros, palmiteiros, cegos vassoureiros, entre outros[74] fossem as ocupações mais comuns entre nacionais e imigrantes pobres, os associados do Anhanguera foram predominantemente trabalhadores de ofício pelo menos até o início dos anos 1940.[75] É o que indicam as propostas

---

73   Atas da Associação Atlética Anhanguera, 30 ago. 1932.

74   MORAES, José Geraldo Vinci de. *Op. cit.* 2000, p. 144. Sobre a abrangência do trabalho informal na cidade de São Paulo entre o fim do século XIX e as primeiras décadas do século XX, cf., *Ibdem, Sonoridades paulistanas.* Dissertação (mestrado em História) – Pontifícia Universidade Católica, São Paulo, 1990; PINTO, Maria Inez Machado Borges. *Cotidiano e sobrevivência.* Tese (doutorado em História) – Faculdade de Filosofia, Letras e Ciências Humanas, Universidade de São Paulo, São Paulo, 1984.

75   Quando quatro importantes indústrias têxteis chegaram à Barra Funda "empregando todo mundo", segundo o associado José Bertolozzi. Entrevista com o sr. José Carlos Bertolozzi, realizada em 24 de abril de 2010.

e as carteirinhas da associação entre 1928 e 1934. Sapateiros, marceneiros, alfaiates, vidraceiros, gráficos e ferreiros eram os ofícios mais citados.[76] As mulheres completavam esse cenário ao serem auxiliares nesses ofícios ou se dedicando à costura, sua principal atividade remunerada.[77]

Na família Olivieri, por exemplo, da qual faziam parte alguns dos primeiros membros do clube, destacava-se o ramo da tapeçaria desde sua segunda geração no Brasil, sobretudo na figura de Waldemar Olivieri, que inaugurou sua oficina na rua Anhanguera em fins dos anos 1930.[78] Na família Satriano, por sua vez, havia um significativo número de marceneiros, entre eles os irmãos Antônio e Miguel, que ficaram responsáveis pelas estantes onde seriam alocados os instrumentos musicais da associação. Os dois irmãos ofereceram-se, logo em seguida, para também montar as primeiras cristaleiras em que se guardariam as taças e os troféus que o clube começava a reunir. Destacaram o material, *imbuia por fora e cedro por dentro*, como forma de ganhar a concorrência contra outros marceneiros do bairro.[79]

Mesmo o ramo dos serviços parece ter assumido características ligadas aos ofícios exercidos pelas famílias ligadas ao Anhanguera. A transmissão de saberes de pai para filho marca, por exemplo, a família Russo, envolvida há três gerações com o serviço de despachante iniciado por Roberto Russo, filho de Saverio. O mesmo acontece com os Tirone, e vale a pena acompanhar um pouco mais detalhadamente a trajetória profissional dessa família.

Nicola Tirone, o patriarca, trabalhou como carroceiro desde que chegou à Barra Funda. Seu filho, Oswaldo, continuou o ofício do pai após passar um curto período como aprendiz na loja de ferragens Casa da Boia, na rua Florêncio de Abreu.[80] Anos depois, ele conseguiu habilitação junto ao governo do estado para atuar como cocheiro e fazer "viagens ao moinho Manetti Gamba – hoje Moinho Santo Antonio – para buscar sacos de farinha, sempre entornando seu garrafão de vinho".[81] A carroça foi substituída por um pequeno caminhão quando Oswaldo foi empregado, anos depois,

---

76   Ver tabela anexa e reproduções de carteiras de sócios.

77   GOMES, Angela de Castro. A pequena Itália de Niterói: uma cidade, muitas famílias. In: _____ (org.). *Histórias de imigrantes e de imigração no Rio de Janeiro*. Rio de Janeiro: 7 Letras, 2000, p. 82.

78   Seus filhos Walmir e Wanderlei mantêm, ainda hoje, o endereço e o ofício do pai (entrevista com Arthur Tirone, neto de antigo associado, realizada em 28 de agosto de 2011).

79   Pois uma espécie de licitação foi realizada a partir das propostas de marceneiros, as quais eram entregues em cartas e lidas em assembleia. (Atas da Associação Anhanguera, 17 mar. 1930).

80   Entrevista com Arthur Tirone e "Grego", realizada em 25 de junho de 2011.

81   TIRONE, Arthur. *Não quero redenção, quero a Argentina!* Disponível em: <http://www.copa2014. turismo.gov.br/copa/copa_cabeca/detalhe/artigo_Artur_Tirone.html>. Acesso em: 19 jan. 2012.

pela empresa Brasilata,[82] fato que alterou suas condições de trabalho, mas não sua movimentação pelo bairro. Curioso é que o veículo acabou assumindo vários usos dentro da comunidade, como o de transporte de jogadores do Anhanguera pelos campos de futebol da cidade (figuras 5 e 6).[83]

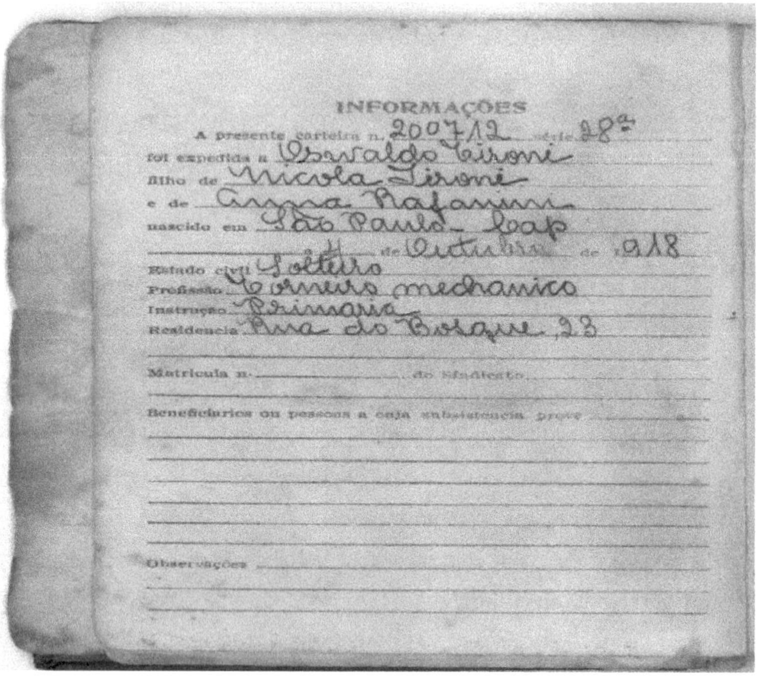
INFORMAÇÕES

A presente carteira n. 20071 2 série 28ª

foi expedida a Oswaldo Tirone

filho de Nicola Tirone

e de Anna Rafanini

nascido em São Paulo Cap

4 de Outubro de 1918

Estado civil Solteiro

Profissão Torneiro mechanico

Instrucção Primaria

Residencia Rua do Bosque 23

Matricula n. ... do Syndicato

Beneficiarios ou pessoas a cuja subsistencia prove

Observações

Figura 5 – Reprodução da carteira de trabalho de Oswaldo Tirone, p. 2, 1918. (Fonte: acervo da família)

82 Empresa lembrada pelos associados veteranos com o nome por ela assumido em 1965, quando passou a abranger também a metalurgia. A empresa existia, no entanto, desde o final da década de 1940 e atuava no setor de plásticos. O histórico da empresa está disponível em: <http://www.brasilata.com.br/pt/index.php>. Acesso em: 8 ago. 2012.

83 Entrevistas com Arthur Tirone, realizadas em 25 de junho e 28 de agosto de 2011. Cf. também: TIRONE, Arthur, *Op. cit.*

Figura 6 – Oswaldo Tirone ao centro com o veículo da empresa, anos 1950.
(Fonte: acervo da família)

Aprendidos com parentes, amigos, instituições religiosas[84] ou de ajuda mútua,[85] esses trabalhos criavam estreitos laços sociais não só por se basearem na concentração de funções na fabricação e na comercialização de produtos, mas por vincularem de maneira estreita mestres e aprendizes "seja na forma de trabalho não remunerado, seja mediante pagamento direto, ou ainda como parte das relações informais de solidariedade associadas ao parentesco".[86]

Essas relações ganhavam contornos ainda mais definidos entre as famílias ítalo-brasileiras, basta notar a forma como elas constituíam seus espaços de trabalho. Durante a primeira metade do século XX, a casa era também o lugar de trabalho para boa parte da população imigrante e pobre, a despeito dos esforços empreendidos pelo poder público para ordenar a cidade a partir da separação entre espaço de traba-

---

84   Como o Colégio Liceu Coração de Jesus – criado por padres italianos da Ordem dos Salesianos
      –, que por volta de 1915 iniciou seus cursos profissionalizantes (Cf. PERELMUTTER, Daisy.
      Op. cit. p. 6).

85   As associações de beneficência e de socorro mútuo eram correntes entre imigrantes desde o fim
      do século XIX. Atuando junto às comunidades étnicas, abrangiam desde a assistência médica até
      a inserção no mercado de trabalho. Sobre essa questão, cf. BIONDI, Luigi. *Op. cit.*

86   MALATIAN *apud* REZENDE, Vinícius de. *Da arte de saber fazer ao operário-boi?* In: SIMPÓSIO
      NACIONAL DE HISTÓRIA, 26., 2011, São Paulo. Anais… São Paulo: ANPUH, 2011, p. 2.
      Sobre essa questão, ainda cf. THOMPSON, Edward Palmer. *Costumes em comum.* São Paulo: Com-
      panhia das Letras, 1998, p. 280-304.

lho e espaço de moradia.[87] Assim, não por coincidência, grande parte dos pedreiros e mestres de obra da região eram peninsulares ou ítalo-brasileiros,[88] e as casas por eles concebidas reproduziam um padrão, conhecido como *ponta de chuva*,

> pois dizia-se que os capomastri utilizavam a ponta do insepará-vel guarda-chuva para demarcar a terra no início da constru-ção, o modelo tinha por base as casas geminadas, com entrada lateral, tendo os cômodos enfileirados, no meio uma claraboia vazada, cozinha, quintal e porão. Havia [...] sempre um quintal onde eram instaladas as oficinas.[89]

Esse padrão era parte de uma forma de vida fundada na *transmissão* não só do local de moradia e trabalho, mas também de conhecimentos, de ferramentas e, talvez, de uma cativa clientela para que as novas gerações pudessem continuar exercendo o ofício de seus pais e avós. A prática, que garantia a manutenção familiar de maneira endógena, parecia ser generalizada e representava um "papel estratégico na busca de ascensão social e de prestígio" entre os peninsulares, mesmo os mais abastados.[90] Perpetuar o ofício na família representava, assim, um valor que estreitava ainda mais os elos no interior da comunidade imigrante, já alimentados pelo contato com a vizi-nhança como fonte de ajuda mútua e de informações.

É nesse sentido que se pode compreender o valor da mensalidade cobrada pelo Anhanguera em 1928, provavelmente em acordo com os ganhos do segmento mais repre-sentativo do bairro: 3 mil réis, o que parecia razoável considerando-se que o valor médio

---

87   O que seria conseguido, aos poucos, num processo que especializou o centro como zona terciária, gerando um "significativo esvaziamento populacional dos antigos bairros operários" (PAOLI, Ma-ria Célia; DUARTE, Adriano. *São Paulo no plural: espaço público e redes de sociabilidade*. In: PORTA, Paula (org.). *Op. cit.* 2004, vol. 3 p. 69).

88   "Competentes nos diversos ofícios da construção civil, os peninsulares quase monopolizam o setor, compreendendo no começo do século cerca de três quartos dos pedreiros em atividade na cidade e a quase totalidade dos mestres-de-obras. Sem contar os arquitetos e escultores, que deixam, duravelmente, marcas visíveis nessa paisagem" (SCHPUN, Mônica Raisa. *Op. cit.* 2004, p. 73).

89   SOARES, Dulce. *Barra Funda*. São Paulo: Imprensa Oficial, 1982. Aideli Urbani Brunelli *et al.* apontam, entretanto, dado um pouco diferente: "Eram casas com pequena frente, muita área de fundo, quartos enfileirados, entrada lateral, cozinha e banheiro nos fundos, e porão – que ser-via para guardar coisas que não cabiam nos quartos e, mais tarde, como moradia a ser locada. Algumas tinham oficinas, outras armazéns ou bares à frente". BRUNELLI, Aideli S. Urbani, *Op. cit.* p. 27.

90   Como as famílias Crespi e Matarazzo, que rapidamente se integraram à elite paulista: "no que diz respeito aos filhos de imigrantes enriquecidos, as alianças matrimoniais representaram um elemen-to importante da fusão com a elite paulista. Os Crespi, os Weiszflogs, Siciliano, Matarazzo, Bying-ton, Pereira Ignácio, Scarpa etc. ligaram-se desse modo à elite nacional, resultando tais alianças, quase sempre, em vantagens mútuas, no plano material e na obtenção de prestígio" (FAUSTO, Boris. *Op. cit.*, 1998, p. 35).

do dia de trabalho de um operário à época era de 4 mil réis e que, "com isso, mal dava para comprar meio quilo de arroz ou macarrão, banha, açúcar e café", segundo Zuleika Alvim.[91] O preço praticado no Anhanguera era o mesmo de outras associações esportivas e recreativas da região varzeana, como o Círculo Recreativo da Vila Buarque e o G.D.M. (Grupo Dramático e Musical) Luso-Brasileiro.[92] É interessante notar, entretanto, que tal valor equivalia a menos da metade da mensalidade cobrada, por exemplo, pelo Clube Atlético Paulistano, que cobrava, no mesmo período, "40$000 de joia e 10$000 de mensa-lidade dos sócios efetivos apresentando, portanto, taxas de ingresso e de permanência ao seu quadro social restritivas para ampla camada da população da capital".[93]

A heterogeneidade socioeconômica dos associados do Anhanguera não im-pediu, contudo, que uma rica vida associativa se desenrolasse no clube. É o que indicam os relatos de antigos veteranos, como o do sr. Walter Dias, ex-diretor social e ex-presidente da associação: "as coisas aqui giram em torno dos parentes. [...] Meu pai jogou aqui... meu pai conheceu minha mãe no baile [do Anhanguera]".[94] Os laços familiares e os vínculos geracionais citados por Dias parecem representar alguns dos elementos responsáveis por certa diluição das diferenças socioeconômicas individuais no interior da associação. É o que também sugere Sandonato quando rememora a maneira como o clube funcionava: "era um trabalho feito em conjunto. Aqui nin-guém pegava os louros da glória pra [si], aqui todo mundo trabalhava e isso era divi-dido entre nós".[95] As lembranças de Dias e de Sandonato apontam para um convívio que, tal como acontecia em outros gêneros de associações nos bairros populares de São Paulo, "aplainava diferenças ao promover laços de congraçamento e de igualdade entre seus membros dentro do espaço associativo",[96] embora não as dirimisse de todo, tampouco aos conflitos que também caracterizaram a vida no clube, como veremos em vários momentos de sua trajetória.

91   ALVIM, Zuleika Maria. *Op. cit.*, p. 404.

92   Cf. SIQUEIRA, Uassyr de. *Clubes recreativos: organização para o lazer*. In: AZEVEDO, Elciene *et al.* (orgs.). *Trabalhadores na cidade*. Campinas: Ed. Unicamp, 2009, p. 272-305.

93   SIQUEIRA, Uassyr de. *Op. cit.*, 2005, p. 78.

94   Entrevista com o sr. Walter Dias, realizada em 22 de maio de 2009. Filho de Antenor Dias, diretor social do clube nos anos 1930, o sr. Walter representa uma das gerações de associados que inte-grou o Anhanguera em meados dos anos 1940. Embora seja também difícil precisar as datas em que se associaram, todos os veteranos entrevistados faziam parte da vida do clube nesse período, quais sejam: Cirilo Magalhães, sr. Pôncio, William Sandonato, José Bertolozzi, Nelson Manuel e sr. Augusto Pereira Neto. Apenas o sr. Salathiel Fernandes chegara um pouco antes, em 1937. Al-guns deles ocuparam cargos da diretoria ou mesmo da presidência da associação, caso de William, Walter e Salathiel. Os demais foram jogadores de futebol.

95   Entrevista com o Sr. William João Sandonato, realizada em 23 de maio de 2010.

96   SIQUEIRA, Uassyr de. *Op. cit.*, 2005, p. 77.

FESTIVIDADES, BAILES E A PARTICIPAÇÃO FEMININA

Esse convívio se dava em torno de diversas atividades, como descreve ainda Sandonato: "Não tinha só o futebol [no clube Anhanguera], tinha pingue-pongue, tinha baile, tinha festa de aniversário, festa do clube, festa de São João".[97] Foi assim que os inúmeros associados, que se seguiram aos fundadores, primeiros diretores e presidentes, engajaram-se em tais eventos. Tal iniciativa era expressa por uma intensa circulação pela nova sede e, mais especialmente, pelo salão social, situação que parece ter estimulado os dirigentes do clube a fiscalizar as formas de uso desses espaços, de modo a organizá-lo. Além de restringir a circulação de associados na sede social e proibir o costume de parar e encostar nos corrimãos das escadas que lhe davam acesso,[98] os diretores sociais passaram também a regular o acesso ao salão, controlando o uso das famílias ansiosas por promover eventos comemorativos como aniversários e casamentos.

Em março de 1930, por exemplo, foram estipulados os seguintes valores de aluguel do salão: "para sócios com mais de 3 meses [...] 80$000, fundadores 50$000 e particulares 100$000".[99] No mesmo ano, os proprietários do prédio não só foram dispensados desses valores, como lhes foi concedido o direito de usufruir do salão uma vez por ano. A proporção dos valores estabelecidos e o critério de isenção conforme a posição dos possíveis interessados revelam, uma vez mais, a estratificação social que vigorava no Anhanguera e a hierarquia estabelecida entre eles com base nesse critério. Revelam também que a maior ou menor possibilidade de acesso ao salão era definida a partir de uma escala crescente de valores em função do tipo de vínculo com o clube.

É nesse sentido que se pode compreender as poses e vestimentas presentes em uma das fotografias que integra os suportes de lembranças dos veteranos sobre as festas familiares realizadas na sede social do Anhanguera (figura 7).

---

97   Entrevista com o sr. William João Sandonato, realizada em 23 de maio de 2010.

98   Em inúmeras atas são citados sucessivos encaminhamentos para diminuir a circulação de associados nesses espaços. Em junho de 1930, as atas registraram a necessidade de colocar: "um aviso na escada, prohibindo a permanência na mesma por qualquer pessoa" (Atas da Associação Atlética Anhaguera, 30 jun. 1930).

99   Atas da Associação Atlética Anhaguera, 3 mar. 1930.

Figura 7 – Antônio Satriano (à direita) em festa de família
realizada na associação esportiva, na década de 1930. (Fonte:
arquivo pessoal do sr. Pedro Cardoso)

Os chapéus, penteados e demais adornos femininos, bem como as gravatas
e os ternos masculinos dos convivas da família Satriano são índices da importância
dessas festas para a comunidade constituída na Barra Funda e no clube, pois representavam não apenas um momento de encontro e comemoração com outras famílias,
mas a ocasião para dar visibilidade a tais elementos que indicavam posição social
alcançada. Assim, a dimensão de ostentação presente na imagem dos Satriano[100] só
pode ser analisada em associação à construção de uma imagem em grande parte ba-
seada na afirmação do valor do trabalho realizado no interior das famílias e de seus
sinais diacríticos, como o acúmulo material por elas alcançado.

Para Fausto, esses signos faziam parte de "uma convicção essencial. Eles se
consideravam gente devotada ao trabalho, os verdadeiros construtores de uma cidade que ia se convertendo em metrópole".[101] Assim, parece necessário considerar
que, longe de ser um processo autorreferenciado, a construção de uma identidade
pelos ítalo-brasileiros se deu em diálogo, nem sempre harmonioso, com os nascidos
no país e também com outros imigrantes. Evitando preconceitos e, ao mesmo tem-

---

100   Há que se fazer referência aos sobrenomes de famílias presentes no Anhanguera, como Satriano
       e Catapano. Após 1937, ampliou-se o controle sobre imigrantes e ítalo-brasileiros em todo o país.
       Uma das medidas para *nacionalizar* os estrangeiros foi a troca de *i* por *o* no final de nomes e sobre-
       nomes (até 1937, as famílias eram Satriani e Catapani).

101   FAUSTO, Boris. *Op. cit.*, 1998, p. 26. Sobre os usos das identidades sociais, cf. LEPETIT, Ber-
       nard. *A história leva os atores a sério?* In: _____. *Por uma nova história urbana*. São Paulo: Edusp, 2002,
       p. 239.

po, procurando afirmar-se na cidade de adoção, os peninsulares e seus descendentes encontraram no trabalho um *signo* com o qual se identificar que se tornaria a base para a *negociação* de sua identidade. Os desdobramentos dessa imagem foram os mais diversos alcançando, inclusive, o futebol.

Quanto às festas, não eram apenas particulares que as organizavam. A associação também as promoveu, mesmo que raramente. Em face delas, havia sempre grande mobilização. Em agosto de 1930, por exemplo, os diretores realizaram até mesmo reuniões extraordinárias para a organização de uma festa social do clube e produziram listas em que se distribuíam tarefas especializadas: as *ocuppações*, a se concretizarem durante a festa com o auxílio dos associados: "*guarda roupa* (Geronymo Ferro, Antonio Vignola, A. Lescher); *porta* (Jacintho, Antenor); *escada* (Catapani); *salão* (Antonio Victorino, Alvaro Santarelli); *recepção* (Eduardo Louzada); *direcção geral* (Miguel Vignola); *corredor* (João Cidro)".[102]

Além disso, "foi autorizada a compra de panno de bocca e encarregado da pintura o sr. João Cidro [...] de cervejas e sandwichs para os músicos".[103] Esse minucioso planejamento, que engajava associados, diretores e presidente indica a preocupação em corresponder às expectativas dos associados. Ele também demonstra o interesse em seguir os códigos sociais que regiam esse tipo de evento, embora o clube não possuísse toda a estrutura para realizá-lo. Matheus Sabatini, por exemplo, foi "chamado [à assembleia] para informar se pode[ria] requisitar cadeiras da Antarctica"[104] para a festa.

Os eventos particulares perdiam em importância para as festividades de cunho religioso – como o carnaval e as festas juninas – e também para os bailes promovidos para arrecadar fundos para o clube, que representavam o momento de integração da comunidade Anhanguera junto a outros grupos do bairro. As festas de carnaval concentravam a atenção do clube e das demais sociedades do bairro. Elas se desenrolavam sob um padrão comum, em dois espaços distintos: o dos salões fechados e o de rua. Para Fausto, os primeiros "refletiam a participação dos grupos imigrantes, as diferenças de classe, o papel também recreativo dos principais clubes de futebol [...] bailes do Corinthians, no Cine Central, do Palestra Itália, no Parque Antártica, da Portuguesa de Esportes no Parque Pedro II".[105] A importância dessa dinâmica foi rapidamente reconhecida pela imprensa que, com pequenas notas e anúncios, propagandeava as festas de salão. O Anhanguera buscou parceiros para divulgar as suas, como se vê no excerto de *Folha da Manhã*:

---

102   Atas da Associação Atlética Anhanguera, 11 ago. 1930.

103   *Ibidem.*

104   *Ibidem*

105   FAUSTO, Boris. *Op. cit.*, 2009, p. 64-65.

> Iniciando os festejos comemorativos do reinado do Momo, o clube Anhanguera promoverá, no próximo dia 04 de fevereiro, um baile a fantasia, familiar, o qual terá lugar em sua sede [...] o Anhanguera não está poupando esforços, tendo já organizado uma quermesse e outras atrações.[106]

A publicação de notas como a descrita revela o interesse da cidade e não apenas do bairro em eventos dessa natureza. Ao mesmo tempo, a divulgação de eventos do clube para a cidade, por meio do jornal, era estratégia de afirmação de seu prestígio no bairro, foco das ações dos associados do Anhanguera.

As comemorações carnavalescas de rua eram eventos promovidos em conjunto pelas associações de bairro e cordões. A guerra de confetes era a principal delas e os associados do clube lhe fizeram constante referência: "nós fazíamos guerra de confete. A Rua Anhanguera com a Rua do Bosque ficava cheia de confete. O 'Camisa' [Verde, cordão carnavalesco] às vezes passava por lá". Durante a passagem dos cordões, era costume das associações comerciais, recreativas ou esportivas oferecerem presentes a eles. O momento era bastante valorizado, pois era uma das formas de de concorrer para o *brilho do bairro*, colocando em destaque as *possibilidades* materiais de suas sociedades. Em ata de assembleia de 1934, os associados do Anhanguera demonstraram sua preocupação ao discutirem a compra de presentes: "para os cordões carnavalescos 'Flor da Mocidade' e 'Camisa Verde' ficou resolvido offerecer uma taça a cada um, sendo que a compra das ditas taças deverá ser feita por meio de rateio".[107] Ainda nessa perspectiva, o carnaval era o momento de maior interação coletiva entre a comunidade negra e a comunidade imigrante da Barra Funda. Para Margareth Rago, tratava-se

> de um meio estratégico de valorização da cultura [negra], além de ser um importante canal de interação social, que durava muito além da própria festa carnavalesca, pois criava o motivo para que passassem todo o ano organizando festas e outras atividades destinadas a angariar fundos para seus blocos e cordões.[108]

À exceção do carnaval, festividade ritualizada e de sentidos que extrapolavam o cotidiano, pode-se dizer que os bailes eram os eventos responsáveis pelos encontros entre os moradores do bairro. Eram parte importante da receita dos clubes, justa-

---

106   *Folha da Manhã*, 22 jan. 1933, p. 4.

107   Atas da Associação Atlética Anhanguera, 29 jan. 1934.

108   RAGO, Margareth. *Op. cit.*, p. 412. A esse respeito, cf. também: SIMSON, Olga Rodrigues de M. *Carnaval em branco e negro*. São Paulo: Edusp; Imprensa Oficial do Estado de São Paulo, 2007; MORAES, José Geraldo Vinci de. *Op. cit., 1990.*

mente por aceitarem não associados. O valor dos convites e a presença de músicos atraíam a vizinhança, em geral bastante afeita àqueles eventos. Além do Anhanguera, associações como o Clube Royal dedicaram-se apenas a eles. Esse clube foi fundado nos primeiros anos do século XX pela comunidade negra da Barra Funda *de cima* e dedicou-se exclusivamente à dança, apesar de, em vários momentos de sua história, possibilitar a formação de quadros futebolísticos.

Afora a oferta de boa música e a possibilidade de ensaiar passos de dança, os bailes tornavam-se parte coadjuvante de outros eventos sociais, como se nota em uma das atas da Associação Anhanguera, de julho de 1933: "ficou marcado para a data de 22 do corrente um festival dramático-dançante sendo que o mesmo constará de uma surpresa (anedocta) e uma comédia. A seguir, um pomposo baile familiar".[109] O baile parecia representar um apelo extra à participação no festival dramático. Note-se que, além de *pomposo*, ele era sobretudo *familiar*, o que reafirma seu caráter aglutinador e articulador ao promover o encontro de mulheres e homens, jovens e adultos. Por essa razão, tais ocasiões eram também as mais adequadas para a apresentação dos filhos casadoiros pelas famílias, o que parecia ser um expediente tão comum quanto eficaz. A circunstância não deixa de sinalizar como se mantinham os vínculos entre os ítalo--brasileiros no bairro.

É em meio a esse universo que se pode compreender o tipo de participação das mulheres em tais eventos coletivos e sociais organizados pela associação: integradas desde o momento da organização, trabalhavam na venda e na entrega de convites ou na confecção de importantes artefatos à associação, como se nota na seguinte situa-ção: "a nossa admiradora, srta. Nêna Tezzi, como prova de symphatia a nossa asso-ciação, pede uma autorização por escripto aos directores, a fim de vir buscar a nossa bandeira para executar outra idêntica".[110] O *batizado* de novas bandeiras envolvia as-sociados dos clubes e representantes de entidades a eles simpáticas que compareciam levando flores, entre outros presentes.

A participação feminina nesse gênero de atividade era estimulada pelos diri-gentes do clube, que tinham o costume de retribuir presentes ou *dedicação* com reco-nhecimento público, conforme também registrado nas atas da associação logo após o pedido da srta. Nêna: "o presidente faz um voto de agradecimento às senhoritas admiradoras".[111] Não se pode deixar de notar a formalidade desse mútuo tratamento.

---

109   Atas da Associação Atlética Anhanguera, 4 jul. 1933. A historiadora Mônica Schpun fala da importância do teatro e do cinema mudo entre ítalo-brasileiros desde fins do século XIX até as primeiras décadas do século XX. SCHPUN, Mônica Raisa, *Op. cit.*, 2007.

110   Atas da Associação Atlética Anhanguera, 9 set. 1929.

111   Atas da Associação Atlética Anhanguera, 16 set. 1929.

Ao chamar de *admiradora* a moça solicitante, ao classificar seu trabalho como prova de *simpatia* à associação e, mais importante, ao se comunicar com ela *por escrito*, o presidente indicava também qual era o comportamento ali instituído para as mulheres, ainda que algumas delas fizessem parte do seleto grupo que constava nas *propostas* da associação,[112] caso da própria srta. Nêna.

Integradas ao clube como parte da família do associado, o que as dispensava de figurar individualmente como sócias, Nêna e algumas poucas mulheres foram diretamente propostas e aceitas como associadas em 1928 (figura 8).

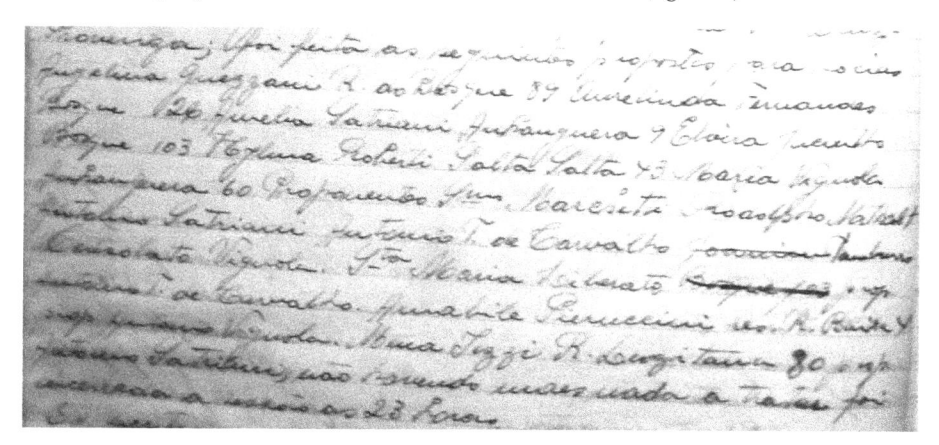

Figura 8 – Reprodução de ata: Angelina Guezzani, rua do Bosque, 89; Aurelinda Fernandes, rua do Bosque, 26; Amelia Satriani, rua Anhanguera, 9; Elvira Jacintho, rua Bosque, 103; Helena Roberti, Rua Salta-Salta, 43; Maria Vignola, rua Anhanguera, 60. Proponentes: srs. Marchetti; Rodolpho M.; Antonio Satriani; Antonio T. de Carvalho Lambrusco; Consolato Vignola; srta. Maria Liberato proposta por Antonio T. de Carvalho Lambrusco; Amabile Pieruccini proposta por Antonio Vignola. Nenna Tezzi, rua Luzitânia, 80, proposta por Antonio Sabatini. (Fonte: Atas da Associação Atlética Anhanguera, 26 nov. 1928)

Os sobrenomes das novas associadas não deixam dúvidas sobre seu parentesco com importantes sócios do clube, o que talvez explique a excepcionalidade da situação. De todo modo, o fato não alterava o que a entidade a elas destinava. Salvo engano, não foram encontrados casos de participação feminina nos esportes promovidos pelo Anhanguera; diferentemente do que se passava no Clube Atlético

---

112   As propostas de novos associados eram realizadas nas assembleias semanais e vinham acompanhadas de um propositor, um padrinho que seria o responsável pelo novo associado, tema ao qual voltaremos no segundo capítulo.

Paulistano, que mantinha modalidades atléticas em que a participação feminina era estimulada, como o tênis e a natação.[113]

A forma como as mulheres foram integradas à vida associativa do Anhangue-ra ajuda a compreender por que a presença de damas solteiras nos bailes do Anhan-guera nunca foi bem vista, à exceção, evidentemente, das jovens *casadoiras* acompa-nhadas de seus pais. A preocupação com o comportamento feminino ocupava boa parte das assembleias que sucediam aos bailes realizados aos sábados e domingos; diretoria e presidência buscavam regras e sanções para reduzir condutas – masculinas e femininas – consideradas inadequadas ao bom andamento desses eventos sociais. Uma delas foi relatada pelos diretores sociais em novembro de 1929: um associado tomara a iniciativa de retirar uma mulher *suspeita* do baile e, em seguida, ainda teria dito que "as moças que frequenta[vam] a sociedade eram piores do que a referida mulher".[114] Diante do evento, "o senhor presidente achou que seria útil suspender o dito senhor por 30 dias".[115]

É desse tipo de situação que sobrevinha a centralidade da figura do mestre--sala no clube. Espécie de articulador e regulador de comportamentos dos convivas em festas ou bailes, era ele quem acabava por solucionar tensões como a descrita. As atas referentes ao período em que o clube realizou seus primeiros bailes são ricas em registros que expõem os conflitos protagonizados por diferentes mestres-salas e a maior parte dessas ocorrências terminava com a desistência da função pelos associa-dos, gerando uma grande rotatividade de pessoas no cargo. O desrespeito às damas era o conflito mais frequente. Em uma das assembleias ao final do ano de 1929, por exemplo, o então presidente "Antonio Vignola pediu a palavra dizendo que Antonio Victorino, como mestre-sala, não se portou segundo o regulamento interno".[116] Por essa razão, foi deliberado "supendel-o [por] 30 dias e destituil-o do cargo".[117] No ano seguinte, registrou-se o caso do sr. Seraphin Santarelli, "censurado por ter infringido os estatutos, pois achava-se conversando com damas".[118] Tanto Victorino quanto San-tarelli, na condição de mestres-salas do clube, eram responsáveis por indicar a possi-bilidade de dançar ou não com as damas, além de regular o devido contato com elas durante os bailes. Como se vê, a tarefa parecia representar dificuldades não apenas

---

113   Cf. SCHPUN, Mônica Raisa. *Op. cit*, 1999

114   Atas da Associação Anhanguera, 5 nov. 1928.

115   *Ibidem*, 5 nov. 1928

116   *Ibidem*, 16 dez. 1929.

117   *Ibidem*, 16 dez. 1929.

118   *Ibidem*, 4 ago. 1930.

para os simples convivas, mas também para os mestres-salas presentes nos bailes, algo extensível inclusive à própria diretoria do clube, haja vista a pluralidade de critérios em ação nas penalidades aplicadas a cada um.

Em verdade, essa dificuldade extrapolava a situação específica do clube. A cidade de São Paulo vivia as ambiguidades decorrentes da progressiva adoção de novos costumes pelas mulheres – de maior individualização e integração com a cidade possibilitadas pelo trabalho –, embora continuassem a carregar consigo a imagem social da família. Segundo Schpun:

> diante dessa nova dinâmica, códigos sexuados despontam, atravessando o processo de urbanização paulistano, acrescentando-lhe assimetrias consideráveis. Trata-se então – e antes de mais nada – de gerir a presença física de homens e mulheres. [...] em relação às mulheres, o aparecer em público demanda um trabalho constante, cotidiano e minucioso sobre a aparência; trabalho prévio à sua entrada, extremamente ritualizada, no espaço da cidade.[119]

É nesse sentido que se pode compreender a centralidade das atividades sociais no cotidiano do clube, bem como o tipo de participação, sob tantas regras específicas, previsto para as mulheres durante os anos 1930. Os valores associados à família eram elementos caros à identidade e à dinâmica do Anhanguera, algo comum entre as mais diferentes entidades associativas à época. Não se pode esquecer da força gregária de tais valores na comunidade imigrante e nem de sua proximidade com os valores do Estado Varguista.

Ao figurarem como representantes da família, as mulheres e sua sociabilidade eram fonte de preocupação e controle. Assim, parecia necessário "que se radicalizasse o cerco [...] diante da ameaça da destruição de valores morais tradicionais trazida pelo feminismo, com suas reivindicações de direitos para as mulheres",[120] sobretudo se isso prejudicasse a base de valores de um clube como o Anhanguera.

Ao mesmo tempo em que se *radicaliza o cerco* em torno das mulheres, uma sociabilidade propriamente masculina se desenrolava a partir de preceitos temporal e espacialmente muito menos restritivos. Ancorada no estreito convívio entre associa-

---

119 SCHPUN, Mônica Raisa. *Op. cit.*, 2007, p. 78. Em *Gênero e artefato*, a historiadora Vânia Carneiro de Carvalho revela a forma como a elite paulistana, bem como a classe média em formação criam, nas primeiras décadas do século XX, novos mecanismos para expressar seus valores, bens e modos de vida. O sistema doméstico vai aos poucos ocupando essa função e as mulheres figuravam como elementos centrais nessa dinâmica (CARVALHO, Vânia Carneiro de. *Gênero e artefato*, São Paulo, 1879-1920. São Paulo: Edusp; Fapesp, 2008).

120 RAGO, Margareth. *Op. cit.*, p. 402.

dos, ela se iniciava em momentos complementares às partidas de futebol – durante a semana, após o horário de trabalho – e se estendia final de semana afora.

A *PASSATELLA*, OS BARES E OS HOMENS

Nas sextas-feiras à noite, a diretoria esportiva do Anhanguera fazia a escalação dos times de futebol de 1º e 2º quadros e a "pendurava no mural ao lado do painel de fotografias dos associados".[121] O costume reunia os sócio-jogadores na sede social para "saber quem ia jogar no domingo contra o adversário", rememora William Sandonato, ex-presidente da associação. "Antes as pessoas não ficavam embaixo. [...] o bar ficava na sede [segundo piso, primeiro andar] e todo mundo ficava na sede [...] jogando baralho, truco e aqueles jogos italianos".[122] Os *jogos italianos* aos quais Sandonato se refere são a *passatella* e a *morra*, que ocupam lugar de destaque nas lembranças dos veteranos entrevistados, embora a *boccia*, a tômbola e outros jogos de salão também figurem como passatempos importantes na rotina no clube.

Em geral classificados como jogos de estratégia ou de azar, a *passatella* e a *morra* chegaram ao Brasil com os primeiros imigrantes, no mesmo momento em que sofriam restrições em toda a península itálica até serem definitivamente proibidas na década de 1920, principalmente na região centro-sul, onde ainda eram jogadas em tavernas.[123] Os jogos possuíam base comum e não raramente apareciam combinados:

> A *passatella* é um jogo que se joga em tavernas, em que um *padrone*[124] e um *sottopadrone* (ou simplesmente *sotto*) – distribuem um vinho comprado coletivamente aos bebedores da companhia, a todos, exceto um que fica de "boca seca", sem beber nada. O *padrone*, que pode tomar vinho à vontade, é escolhido com o jogo da *morra*, um jogo de baralho [...] na realidade não é possível falar de *passatella* em termos absolutos, mas de diversas *passatella* de vários territórios do centro-sul da Itália que, no curso dos séculos, deram origem a jogos com características diferentes.[125]

121   Entrevista com o sr. William João Sandonato, realizada em 23 de maio de 2010.

122   *Ibidem*

123   VENDITTI, Antonio. *Un'istituzione romana*: il gioco della Passatella. Disponível em: <http://www.specchioromano.it/fondamentali/Lespigolature/2003/GENNAIO/Un%E2%80%99istituzione%20romana%20-%20%20il%20gioco%20della%20Passatella.htm>. Acesso em: 16 abr. 2012.

124   Literalmente *dono*.

125   DI RISIO, Donato. *Il Manuale della Passatella*. Roma: Prospettiva Editrice, 2003, (CT)

Todos os participantes deveriam fazer parte do rateio da compra da bebida em questão: na Itália, o vinho; em São Paulo, o conhaque e, principalmente, a cerveja. Os mais velhos associados do Anhanguera rememoram com frequência o prazer de jogar a *passatella*, destacando elementos que merecem atenção:

> A *Passatella* [...] também conhecida como *Patrão e solto* (sic), era um jogo pra todo mundo. E sempre tem um que cai e bebe, cai e bebe, cai e bebe. Tinha o patrão e o solto [...] se o patrão dava [?] para o solto, ele era chamado de coelho. E iam até pegar feixe de capim pra dar para o *cara*. E não podiam dar cerveja pra ele.[126]

O relato de Sandonato é muito próximo ao apresentado por Walter Dias:

> [...] é uma brincadeira pra beber. Você brinca com 10 pessoas. E então colocam os dedos [...], por exemplo, ele é meu amigo, mas não vai beber de jeito nenhum. Eu bebo e dou pra quem eu quero. A gente escolhia os que iam e os que não iam beber. [...] Tinha *cara* que pagava 30 cervejas, mas não tinha direito a beber nenhuma e nem tinha o direito de levantar da roda. [...] era uma brincadeira sadia.[127]

Os relatos têm em comum não a precisa descrição de como se desenvolvia o jogo – o de Dias indica uma combinação entre a *passatella* e a *morra*, por exemplo[128] –, mas a referência aos lugares assumidos pelos participantes e às condições de permanência no grupo durante o jogo. *Antes ninguém ficava em baixo*, era um *jogo pra todo mundo* e era uma *brincadeira sadia* são expressões que indicam o quanto a prática era capaz de promover a renovação do vínculo entre os participantes.

A reciprocidade e a alternância de posições a cada rodada parecem ser as bases sobre as quais o jogo se desenvolvia. Assim como os jogos de tômbola e a *boccia*, a *passatella* e a *morra* são comumente compreendidas como práticas não modernas, por se basearem em elementos construídos de maneira endógena aos grupos praticantes a partir da proximidade e da reciprocidade entre seus representantes. Não faziam parte desse universo critérios universais como a isonomia ou a meritocracia, que dependem da afirmação da condição de igualdade para se iniciarem e que, em verdade, são característicos dos jogos e esportes modernos. Nesses últimos, é apenas no transcorrer

---

126   Entrevista com o sr. William João Sandonato, realizada em 23 de maio de 2010.

127   Entrevista com o sr. Walter Dias, realizada em 22 de maio de 2010.

128   A escolha do patrão é índice da *passatella*, mas iniciar o jogo mostrando os dedos indica que a *morra* estava ali incorporada. Tal combinação como vimos parecia ser corrente.

do jogo que as diferenças técnicas ou a sorte aparecem, determinando a desigualdade entre os oponentes e justificando o resultado final.[129]

São, pois, elementos como a proximidade e a reciprocidade que explicam o fascínio de Dias pelas peripécias de Ministrinho, um diretor do Anhanguera que "era baixinho" e um grande jogador de *passatella*: "Cada vez que ganhava, Ministrinho subia na escada e virava de cabeça para baixo para beber [o copo]. E os outros perguntavam: 'mas como?'".[130]

Nos relatos recolhidos por Ecléa Bosi a descrição do jogo também conhecido por *Patrão e sotto,* é um pouco mais precisa:

> O jogo era assim: uma turma de dez, quinze pessoas se reunia, cada uma estendia alguns dedos, somavam os dedos e escolhiam o patrão, a partir de um certo número. Por exemplo, 32, contavam e aquele que o toque indicava dizia: 'Eu sou o patrão!' Outro toque escolhia o *sotto*: 'Temos o patrão e *sotto*'. Mandavam vir a bebida; naquele tempo importavam vinho da Itália nas cidades ou bebia-se cerveja, mas nas fazendas era pinga mesmo, dos alambiques de lá. O garrafão era dividido em garrafas e o patrão era o dono daquilo; podia beber tudo sem dar satisfação a ninguém porque ele era o patrão. Se ele quisesse podia dividir com seus apaniguados mas precisava da anuência do *sotto* que era secretário dele. O *sotto* também tinha seus apaniguados: 'Se o patrão quer dar bebida praquele, tem que dar para os meus também'. E se ajustava assim. Se o patrão negava dar para quem o *sotto* queria, bebia toda a pinga e acabou-se. Quando começava o porre, não, o jogo, o patrão e o *sotto* enchiam dois copos, batiam os copos um no outro e bebiam. Aí iam cuidar do resto; segundo o que eles decidiam, a pinga era distribuída ou não. O patrão podia tomá-la toda, se ele quisesse, não daria nem para o *sotto*. Geralmente havia sempre um que ficava *all'urmo*, era um termo italiano que queria dizer que nem uma gota dava praquele, era castigado entre os compadres todos que jogavam, e não podia reclamar porque jogo é jogo.[131]

Jogos como a *passatella*, a *morra* e mesmo outros jogos de baralho foram muito praticados dentro de associações esportivas como o Anhanguera, ainda que elas carregassem a "preocupação em funcionar dentro dos limites do legalmente permitido",[132]

129   Cf. HUIZINGA, Johan. *Homo ludens*. São Paulo: Perspectiva, 2000; CALLOIS, Roger. *Les jeux et les hommes*. Paris: Gallimard, 1985.

130   Entrevista com o Sr. Walter Dias, realizada em 22 de maio de 2010.

131   BOSI, Ecléa. *Op. cit.*, p. 223.

132   SIQUEIRA, Uassyr de. *Op. cit.*, 2009, p. 280. A preocupação do poder público com tal sociabili-

procurando "realizar somente atividades lícitas e regulamentadas pelas leis".[133] Em verdade, os associados buscavam,

> ao menos aos olhos da polícia, desvencilhar-se de práticas condenadas e perseguidas – como os jogos ilegais e os bailes populares que ocorriam em botequins e cortiços da cidade, muitas vezes sem a permissão policial. Buscavam, dessa forma, facilitar a obtenção de alvará para seu funcionamento e maior liberdade de atuação diante da fiscalização das autoridades policiais. No entanto, nem todas as agremiações que solicitavam autorização policial sabiam quais jogos de fato eram permitidos.[134]

É interessante notar, ainda, que tais jogos são reportados apenas pela memória coletiva dos antigos associados e em situações bastante específicas, como o momento de escalação do time de futebol às sextas-feiras. Nem mesmo as atas, cujos registros se caracterizam por constante referência aos conflitos entre associados, citam essas partidas, o que talvez se deva justamente às preocupações com as leis que regulavam tais práticas.

De todo modo, esses jogos continuaram a ser praticados até pelo menos os anos 1960, sendo elementos centrais da sociabilidade dos associados do Anhanguera. Vinculados às bebidas e à companhia de colegas e amigos – pois raramente desconhecidos tomavam parte dessas atividades –, eles compunham um universo vinculado ao cotidiano dos bares, como rememora o sr. Pedro Cardoso:

> era uma festa, conversar, rir, beber e comer o tempo todo. Eu via na Rua Anhanguera, esquina da rua do Bosque que o ponto da *morra* era sempre ali no bar do Aires, embaixo do Clube Anhanguera. Eram vinte ou mais homens entre napolitanos, calabreses ou milaneses que iam disputar no grito a bebida e a glória de ser *patrone*. Era ele que falava quem bebia ou não. O Aires até dizia que quando tinha *morra* quatro engradados de cerveja iam embora. Pegavam uma mesinha do bar e colocavam na calçada, ordem do proprietário portuga. Aí a *morra* corria solta... começava no fim de tarde e nisso iam horas. Juro que se ouvia à distância de um quarteirão [...] uma algazarra, mas era uma algazarra de gente feliz.[135]

---

dade traduzia-se numa defesa de alternativas "de recreação para os trabalhadores, como jardins e clubes esportivos, tendo em vista retirá-los dos bares, botequins, cabarés e associações políticas" (RAGO, Margareth. *Op. cit.*, p. 418).

133   *Ibidem.*

134   *Ibidem.*

135   Entrevista com o sr. Pedro Cardoso, realizada em 13 de setembro de 2012.

A sede social do clube era localizada na rua Anhanguera, onde havia a parada final de uma linha de bondes com descida obrigatória de passageiros.[136] O volume de pessoas, sobretudo homens, voltando para casa após a jornada de trabalho explica a concentração de bares no local, também "conhecido como 'fim da linha' ou 'balão do bonde'", onde se reuniam os "famosos bêbados do bairro".[137] Havia "dez bares da porteira até aqui", conta Sandonato ao indicar com as mãos o trecho entre a rua Anhanguera e as porteiras da ferrovia Sorocabana (mapa 2). Três deles tornaram-se conhecidos pelas alcunhas *Fecha nunca*, *Nunca fecha* e *Sempre aberto*, pois se revezavam em feriados e datas comemorativas para atender a clientela do bairro, de modo que ao menos um deles permanecia funcionando (figura 9).[138]

Figura 9 – Oswaldo Tirone à esquerda com amigos em um dos bares
da rua Anhanguera na década de 1940. (Fonte: acervo da família)

Além dos bares, as *vendas* localizadas na região também serviam de ponto de encontro no bairro. Segundo o veterano William Sandonato, uma delas, chamada Gianotti, foi responsável pelo surgimento de um famoso bloco de carnaval nos idos dos anos 1940:

136   Desde 1902, a linha ligava a Barra Funda ao Largo São Bento, no centro da cidade.

137   Segundo depoimento do senhor Angelo Catapano, antigo morador do bairro e associado do Anhanguera (Cf. BRUNELLI, Aideli S. Urbani *et al. Op. cit.*, p. 20).

138   Os bares são rememorados também por sua longevidade, sendo que o último deles veio a ser fechado apenas recentemente (entrevista com o sr. William João Sandonato, realizada em 23 de maio de 2010).

> Eu era moleque, nem ia no Anhanguera ainda. Pra cá tinha um bloco que inventaram: "Morro de fome, mas não trabalho". Todo ano morria um. Todo ano saía uma encrenca [...] eles eram todos pinguços [...] era a turma que ficava no bar todo dia... Não trabalhavam... Eles iam pra cidade e voltava a notícia de que tinha acabado um... Então colocaram "Morro de fome, mas não trabalho".[139]

O lema ironiza os valores do trabalho defendidos desde a chegada das primeiras gerações de imigrantes à região, apresentando aspectos da percepção dos ítalo-brasileiros e outros suburbanos perante sua condição no contexto de transformações da cidade a partir dos anos 1930. Ao mesmo tempo, ele revela a centralidade do contratempo do trabalho vivido nos bares, em que

> a vida boêmia passa a exercer enorme fascínio como lugar de evasão, do diletantismo, dos prazeres, da possibilidade de escapar à normatividade da vida cotidiana que progressivamente se instaurava [...] o público masculino era o maior beneficiado com as transformações com a geografia do prazer.[140]

Nesse sentido, não se pode deixar de notar que tal sociabilidade masculina passava também pelos significados compartilhados em relação ao mundo do trabalho. Assim, desde o início, o clube criou momentos de partilha – ainda que nem sempre de maneira harmoniosa – de tempo, espaços, condutas e valores em torno de atividades que ofereciam "nome e visibilidade social"[141] a cada associado e em diálogo com os perfis sociais desejados pela comunidade. Essa rica vida associativa caracterizava o cotidiano da Associação Anhanguera, atribuindo contornos bastante singulares ao modo como o futebol foi vivido no clube.

---

139   Entrevista com Cirilo Magalhães, realizada em 12 de fevereiro de 2011.
140   RAGO, Margareth. *Op. cit.*, p. 397.
141   SEABRA, Odette Carvalho de Lima. *Op. cit.*, 2003, p. 393.

O FUTEBOL NO ANHANGUERA:
ENTRE AJUSTES E CONFLITOS DE INTERESSES

CIRCULAÇÃO E ESTABILIDADE:
OS PRIMEIROS CAMPOS DE FUTEBOL DO ANHANGUERA

Vimos como a Associação Atlética Anhanguera estabeleceu sua sede social dando início a experiências muito similares às das associações recreativas, sindicais ou de socorro mútuo nascidas na região da Barra Funda e do Bom Retiro. Essa rica vida associativa criada no clube se organizava em torno de um interesse diferente e novo, tido como ícone de modernidade: o futebol. Assim, além de promover atividades e eventos que contemplavam as famílias, o Anhanguera tomava parte em uma nova sensibilidade que, segundo Sevcenko, tinha na ação corporal uma de suas principais significações e no futebol um de seus principais ícones.[1] Tratava-se de tomar parte na dinâmica de um esporte que figurava como a base de um amplo diálogo na cidade.

Para tanto, era preciso que o clube se organizasse para manter times de futebol – que atendessem os associados conforme seu desempenho[2] e faixa etária – e a rede responsável pelos jogos amistosos, campeonatos e festivais varzeanos. Por último e mais importante: era necessário dispor de campos de futebol para, efetivamente, tomar parte dessa dinâmica. Sem campo de futebol, próprio ou alugado, os clubes não se mantinham. Essa necessidade mergulhou o clube Anhanguera nas amplas disputas pelo espaço urbano que caracterizaram os primeiros anos do século XX em São Paulo. É o que se nota em suas tentativas de estabelecer uma sede esportiva permanente.

---

1   SEVCENKO, Nicolau. *Op. cit.,* 1992, p. 32.

2   Assim classificados: 1º quadro, formado pelos mais habilidosos; 2º quadro, juvenil, infantil e extra. Adiante, já nos anos 1940, surge também o time de veteranos.

Ao contrário do que se passou em relação à sua sede social, rapidamente estabelecida, e de maneira definitiva, já em 1930,[3] o Anhanguera possuiu, em momentos diferentes, um considerável número de endereços de campos de futebol em bairros como a Casa Verde e o Bom Retiro, além da própria Barra Funda, sem nunca se afastar da várzea do Tietê.

Segundo William Sandonato, antigo associado do clube, o primeiro campo do Anhanguera localizou-se na rua dos Americanos (mapa 2).[4] A primeira sede esportiva fora instalada, ainda em 1928, ao lado dos campos dos clubes XV de Novembro do Bom Retiro e Carlos Gomes, também formados por ítalo-brasileiros moradores da várzea do rio Tietê. A proximidade entre as sedes esportivas dos três clubes sugere que o arranjo de endereços para os campos passava pelas relações de vizinhança. Além disso, ao observar o detalhe da planta da cidade, é possível visualizar que no lado oeste da rua dos Americanos não havia praticamente nenhum arruamento – devido às, já citadas, características do terreno: alagadiço e argiloso[5] –, o que explica a reunião dos três campos de futebol ali dispostos um ao lado do outro.

Esse tipo de composição, aliás, não parecia incomum na região varzeana, como contam seus antigos moradores. O sr. Amadeu, antigo morador da região do Brás, rememora que quando começou a jogar futebol, no início dos anos 1920, a cidade "tinha mais de mil campos de várzea. Na Vila Maria, no Canindé, na Várzea do Glicério, cada um tinha mais ou menos cinquenta campos de futebol. Barra Funda, Lapa, entre 20 e 25 campos".[6]

Tão interessante quanto a estimativa do número de campos situados nos bairros mais afastados da cidade é a descrição do sr. Amadeu acerca da paisagem varzeana e suburbana. Com base na prática do futebol, com a qual esteve envolvido desde a infância,[7] Amadeu indica não apenas um tipo de ocupação e uso predominante desses terrenos, mas, sobretudo, o modo como se deu a apropriação física e simbólica do espaço da várzea por seus moradores. Os conteúdos associados a essa apropriação podem ser identificados nos relatos dos varzeanos e em seus registros visuais, como na fotografia feita por um associado do Anhanguera (figura 10):

---

3   O clube só mudaria o endereço de sua sede social em 1970, quando se transferiu para a Rua dos Italianos ao ganhar o estatuto de "Clube da Comunidade" numa parceria com a Secretaria de Esportes do Município de São Paulo.

4   Entrevista com o sr. William João Sandonato, realizada em 23 de maio de 2010.

5   À semelhança da rua do Córrego, onde o Anhanguera instalou sua sede social, a rua dos Americanos era endereço muito próximo ao riacho retratado no mapa 2.

6   Depoimento do sr. Amadeu (BOSI, Ecléa. *Op. cit.*, p. 138).

7   Nascido no Brás, em 1906, o sr. Amadeu começou a se envolver com o esporte aos 9 anos de idade.

Figura 10 – Meninos jogam futebol em um dos campos do Anhanguera, anos 1930. (Fonte: acervo do clube)

Esses documentos revelam o papel fundamental do futebol no processo de enraizamento dos ítalo-brasileiros, principalmente ao se considerar a construção do sentimento de pertença aos bairros onde se estabeleceram. Não parece desprezível o fato de que o próprio Sr. Amadeu, na continuação de seu relato, relacione sua infância aos jogos de futebol:

> a rua não tinha calçada [...] as crianças [...] ficavam à vontade naquelas ruas antigas. Eram ruas de lazer, porque não tinham o movimento [...] sempre se faziam parques para a meninada. Meus irmãos jogavam futebol juntos na rua. Tínhamos um clube, formado por nós, chamado Carlos Garcia.[8]

O mesmo acontece com o sr. Cirilo Magalhães, também associado ao Anhanguera:

> eu era garoto, e a gente jogava com bola de meia, aquelas meias de mulher, a gente enrolava e brincava na rua... bola de meia... tinha aquelas bolas de capotão, que era uma bola enorme. Chovia e aquilo pesava três, quatro quilos...mas era da época... não existia o modernismo que existe hoje... era difícil mas pela vontade em qualquer rua tinha jogo de futebol. O trânsito era bem menor também.[9]

---

8   Depoimento do sr. Amadeu (BOSI, Ecléa. *Op. cit.*, p. 125).

9   Entrevista realizada com o sr. Cirilo Magalhães, realizada em 12 fev. 2011. Cirilo nasceu em 1933.

A engenhosidade dos pequenos ítalo-brasileiros para praticar o futebol fica em evidência nesses relatos que também indicam que o espaço da várzea era por eles valorizado na medida em que era associado à prática do futebol.[10] Tratava-se, pois, de um espaço central no processo de enraizamento dos imigrantes à cidade. A região central lhes era hostil, ao passo que no subúrbio havia espaço para o exercício lúdico do esporte definidor de suas identidades sociais.

É a partir da importância do espaço no processo de enraizamento que se pode compreender a escolha dos fundadores do Anhanguera pelo nome da rua que acolheu sua reunião de fundação. Muitas vezes, os nomes dos times remetiam "à noção de lugar e de localidade. O lugar indicava o conteúdo social que podia ser o do time de fábrica, do time da loja, da repartição ou da colônia".[11] A localidade, por sua vez, equivaleria "à localização no espaço da cidade e do seu entorno".[12] A rivalidade entre o Anhanguera e o Carlos Gomes pode ser entendida sob esse prisma. Basta lembrar que, após quinze anos, a rua Anhanguera deixou de ser uma exclusividade do clube fundado em 1913 para abrigar, em 1928, o clube dissidente que adotara o nome da via.

De todo modo, ao menos no que se refere às sedes esportivas, a vizinhança entre os dois clubes não parece ter se prolongado na rua dos Americanos. Em 1929, *A Gazeta Esportiva* se referia a outro endereço do Anhanguera: "A. A. Anhanguera x America F.C.; perante enorme assistência, defrontaram-se hontem, no campo da rua Visconde de Taunay, os quadros do clube local e os do America F.C".[13] Embora a rua Visconde de Taunay (mapa 2) integrasse o bairro do Bom Retiro e não a Barra Funda, como a nota pode fazer crer,[14] não se sabe se o citado campo correspondia a um endereço fixo do Anhanguera. Talvez se tratasse apenas de um aluguel provisório ou mesmo de um empréstimo, sendo esses dois expedientes muito comuns à época, sobretudo entre associações que não podiam arcar com os valores mensais de um aluguel permanente.

Talvez por essa razão, já no início de 1930, a assembleia que reunia a presidência e a diretoria do clube Anhanguera deliberou "fazer o campo de futebol nos terrenos de propriedade do sr. Matheus Sabatini e Miguel Vignola",[15] numa tentativa

---

10　　Algo também entrevisto nas crônicas de Alcântara Machado como, por exemplo, "Gaetaninho". Cf. MACHADO, Alcântara. *Op. cit.*, p.22.

11　　SEABRA, Odette Carvalho de Lima. *Op. cit.*, p. 361.

12　　*Ibiddem*

13　　*A Gazeta Esportiva*, 4 nov. 1929, p. 6.

14　　A avenida Rudge representa o marco de separação entre os bairros, como se vê no mapa 2.

15　　Atas da Associação Atlética Anhanguera, 14 abr. 1930.

de não mais depender daquelas alternativas. Na reunião seguinte, entretanto, o clube se depara com um dilema diante dos

> senhores os quaes [...] trabalhando no [...] campo queixaram--se que não poderiam continuar a tarefa por ser muito pouco a parcela por elles tratada, a qual monta 160$000, exigindo a quantia de 300$000, ficando a cargo do Sr. Miguel Vignola resolver o caso.[16]

Apesar de não haver outras referências ao caso, o clube não parece ter conseguido arcar com as novas despesas previstas para construir seu campo de futebol, uma vez que continuou circulando em outros campos da várzea.[17] Ainda sobre esse episódio, não se pode deixar de notar que Sabatini e Vignola estavam, uma vez mais, agenciando outro terreno de sua propriedade junto ao clube. O que também não representava novidade entre varzeanos, como se entrevê na continuação do relato do sr. Amadeu:

> a maior parte dos campos [de futebol da várzea] eram dados pelos donos para o lugar progredir, popularizar. O dono é que pedia pra fazerem um campo nesses terrenos baldios. Quando tinha um clube, vinha o progresso. No domingo, vinham 2 mil pessoas assistir e começava o comércio, o progresso.[18]

A essa altura sabemos que, ao menos no que se refere ao Anhanguera, os proprietários não realizavam exatamente uma doação de seus terrenos.[19] Em todo caso, as lembranças do sr. Amadeu reafirmam a importância assumida pelo futebol nos negócios movimentados nos bairros onde se estabeleceram tanto os vários campos quanto os clubes esportivos que deles usufruíram.

O comércio, um dos ramos mais ativos entre ítalo-brasileiros da região varzeana, também parecia beneficiar-se do interesse pelo futebol. Ao final da rua do Bosque, por exemplo, havia uma série de estabelecimentos comerciais em razão da grande circulação de pessoas. Muitas passavam por ali por morarem nas vilas operárias da ferrovia Sorocabana, outras tantas desciam no último ponto da linha de bondes que fazia a ligação com o centro da cidade.

---

16   *Ibidem*, 21 abr. 1930.

17   Processo que, em verdade, só terminaria no ano de 1970, quando o Anhanguera se transforma em um "Clube da Comunidade" vinculado ao registro da Secretaria Municipal de Esportes.

18   Depoimento do Sr. Amadeu (BOSI, Ecléa. *Op. cit.*, p. 138).

19   Sobre esse aspecto, Seabra chega a considerar que, num primeiro momento, "os clubes e os donos de clubes formaram patrimônios" (SEABRA, Odete de Carvalho de Lima. *Op. cit.*, 2003, p. 355).

Sabatini e Vignola faziam parte do grupo que, além de terrenos, possuía "vendas" nessa região da rua do Bosque onde se comercializavam "tomates, pepinos, aspargos e melões", alimentos popularizados pelos imigrantes juntamente com o costume de, naqueles mesmos espaços, "saborear massas à bolonhesa e beber vinhos de fabricação caseira".[20] Esses últimos não eram disputados apenas nas rodas de *passatella*, também faziam parte das apostas futebolísticas.

Dois anos após a tentativa de construir campo próprio, no entanto, o clube é associado pela *Folha da Manhã* ao endereço da rua Lopes de Oliveira, localizada na Barra Funda *de cima* (mapa 2). Ainda que os relatos dos veteranos não mencionem esse local, o periódico a ele se refere em uma curiosa seção intitulada "aggressões":

> Quando se realizava uma partida de futebol no campo da Associação Athletica Anhanguera, na Rua Lopes de Oliveira, Antonio de Oliveira, de 29 annos, residente à Rua do Bosque, 177, foi aggredido a soccos por Sunin de tal, recebendo escoriações e contusões no rosto.[21]

A nota que se atém aos endereços do campo de futebol e da moradia de Antonio de Oliveira, o agredido, sugere que o soco desferido tivesse relação com as tensões que envolviam a Barra Funda *de cima* e a *de baixo*. Brigas e confrontos físicos entre os grupos que moravam em diferentes regiões do bairro não eram incomuns, pois, além de "bêbados", as ruas da Barra Funda *de baixo* também concentravam grandes "arruaceiros", segundo relatou o sr. Ângelo Catapano.[22] Alguns deles eram bastante conhecidos e receberam a alcunha de "os cabeleiras".[23] Suas proezas são associadas à desordem e à violência, já que o grupo perambulava pelas ruas da Barra Funda *de baixo* em busca de "aventura", "confusão" e briga, principalmente com membros do Anhanguera, de quem eram rivais. Os cabeleiras moravam no bairro do Bom Retiro *de baixo*[24] e frequentavam as conhecidas jogatinas de carteado do Grupo Esportivo

---

20   GUNN, Philip; CORREIA, Telma de B. *Vilas operárias*. In: CAMPOS, Cândido M.; GAMA, Lúcia Helena; SACCHETA, Wladimir. *São Paulo: metrópole em trânsito, percursos urbanos e culturais*. São Paulo: Ed. Senac, 2004, p. 94.

21   *Folha da Manhã*, nov. 1932, p. 11.

22   Cf. BRUNELLI, Aideli S. Urbani *et al. Op. cit.*, p. 20. Ângelo Catapano, já falecido, era um profundo conhecedor da Barra Funda e, além de associado ao Anhanguera, era também o responsável pelo contato com *A Gazeta Esportiva*, ao que retornaremos no terceiro capítulo.

23   *Ibidem*. Assim apelidados em razão dos penteados avantajados e das vestimentas particulares. O grupo, exclusivamente masculino, era formado pelos jovens membros de uma mesma família, da qual não se possui referências.

24   Assim como a Barra Funda, o Bom Retiro também foi dividido *ao meio* pela ferrovia e, por essa razão, nele se estabeleceram clivagens semelhantes àquelas que ocorreram na Barra Funda, em-

Carlos Gomes. Acumulavam, portanto, não apenas a rivalidade em torno dos dois clubes, mas também aquela que se criou entre os bairros, pois os imigrantes instalados no Bom Retiro eram mais abastados que os da Barra Funda.

A movimentação do Anhanguera pelo bairro em busca de novos endereços[25] onde pudesse estabelecer sua sede esportiva nesses primeiros anos de atividade vai descortinando os microprocessos de configuração do espaço urbano – ou suburbano – pela comunidade varzeana e remete às práticas *microbianas* sobre as quais se refere Michel de Certeau.[26]

Ela não só evidencia o domínio de procedimentos simples e eficazes, como acompanhar o *Diário Oficial* "na parte que se refer[ia] aos terrenos baldios da municipalidade",[27] para, eventualmente, estabelecer nova sede esportiva, mas também sugere a capacidade de negociação de suas sucessivas diretorias com os poderes locais, públicos ou privados[28] – instâncias, aliás, às quais parte desses diretores pertencia.

Não fosse a capacidade de negociação – engendrada no bojo das conhecidas relações de favorecimento pessoal –, possivelmente o clube teria sucumbido como dezenas de agremiações e associações esportivas que encerraram definitivamente suas atividades após perderem a possibilidade de dispor dos espaços onde eram instalados seus campos de futebol. Tais perdas eram causadas por exigência tanto dos proprietários quanto da prefeitura que retirava a licença de uso dos espaços de maneira cada

---

bora a presença de imigrantes ali fosse muito mais diversificada devido à maciça presença de libaneses, portugueses, gregos, entre outros. De todo modo, para grande parte dos veteranos do Anhanguera: "se existe um bairro [...] em que as relações se dão da mesma maneira é a Barra Funda *de baixo* com o Bom Retiro de baixo. As duas partes de cima são outra coisa, não tem nada a ver" (entrevista com Arthur Tirone e "Grego", realizada em 25 de junho de 2011). Arthur Tirone relata essas diferenças a partir do diálogo com as memórias de seu avô, Oswaldo Tirone. Além de ser um dos representantes da terceira geração da família no clube, Arthur é também considerado o historiador do Anhanguera.

25 O que não acabou na década de 1930. Segundo os veteranos do clube, foram dez ou onze endereços diferentes até o estabelecimento, em 1970, à rua dos Italianos. É interessante notar que os endereços mencionados pelos veteranos não coincidem com os citados por uma reportagem da época: "O clube teve campo duas vezes na rua Visconde de Taunay, uma vez na Avenida Rudge, duas na Rua Luzitania, duas na Rua dos Americanos, duas na Rua Padre Luis, duas na marginal esquerda do Tietê, perto da Ponte da Casa Verde" (*A Gazeta Esportiva*, 9 ago. 1971, p. 12). O descompasso entre os endereços citados pelo periódico e pelos veteranos também aparece em relação à forma como tais endereços são apresentados: informações sucintas e busca de precisão marcam o discurso do jornal, enquanto uma pluralidade de referências espaciais e temporais pautadas na experiência cotidiana caracteriza as indicações dos sócios.

26 CERTEAU, Michel. *Op. cit.*

27 Atas da Associação Atlética Anhanguera, 16 jun. 1931.

28 Não se pode esquecer da igreja católica, que ainda possuía muitos terrenos no início do século XX e os negociou com entidades esportivas. O campo do A. A. Açucena, fundado em 1924, no bairro do Limão, "era metade de propriedade da paróquia e metade de propriedade particular, pertencente a um morador" (SEABRA, Odette Carvalho de Lima. *Op. cit.*, 2003, p. 339).

vez mais frequente naqueles anos de 1930. Por essa razão, só na região da Barra Funda e do Bom Retiro, entre o início dos anos 1940 e a década de 1960, desapareceram as seguintes entidades: Clube Atlético Estados Unidos; Clube Royal; Clube São Geraldo; Clube Nacional do Bom Retiro; São Cristóvão Esporte Clube; Corinthians do Bom Retiro; Associação Atlética Barra Funda; Democráticos Futebol Clube; XV de Novembro; Bola Preta; Junqueira; Garibaldi Futebol Clube; Grajaú; Bola Sete; Sul Americano; Grupo Esportivo Carlos Gomes; Faísca de Ouro; Flor do Bosque; Santos da Barra Funda; Paulista e Camerino.

Muitas das transformações que levaram esses e outros tantos clubes ao desaparecimento são decorrentes do Plano de Avenidas concebido, em 1930, pelo engenheiro Francisco Prestes Maia. Em contraste com a posição do também engenheiro e então prefeito Anhaia Mello, Prestes Maia trabalhou no propósito de expandir horizontalmente a cidade. Para ele, São Paulo deveria ser reordenada a partir de modelo urbanístico inspirado num sistema radial e perimetral de avenidas, com o objetivo de descentralizar o setor comercial e de serviços e distribuir a circulação por ruas secundárias, ampliando a fluidez no tráfego.[29]

Embora menos agressivo num primeiro momento, esse plano também chegou à Barra Funda *de baixo*. Na região da várzea, a proposta era alterar e controlar o curso das águas e o espaço de vazão do rio Tietê. A medida visava promover a salubridade, por meio da redução do número de enchentes no local, e a fluidez na circulação de mercadorias e de pessoas, a partir da criação de um anel viário às margens do rio, futuramente conhecido como via Professor Simão Faiguenboim ou simplesmente marginal Tietê. Além da desapropriação de terrenos, o plano de avenidas também incluía, como vimos em relação à Várzea do Carmo, uma espécie de programa sobre como a região deveria ser ocupada por seus habitantes, o que se entrevê nos comentários do futuro prefeito de São Paulo a respeito da várzea do Tietê:

> Conjuntos monumentais, parkways, paisagismo, instalações esportivas, circulação rápida, linhas de alta velocidade, navegação, vias férreas, cais, indústrias etc., são matéria vastíssima e interconexa, apenas entrevista pela maioria dos munícipes. Assim considerada, e não como mera obra de drenagem, a canalização pode tornar-se um elemento importante de urbanização. Que não possamos daqui a 30 anos repetir o crítico portenho e,

---

29   Cf. HAAG, Carlos. *A cidade dos engenheiros. Pesquisa Fapesp*, São Paulo, n. 178, dez. 2010. Cf., ainda, SEVCENKO, Nicolau. *Op. cit.*, 1992.

em vez de terrenos *ganados al rio*, dizer: possibilidades perdidas para São Paulo.[30]

Essa perspectiva, centrada na ideia de conquista de espaço *ao* rio – para ser ocupado e regulado por um ritmo intenso e artificial –, foi traduzida numa série de ações públicas que "impôs progressivamente a homogeneização de um modo de viver em nome do progresso, da técnica e da razão". Sua visão era divergente da adotada por Anhaia Mello, prefeito entre 1930 e 1931, que ao menos em seus planos urbanísticos citava esses cidadãos, tal como no trecho a seguir: "construir belas cidades e viver nelas em beleza – exigia preparar o ambiente e formar uma psicologia urbana e anseio cívico, uma opinião pública esclarecida. Era preciso 'limitar a expansão indefinida e desordenada de São Paulo' e 'criar espaços de lazer para os operários'".[31] Como se sabe, a proposta de Mello não foi a preferida dos urbanistas e outros técnicos do período.

De todo modo, num processo bastante semelhante ao que empreendera Washington Luís, Prestes Maia desejava integrar a várzea à cidade abstraindo a paisagem e as pessoas, cuja existência concreta não parecia ser por ele reconhecida ou legitimada. É eloquente o fato de que em seu relatório não sejam encontradas quaisquer referências aos munícipes da região: os varzeanos.[32] Paralela e curiosamente, o Desinfectório do Bom Retiro[33] permanecia em plena atividade no controle de doenças – e pessoas – que eram consideradas uma ameaça à saúde pública. Como ainda prevaleciam as teorias miasmáticas de transmissão de doenças, segundo as quais o contágio se dava fundamentalmente pelo contato com um doente, um dos procedimentos era justamente o isolamento de possíveis promotores de tais moléstias por quarenta dias. Esse critério atingia de forma direta os moradores da várzea, cujas habitações estavam constantemente sujeitas a inundações do rio Tietê e dos córregos que o ladeavam.

Em geral, a população não compreendia nem as razões, nem as formas pelas quais se realizavam esses procedimentos. Nesse período, Oswaldo Tirone e Antenor Dias, associados do Anhanguera, "morriam de medo de serem levados pela polícia para o desinfectório",[34] o que os levou, em certas ocasiões, a modificar seus trajetos

---

30   PRESTES MAIA *apud* CUSTÓDIO, Vanderli. *Dos surtos urbanísticos do final do século XIX ao uso das várzeas pelo Plano de Avenidas. Geosul*, Florianópolis, nº 38, v. 19, jul/dez 2004, p. 77-98.

31   RAGO, Margareth. *Op. cit.*, p. 388.

32   HAAG, Carlos. *Op. cit.* Evidentemente, a análise se refere aos textos e não às políticas implementadas pelos urbanistas.

33   Instalado em fins do século XIX na esquina da antiga rua Itaboca – significativamente transformada em rua Professor Cesare Lombroso – com a rua Tenente Pena (mapa 2).

34   Entrevista com o sr. Cirilo Magalhães e com o sr. Augusto Pereira Neto (Carioquinha), realizada

noturnos dos bares e meretrícios do Bom Retiro e da Luz para suas casas. Para escaparem do controle da polícia e de uma possível internação no desinfectório, eles passavam das ruas que davam acesso à Barra Funda aos trilhos do trem, margeando a Barra Funda *de cima* até chegarem à rua Anhanguera. A eles, os riscos da ferrovia pareciam menores que a ameaça de captura e internação no desinfectório.

Assim, além de não serem compreendidos como munícipes pelo poder público, os varzeanos sentiam-se ameaçados pelas políticas sanitárias que integravam os planos de urbanização da cidade. Diante desse quadro, só lhes restava criar soluções para resistir à homogeneização imposta pelos setores de polícia e higiene a fim de continuarem dispondo de espaços para praticar seu futebol.

Para isso, os varzeanos valeram-se de negociações com os representantes locais da municipalidade. Em alguns casos, eles parecem ter sido bastante hábeis, haja vista sua longevidade na região, caso do próprio Anhanguera. Essa capacidade de negociação com os poderes locais foi um elemento central para que o Anhanguera e outros clubes esportivos permanecessem atuantes na várzea a despeito do tipo de urbanização empreendida na cidade já nos anos 1930. Tal capacidade não foi, no entanto, o único elemento a explicar essa estabilidade. É preciso voltar-se para a dinâmica interna das associações para compreender, por exemplo, o papel das receitas mensais nessa permanência.

ASSOCIAÇÃO: ADOÇÃO E DEMISSÃO DE NOVOS ASSOCIADOS

Embora festas e bailes representassem uma fração importante da renda da Associação Atlética Anhanguera, fazia-se "tudo com o dinheiro que entrava do recibo dos associados",[35] conta William Sandonato, indicando a centralidade dessa modalidade de recursos. Ao que parece, tal centralidade era parte significativa da razão pela qual o clube instaurara procedimentos pouco restritivos para a incorporação de novos sócios. As propostas eram tão importantes na dinâmica do clube, que constituíam a única seção regular nas atas das assembleias, registradas de acordo com o seguinte padrão (figura 11):

em 12 de fevereiro de 2011.

35   Entrevista com o sr. William João Sandonato, realizada em 23 de maio de 2010.

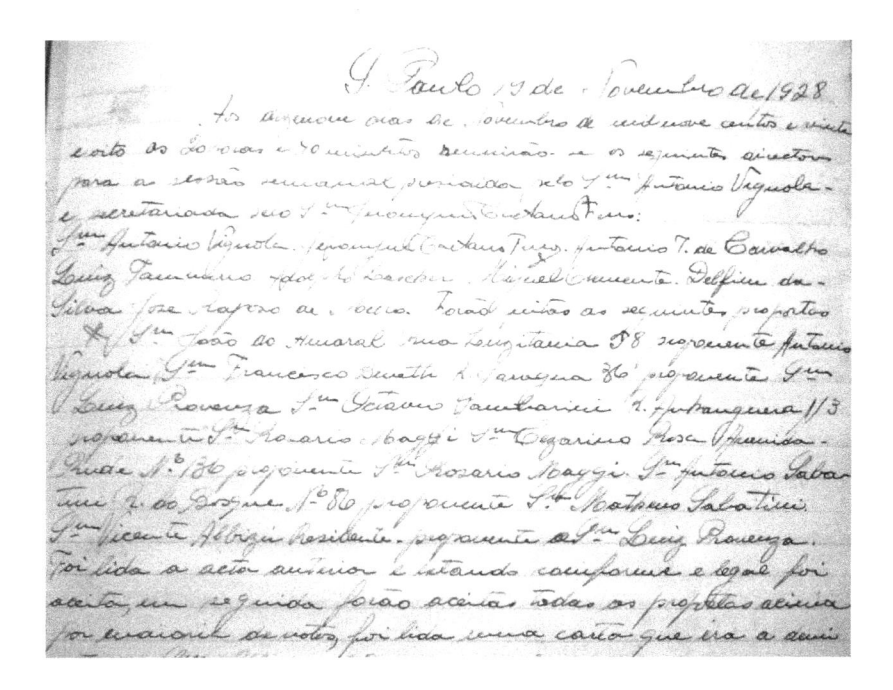

Figura 11 – Reprodução de ata da Associação Atlética Anhanguera, 19 nov. 1928. (Fonte: acervo do clube)

Para se associar ao Anhanguera, era necessário ser convidado por alguém já pertencente ao clube – com mais de três meses na casa –, que se tornaria então uma espécie de padrinho responsável pelo novato, ou seja, por suas eventuais dívidas caso houvesse inadimplência quanto ao pagamento dos recibos. Havia certo padrão nesse *apadrinhamento*, como se vê na amostra a seguir:[36]

Número da proposta	Data da assembleia	Nome do proposto	Endereço do proposto	Nome do proponente
15		Manoel da Costa	Rua Salta, 52	José Fernandes
16		Antonio V.	Rua Salta, 24	Antonio Satriani
17		Octacílio Pereira	Rua Baixa, 10	Bartholomeu Maggi
18	28/01/1929	Francisco Castelhano	Rua Javahés, 34	Antonio Satriani
19		Amadeu Althiere	Rua Javahés, 16	Antonio Satriani
20		Joaquim seixas	Rua Guaianazes, 170	Antonio Satriani

---

36   Elaborado a partir dos dados recolhidos nas Atas da Associação Atlética Anhanguera.

Número da proposta	Data da assembleia	Nome do proposto	Endereço do proposto	Nome do proponente
21		Arthur Ricco	sem referência	João Maggi
22		Marcilio Luchi	rua Prates, 47	Antonio C. de Carvalho
23	26/02/1929	H. Brandt	alameda Barão de Piracicaba, 78	Antonio C. Carvalho
24		B. Guimarães	sem referência	Claudionor Thofaldi
25		Raul Lourenço	rua Salta Salta, 16	Anthenor Monteiro
26		Emilio Mazzela	rua Cruzeiro, 16	João M.
27	04/03/1929	Teciano Bissagua	rua Conselheiro Brotero, 44	Emilio Bertucci
28		José Bastos	rua Salta Salta	Delfim da Silva
29		José Felix Martins	rua Largo Coração de Jesus, 15	Rogério Pavani
30		Domingues Marcello	rua Victorino Carneiro, 129	D. Victorelli
31		Placito Coelho	rua da Várzea, 6	Manoel Gonçalves
32		David Bastos	alameda Eduardo Prado, 68	Eduardo Faria
33		Luiz A. Pires	alameda Eduardo Prado, 50	Eduardo Faria
34	11/03/1929	Boamergis Guimarães	sem referência	Claudionor [?]
35		Orestes D.	sem referência	Bartholomeu Maggi
36		Antonio Lacava	rua Garibaldi, 34	Antonio Satriani
37		Roque Deodoro	praça da Republica, 28	Antonio Satriani
38		José (?)	rua dos Americanos	Orlando Pontes
39		Carlos Corrêa	sem referência	Alfredo Sá
40		Benedicto Barbosa	rua do Córrego, 7	Orestes D.
41		Alfredo Bertoloci	rua Anhanguera, 7	João Hidro
42		Jiovani Francisco	alameda Nothman	Alfredo Bertoloci
43		Rafael Lourenço	rua Bosque, 102	João Cidro
44		Carmo Pietoso	rua Anhanguera, 39	Fernando Costa
45	18/03/1929	Alvaro Costa	rua Anhanguera, 60	José de Agostinho
46		Silvio da Conceição	rua Gomes Cardim, 164	João A. Gross

Número da proposta	Data da assembleia	Nome do proposto	Endereço do proposto	Nome do proponente
47	25/03/1929	Antonio Carlucci	rua Bosque, 19	Fortunato R.
48		Miguel Daurêa	rua Garibaldi, 4	Saverio Russo
49	01/04/1929	Antonio d Abril	rua Barão de Tatuy, 154	Miguel Branca
50	08/04/1929	Domingues Brás	sem referência	Antonio Vignola
51	15/04/1929	José Manoel	sem referência	João Bello
52		Januário Pascoalucci	rua Manoel Dutra, 83	Carlos Virgilo
53		Eloy Treviziaki	rua Barra Tibagi, 146	Fortunato R.
54		Amadeu Biau	rua Conselheiro Nebias, 115	João A. Giovani
55		Bertholdo V.	rua Xavier de Toledo, 60	João A.
56		João Bello	sem referência	Orlando Pontes
57		Renato Limões	rua Bosque, 75	Manoel M.
58	25/04/1929	Santino Manoel Soares	rua Duque de C axias, 39	João A. Gross
59		João Seaglia	rua Siva Pinto, 13	João A. Gross
60		Antonio Orelo	rua 13 de Maio, 26	Amadeu Bianchi
61		Manoel Souza	estrada da Limão, 13	Carlos Virgilo
62		Antonio Riorni	rua Boracéa, 49	Antonio Althiere
63	07/05/1929	Sivio Lima	rua Anhanguera, 28	Ezzio Marchetti
64		Osvaldo Bicudo	rua Garibaldi, 2	O. Monteiro
65	14/05/1929	João Russo	rua do Bosque, 56	João Paris
66		João N.	rua Barra Funda, 113	Miguel Vignola
67		Francisco Tezzi	rua Luzitania	Antonio Althiere
68	04/06/1929	Angelo Barbarulo	rua Ribeiro da Silva, 59	Joaquim Seixas
69		Libertário Court	alameda Barão de Limeira, 203	Joaquim Seixas
70		Antonio Casuccio	rua Silva Pinto, 3	Amadeu Biau
71		Caetano Gross	av. Rudge, 74	Miguel Branco
72		Francisco Viscardi	rua Javahés, 13	Amadeu Althiere
73		Antonio Soares	rua Salto Salto, 48	Arsenio Gentil
74		Salvador Arquiar	rua Joaquim, 88	Jayme Gomes
75		Miguel Paris	rua do Bosque	Miguel Satriani

O caso de Amadeu Althiere, filiado em 1929, é exemplar dessas práticas na associação. Em 28 de janeiro, ele é proposto – juntamente com Francisco Castelhano, ambos moradores da Rua Javahés, no Bom Retiro – por Antonio Satriani, o marceneiro. Em 4 de junho, é ele quem propõe um de seus vizinhos, o sr. Francisco Viscardi.[37] Amadeu não parecia ser o único Althiere a circular pelo clube, pois Antonio Althiere também vinha realizando propostas durante o primeiro semestre de 1929, como se observa nos meses de abril e maio.[38]

Casos como o de Amadeu[39] revelam que os convites desses associados vinculavam-se aos seus locais de moradia ou trabalho, em muitos casos coincidentes, tal como vimos no que se refere aos trabalhadores de ofícios.[40] Assim, vizinhos, colegas de trabalho e também familiares eram convidados a integrar o clube por simples associados e por diretores como Miguel Vignola, Antonio e Miguel Satriani, Ezzio Marchetti, Joaquim Seixas, João Cidro, Saverio Russo e Bartholomeu Maggi, além do presidente, que naquele ano era Antonio Vignola, o que revela uma centralização da diretoria do clube no mecanismo de incorporação de novos sócios naquele momento. Tratava-se, evidentemente, de mais uma maneira de garantir certo controle sobre os perfis dos sócios desejados pelo Anhanguera. Esse era um expediente comum entre as entidades populares, que não raramente continham em seus estatutos itens que auxiliavam a seleção dos propostos, como o pedido de documentos que comprovassem serem eles praticantes de "ocupação decente e honesta".[41] Reiterava-se, assim, a importância de possuir meios *valorosos* para garantir o vínculo com o clube, o que indica que tais associações não dispensaram critérios seletivos na formação de seus quadros.

Esses elementos ajudam a tecer um rápido e necessário comentário sobre a identidade étnica das associações esportivas e sociais da várzea do rio Tietê. É preciso começar pelo fato de que tanto a identidade quanto "os elos sociais não têm nature-

---

37   Pertencente a uma das poucas famílias que verdadeiramente enriqueceram na região a partir do engajamento no ramo automobilístico. Os Viscardi são donos de uma importante concessionária de veículos na cidade, segundo os veteranos do clube Anhanguera.

38   O registro de sua própria proposta não foi localizado podendo, inclusive, ter sido assentado em volume anterior ao das atas analisadas neste trabalho.

39   Apenas nessa amostra é possível acompanhar também o *movimento* de Eduardo Faria. Em outros períodos, pode-se explorar aspectos do âmbito profissional, da dimensão geracional e da situação conjugal dos associados; voltaremos a algumas dessas questões a seguir.

40   Como já salientado na nota 75 do capítulo anterior, nos anos 1940 são instaladas quatro importantes indústrias no bairro da Barra Funda, o que muda o perfil de trabalho dos varzeanos: a maior parte deles se torna operária a partir de então. No entanto, segundo os veteranos, o padrão de associação ao clube é pouco alterado porque tanto a circulação no bairro, quanto as relações de vizinhança, base dessa sociabilidade, foram mantidas.

41   SIQUEIRA, Uassyr de. *Op. cit.*, 2009, p. 281.

za, mas apenas usos",[42] ou seja, "a etnicidade não se define como uma qualidade ou uma propriedade ligada de maneira inerente a um determinado tipo de indivíduo ou grupo, mas como uma forma de organização ou um princípio de divisão do mundo social cuja importância varia de acordo com as épocas e situações".[43]

Assim, como já apresentado, entre o fim dos anos 1910 e a década de 1930, inúmeras associações foram fundadas por comunidades de imigrantes, sobretudo ítalo-brasileiros estabelecidos há duas ou três gerações na cidade. Esse foi o caso do Anhanguera, mas também do clube Nacional do Bom Retiro, do Grupo Esportivo Carlos Gomes, ambos de 1913, do Garibaldi Futebol Clube (que se tornou Grajaú durante a Segunda Guerra Mundial), do Clube Barra Funda, do clube Sul-Americano e do clube Camerino. Há que se citar ainda as comunidades formadas por nacionais negros, como o União Futebol Clube,[44] o Clube Royal[45] e o São Geraldo Futebol Clube. As identidades de todos esses clubes passam por elementos como o lugar de moradia, o modo de vida e as ocupações de seus associados e, sobretudo, pela forma como eram vistos por seus vizinhos. Infelizmente, suas histórias são conhecidas apenas por relatos de ex-associados que, em face do desaparecimento de seus clubes, acabaram se agregando a clubes como o Nacional e o Anhanguera.[46]

No caso de associações ítalo-brasileiras como a que é tema deste trabalho, sabe-se que elas mantinham traços muito próprios às culturas de origem, como a valorização dos elos familiares, a prática da *passatella* e *morra*, conforme indicado no capítulo anterior. Ao mesmo tempo, elas não deixaram de se integrar à cultura local, mesmo porque dela já faziam parte, pois, como nota Jacy Seixas: "para aqueles imigrantes que, mesmo decepcionados pelas condições de trabalho, não tornam a partir [...], mas se fixam e têm filhos; as novas gerações vem suavizar e reconciliar a parte estrangeira e brasileira das populações".[47]

Assim, afora recordar o processo de negociação da identidade, com a qual trabalhamos no primeiro capítulo, é preciso ter cuidado com adjetivações como "clube

---

42   LEPETIT, Bernard. *Op. cit.*, p. 239.

43   POUTINGNAT, 1998:124-5 *apud* Siqueira. (2002).

44   SANTOS NETO, José Moraes dos. *Visão de jogo...*, cit., p. 53.

45   Mesmo sendo mais ativo nos bailes, possuiu alguns quadros de futebol.

46   Isso sem falar nas sociedades de "base operária dos mais diversos tipos (mutualistas, beneficentes, classistas, recreativas e culturais), como: Liga Operária do Bom Retiro, União dos Trabalhadores Ferroviários, Liga Internacional dos Marceneiros e uma sucursal da União dos Trabalhadores em Fábricas de Tecidos" (SIQUEIRA, Uassyr de. *Op. cit.*, 2002, p. 68).

47   Em "1914 os dados oficiais revelam que 77% da população do estado de São Paulo era composta de brasileiros, mas que, entre eles, mais da metade era de filhos ou netos de europeus" (SEIXAS, Jacy Alves de. *Op. cit.*, p. 19, tradução nossa).

de colônia" para compreender como se davam esses vínculos identitários de base étnica no cotidiano dessas associações, lembrando, ainda, que a relação entre indivíduos não necessariamente correspondia àquela que se dava entre suas comunidades. Assim, por exemplo, nem sempre tais entidades restringiam a circulação ou a associação de outros grupos em suas dependências. Como vimos, as tensões entre a Barra Funda *de cima* e a *de baixo* em muito se relacionavam à presença negra na parte alta e ítalo-brasileira na parte baixa. No entanto, o Anhanguera possuía sócios negros desde os seus primeiros anos de atividade (figuras 12 e 13). Para William Sandonato, ex-presidente da associação, isso acontecia porque "ninguém fazia pouco caso de ninguém ali".[48]

Figura 12 – Reprodução das fotografias de carteirinhas de associados, s.d. (Fonte: arquivo do clube)

---

48   Entrevista com o Sr. William João Sandonato, realizada em 23 de maio de 2010.

Figura 13 – Time principal do Anhanguera, 1933; partida contra clube Garibaldi. (Fonte: arquivo do clube)

Para compreender o comentário do veterano, é preciso levar em conta a importância dos associados para a receita do clube e a variedade de vínculos entre ítalo-brasileiros e negros na Barra Funda. Seus representantes mantiveram os mais diferentes vínculos pessoais e de trabalho na região e, como já citamos, foram corresponsáveis pela forma peculiar como o carnaval e o samba se estabeleceram no bairro. Nota-se, pois, que tanto o preconceito quanto a discriminação racial assumiam contornos específicos na cidade de São Paulo. Nela, como no Anhanguera, a questão é bastante complexa ao assimilar e rejeitar os negros a um só tempo. Em toda a trajetória do clube, por exemplo, apenas um negro alcançou o posto de presidente: sr. Salathiel da Silva, em meados dos anos 1950.

É nesse sentido que a identidade étnica dos ítalo-brasileiros – reunidos numa associação intitulada Anhanguera, não se deve esquecer – e de outras sociedades só pode ser compreendida à luz das relações construídas nesses bairros varzeanos:

> a tendência à concentração nesses espaços foi tanto mais frequente quanto maior era a diferença entre uma determinada etnia e a população nacional. [...] os bairros étnicos representaram um fator de intimidade e segurança em meio às vicissitudes da vida na cidade.[49]

---

49 FAUSTO, Boris. *Op. cit.*, 1998, p. 31.

Essa busca por intimidade e segurança não significou, entretanto, nem homogeneidade, nem ausência de conflito no interior das *microssociedades* ali forjadas. A trajetória do clube evidencia que seus associados protagonizaram mais conflitos com outros ítalo-brasileiros do que com os demais grupos da região. Para William Sandonato, por exemplo, havia "mais rivalidade entre o Grajaú e o Anhanguera do que com os outros – que eram o Barra Funda e o Royal".[50] Situação que talvez tenha se alterado posteriormente, ao final dos anos 1930, em face do acirramento do fascismo e com a eclosão da Segunda Guerra Mundial, quando os ítalo-brasileiros eram identificados à Itália fascista. Os antigos associados do Anhanguera contam, por exemplo, que nesse período a "rua dos Italianos" foi depredada e alterada para "rua dos Brasileiros".[51]

De todo modo, ainda que a maior parte dos associados do Anhanguera derivasse das estreitas relações entre vizinhos e familiares, a inadimplência não deixou de ser uma realidade para diretores e presidentes do período analisado. Em momentos diferentes da década de 1930, muitas foram as ações visando à redução do problema, como revelam as carteiras dos novos associados (figura 12) acerca do tipo de atividade que ele exercia no clube – o que modificava o valor de sua mensalidade – e do local onde se deveria cobrá-lo. Novas regras eram inventadas, mas, na verdade, apenas recaíam sobre aquelas já em vigor, denunciando certa ineficiência da dinâmica. Exemplo disso se entrevê em uma decisão encaminhada em assembleia: "ficou deliberado que as propostas deverão ser pagas no acto para serem aceitas".[52] Assim, diante da assembleia, o proponente já deveria portar consigo o valor da joia e quiçá da primeira mensalidade do proposto.

Talvez a mais representativa dentre essas medidas de controle financeiro seja o processo que envolvia os pedidos de demissão realizados no clube. Tão frequentes quanto as propostas, ainda que em número muito menor, os pedidos de demissão só eram encaminhados quando, em primeiro lugar, os solicitantes "estivessem em dia com suas obrigações sociais" – pecuniárias, mais precisamente – e as declarassem pessoalmente ou por escrito. Poucos eram os associados que conseguiam completar a primeira etapa de seu pedido de saída do clube.[53]

50　　Como vimos, o Grajaú era o antigo Garibaldi, também fundado por ítalo-brasileiros no bairro do Bom Retiro. E, assim como o Clube Royal, o Clube Barra Funda foi fundado pela comunidade negra da Barra Funda *de cima* (entrevista com o sr. William João Sandonato, realizada em 23 de maio de 2010).

51　　Entrevista com o sr. Cirilo Magalhães, realizada em 12 de fevereiro de 2011.

52　　Atas da Associação Atlética Anhanguera, 17 fev. 1930.

53　　E, dessa maneira, são também poucos os registros sobre as razões acerca do desejo de saída do clube.

Por essa razão, entre janeiro e junho de 1929, mesmo período em que houve 75 propostas de novos associados, os pedidos de demissão totalizaram somente 16, sendo que a maioria deles procedia de diretores sociais e esportivos. Em face dos vários conflitos com os quais se envolviam na administração do clube, eles se demitiam dos cargos,[54] mas não abandonavam sua condição de associado, sendo mais comum apenas trocarem de função. As demissões solicitadas no mês de setembro de 1929 transmitem uma ideia das dificuldades em se manter em algumas dessas funções: foram três pedidos de afastamento do cargo de cobrador, um do cargo de tesoureiro[55] e apenas dois de sócios.

Mas, ainda que os cuidados fossem muitos e a inadimplência perdurasse no horizonte de preocupações do Anhanguera, a aceitação de novos associados não cessou de acontecer e de se ampliar. Entre 1928 e 1934, o clube incorporou por volta de quatro novos associados a cada assembleia semanal,[56] gerando uma média de no mínimo dezesseis novatos por mês e de 192 em um ano.[57] À exceção de alguns interessados em atividades como a dança – como o rapaz da carteirinha reproduzida na figura 14 –, esse número traduzia fundamentalmente o interesse pelo futebol e nada mais.

54   Alguns deles: tesoureiro, cobrador de mensalidades, mestre-sala, diretor social, diretor esportivo, secretário, diretor de pingue-pongue etc.

55   Convocado pela diretoria a apresentar as razões para seu pedido de demissão do cargo de tesoureiro, o sócio Miguel Barbosa, em assembleia, enumera-as: "Primeiro que o Sr. Sabatini queria que seu filho dançasse pagando 1$000 quando deveria pagar 2$000. Segundo porque o Sr. Antonio Vignola ameaçou-o de aggredir a tapa [sic]" (Atas da Associação Atlética Anhanguera, 16 set. 1929).

56   Embora se tratasse de propostas, cujo aceite não está garantido, em todo o material pesquisado apenas um convidado não foi aceito. Infelizmente, as razões sobre a negativa não foram desenvolvidas na ata.

57   Conforme os dados organizados no quadro de admissão de novos associados (Anexo).

Figura 14 – Carteirinha de associado interessado na dança, 1933.
(Fonte: acervo do clube)

Como explica o sr. Walter Dias: "uma coisa sempre existiu no clube. Tem dois tipos de pessoas que frequentam o clube: tem aquele que vem exclusivamente pra jogar e não se interessa pela rotina, pelos eventos, o negócio dele é jogar. E tem aqueles outros que se engajam politicamente".[58] A classificação do veterano – ele mesmo integrante de sucessivas diretorias do Anhanguera desde fins dos anos 1940, tal como seu pai, Antenor Dias, associado uma década antes – sugere que, desde o surgimento do clube, operava-se em seu interior uma específica divisão de interesses em torno do futebol. Vale a pena acompanhar como a questão se desenrolou naqueles momentos iniciais.

SAVERIO, BARTHÔ E A DINÂMICA DO FUTEBOL

Quando ainda se encontrava na sede social situada à rua do Córrego, o Anhanguera recebeu, em uma de suas assembleias, o sr. Paulo Baddini, recém-associado e representante do Partido Democrático da Barra Funda. Ele vinha convidar o clube para atuar com seu 1º quadro num jogo de futebol contra o Grupo Esportivo

---

58 Entrevista com o sr. Walter Dias, realizada em parceria com Arthur Tirone em 22 de maio de 2009.

Carlos Gomes, no campo da Floresta. Tratava-se de integrar um festival organizado pelo partido que se realizaria dentro de poucos dias, no início de novembro de 1928. A princípio, os presentes se manifestaram contra a proposta, mas, "diante de tanta insistência do sr. Baddini, o sr. Presidente resolveu enviar uma comissão à sede do partido com o único fim de aceitarem o convite".[59]

A recusa inicial poderia indicar alguma rejeição ao jogo com o Carlos Gomes, não fosse o destaque dado ao fato de a comissão ser enviada com o único fim de aceitar o convite junto à sede do partido. A situação sugere, talvez, alguma animosidade por parte do clube em relação àquela entidade, uma vez que, em verdade, o Anhanguera já vinha tomando parte em campeonatos e festivais de futebol e de pingue-pongue promovidos por instituições dessa natureza. De todo modo, a questão não foi retomada após o aceite, prevalecendo apenas a discussão referente a quais associados deveriam atuar na partida, algo já suficientemente complexo, pois mesmo antes do convite o clube vivia impasses envolvendo seu principal selecionado de futebol.

A reunião que antecedeu a visita de Baddini, por exemplo, foi dedicada a discutir a suspensão do sócio fundador e jogador do 1º quadro, Bartholomeu Maggi, que teria faltado ao último compromisso com *seu* clube para atuar em *outro* fora da capital. Por ser ele um dos mais antigos sócios e um dos fundadores do Anhanguera, a diretoria tomou sua falta como muito grave e, "visto que o Sr. Barthô se achava na sala de jogos [ao lado da sala de reuniões], o Sr. Presidente achou conveniente chama-lo para expor o motivo que o levou a come[tê-la]".[60] Barthô atendeu prontamente ao chamado e, diante da questão do sr. Presidente, respondeu que,

> se praticou semelhante acto, o qual não é de seu costume, foi justamente por ter dias antes discutido com o Sr. Saverio Russo, também jogador de nosso primeiro quadro de foot-ball, o qual promettera que, caso não actuasse no 1º quadro, prepararia uma decepção no campo, decepção esta que [consistia em] tirar as camisas de foot-ball dos corpos de seus companheiros, entre outras criancices.[61]

Na sequência, ele complementou: "Se tal falta cometti [...] mereço as maiores das penas, mas scientes fiquem os Srs. Directores que se isso não fizesse, a promessa do Sr. Saverio seria cumprida no campo de foot-ball. Salveio-os de uma decepção".[62]

59   Atas da Associação Atlética Anhanguera, 22 out. 1928.

60   *Ibidem*, 15 out. 1928.

61   *Ibidem*

62   *Ibidem*.

Mesmo utilizando argumentos que procuravam diminuir ou deslocar a importância da acusação que pesava sobre ele, Barthô não foi liberado das *maiores penas*. A diretoria resolveu suspendê-lo por trinta dias de qualquer dos quadros de futebol do clube – ele tinha o costume de jogar também no time juvenil –, embora permitisse sua circulação pelas dependências sociais. Após a resolução, entretanto, o sr. Matheus Sabatini subitamente "usa da palavra" para dizer não apenas que Barthô contara a verdade sobre o sr. Saverio, como também ele próprio possuía queixas contra o associado em questão, que teria tido "a ousadia de exigir os talões de recibo que achava em seu poder a fim de examinar se, de facto, os jogadores que iriam compor o primeiro quadro no próximo domingo estavam correntes em suas mensalidades".[63]

Após essa declaração, outros diretores acabaram por se lembrar de problemas envolvendo Saverio, o que os fez convocá-lo para defender-se na reunião seguinte. Afora os notáveis recursos retóricos dos associados ali presentes, bem como a capacidade narrativa do secretário-escrivão Jeronymo Caetano, a repercussão em torno do caso de Barthô chama a atenção, assim como sua defesa diante da assembleia. O jogador utilizou argumentos muito parecidos com os da diretoria para tentar mostrar que também ele estava em defesa do Anhanguera. No entanto, para os presentes, sua atuação em outro clube falava por si. Por outro lado, Saverio vinha intervindo de maneira muito ativa – ou excessiva, conforme a visão de Sabatini – nas questões que envolviam o 1º quadro de futebol, fosse na condição de jogador, fosse na de sócio-fundador, o que também chamou a atenção da diretoria.

A reunião seguinte ocorreria uma semana depois, em 22 de outubro, justamente a data da visita e do convite de Baddini para o jogo contra o Carlos Gomes, o que acrescentou cores ainda mais fortes à questão. Tão logo o representante do Partido Democrático deixou a sede do Anhanguera, Saverio deu início à sua defesa,

> referindo-se ao Sr. Marciano Queiroz que, estando em atrazo nos cofres sociais, era escalado em todos os jogos que este club realizava, que era, portanto, um grave erro que commettia a nossa directoria pois não era justo ser elle substituído pelo Sr. Queiroz na actuação do primeiro quadro, enquanto esse não cumprisse com as suas obrigações.[64]

---

63   *Ibidem.*
64   *Ibidem*, 22 out. 1928.

Quanto à discussão com Barthô, ele afirmou

> ser exata, pois que elle, Saverio, era alvo da direcção esportiva
> toda vez que escalavam o primeiro quadro. Neste caso, já não se
> tratava de questão da sociedade, mas sim [...] desta direcção es-
> portiva que aliás não poderá ser admissível menosprezando tão
> esforçado sócio e fundador para amparar forasteiros que aqui
> se alojam procurando impôr o profissionalismo para a provável
> decadência de nossa novel e progressiva sociedade.[65]

As críticas de Saverio especificamente dirigidas à direção esportiva criavam, assim, uma oposição entre o *esforçado sócio-fundador*, representante da sociedade, e a direção esportiva, que apoiava um *forasteiro*. O primeiro estaria ao lado da estabilidade do clube e o segundo, ao contrário, representaria sua decadência ao impor-lhe o profissionalismo. Note-se que a crítica se dirigia ao *forasteiro* – evidentemente, o sr. Queiroz – e não ao sócio-fundador Barthô, muito possivelmente porque este já estivesse devidamente suspenso.

Diante da queixa de Saverio, o diretor Ezzio Marchetti disse "ser sufficiente [acertar] o débito do referido sócio e jogador para que o mesmo continuasse a participar como jogador do 1º quadro".[66] Ao que o sócio-fundador se adianta ressaltando que tal promessa já havia sido feita há tempos e nunca fora cumprida. Saverio não deixaria a reunião sem antes requerer uma nova e extraordinária assembleia geral na presença de "um certo número de sócios",[67] no que foi atendido.

Barthô, por sua vez, solicitou, ainda na mesma reunião, a leitura de três cartas que trazia consigo. Na primeira, de próprio punho, ele "pedia mil desculpas e [também para] perdoarem a pena para [que ele] concorre[sse] no próximo festival [...] enfrentando o Carlos Gomes".[68] As outras continham " dois abaixos-assignados", sendo o primeiro de "seus collegas e admiradores e o seguinte [d]as gentis torcedoras",[69] solicitando exatamente o mesmo.

"De nada valeram tais pedidos",[70] pois, para a diretoria presente, "as decisões resolvidas, quando justas, devem ser todas irrevogáveis".[71] Em seguida, os diretores decla-

---

65   *Ibidem.*

66   *Ibidem*, 22 out. 1928.

67   *Ibidem*

68   *Ibidem*

69   *Ibidem*

70   *Ibidem*

71   *Ibidem*

raram que, para o jogo contra o Carlos Gomes em 4 de novembro, "os jogadores seriam transportados ao campo por meio de automóveis às [expensas] do clube",[72] o que acentua a importância que a partida assumia na associação, sobretudo porque tais automóveis, num total de quatro, seriam alugados a 20$000 cada um, valor a ser "descontado do caixa"[73] o que, num rápido cálculo, representava a mensalidade de quase trinta sócios.[74]

E apesar de Saverio ter garantido que prevalecessem as regras da sociedade no caso de Barthô[75] e de Queiroz – e, com elas, a ausência desses dois jogadores no referido embate –, ele não alcançou mais que uma posição de reserva na escalação divulgada na assembleia extraordinária por ele solicitada.

Há que se destacar que Saverio foi atendido em sua solicitação por uma assembleia muito provavelmente em razão de sua condição de sócio-fundador.[76] Seu trânsito na sede social e nas assembleias não era regulado da forma como acontecia a outros sócios, aos quais "não se deveria dar muita corda", segundo afirmou o sr. Ezzio Marchetti.[77] Esse foi o recurso para, uma vez mais, vincular suas condutas à defesa da sociedade, sabendo que a regularidade do pagamento das mensalidades dos jogadores era um tema caro a todos, mas sobretudo a diretores e presidente. Barthô, por sua vez, mobilizou associados e *gentis* associadas em seu pedido, o que evidenciou sua popularidade no clube e, quiçá, no bairro, tema ao qual retornaremos.

Embora uma série de motivações heterogêneas operasse nesse evento, uma delas já se torna aqui bastante evidente: Barthô e Saverio negociaram, até o último momento, sua participação no principal quadro de futebol do clube e, dessa maneira, no jogo contra o Carlos Gomes. Ambos sem sucesso, há que se repetir.

Da partida, sabe-se apenas que o assunto continuou repercutindo no Anhanguera.[78] Na reunião que se seguiu ao evento, os diretores se perguntavam sobre "as taças do jogo com o Carlos Gomes",[79] pois Ezzio Marchetti estivera no clube rival e

---

72   *Ibidem*

73   *Ibidem*, 29 out. 1928

74   Caso prevalecessem os 3$000 citados. Na carteira do associado (figura 14), de 1933, nota-se que o valor passara aos 5$000.

75   Embora novas cartas pela anistia de Barthô fossem lidas "com a máxima atenção de todos os diretores" (Atas da Associação Atlética Anhanguera, 26 out. 1928).

76   Em outros momentos ele também atuaria como diretor social.

77   O associado fez tal afirmação diante do pedido de alguns sócios para a realização de uma assembleia extraordinária, ainda que reconhecesse seu direito em fazê-lo (Atas da Associação Atlética Anhanguera, 5 nov. 1928).

78   Uma vez que seu resultado não foi registrado nem pela associação, nem pelos jornais, salvo se *A Gazeta Esportiva*, recém-criada à época, tiver feito algum registro. Em nossa pesquisa, no entanto, o primeiro exemplar localizado do periódico data do final de novembro de 1928.

79   Atas da Associação Atlética Anhanguera, 5 nov. 1928.

ouvira um de seus representantes dizer que "essa questão precisaria ser approvada perante o juiz do jogo e as palavras do Sr. Baddini".[80] Diante de tal dado, o clube decide então "mandar uma carta para o Sr. Baddini dizendo-lhe [...] que o Anhanguera foi vencedor e [...] que foi dado o gôal válido pelo nosso adversário e pelos que tomaram parte no mesmo festival".[81]

Já os impasses acerca da participação no time principal não terminariam com a partida contra o Carlos Gomes. Ao contrário, eles se acentuariam no ano seguinte. Mal começara o calendário de jogos de futebol de 1929 e Saverio reiniciava seus trabalhos com questões à diretoria esportiva, sendo uma delas bastante direta: ele indagava se "estava ou não incluído no principal quadro de futebol" do clube.[82] O diretor esportivo à época, sr. Miguel Clemente, irritou-se com a intervenção do sócio--fundador e de Antonio Vignola que, na condição de presidente, antecipou-se dizendo que Saverio entraria na equipe na ausência de certo jogador. Ao que Clemente imediatamente reagiu solicitando sua demissão da função de diretor esportivo.

Clemente é então substituído pelo Sr. Delfim da Silva, que, recém-nomeado, vê-se envolvido num novo debate após realizar uma de suas primeiras escalações para o primeiro quadro de futebol. Diante dela, o sr. Arsenio Gentil, então segundo diretor esportivo, e os senhores Alberto Cassari e João Paris, respectivamente capitães do 1º e do 2º quadro, decidiram retirar "a mesma do lugar em que estava exposta, colocando outra em sua substituição".[83] Por esse ato, Gentil e os capitães foram convidados a se defendem em assembleia. O segundo diretor esportivo expõe sua defesa dizendo que: "em conformidade com os estatutos da sociedade, a escalação do quadro de futebol é feita na presença dos [...] capitães do 1º. e 2º. quadros e que o Sr. Delphim da Silva não seguia os estatutos, fazendo a escalação a sós e sem consultar os capitães".[84] Gentil acrescentou:

> os jogadores não estavam satisfeitos com a escalação feita, exigindo a retirada do Sr. Saverio Russo e pondo em seu lugar o Sr. Bartholomeu Maggi. Em vista disso, forçado por essas circunstâncias [...], ele retirou a escalação [em que constava o nome de] Saverio Russo, substituindo-o de accordo com o desejo unânime dos outros jogadores pelo Sr. Bartholomeu Maggi.[85]

---

80   *Ibidem*

81   *Ibidem*, 12 nov. 1928.

82   *Ibidem*, 21 jan. 1929.

83   *Ibidem*, 2 fev. 1929.

84   *Ibidem*, 2 fev. 1929.

85   *Ibidem*

Nota-se que Saverio havia trabalhado também junto ao novo diretor esportivo, pois este infringira a regra procurando, talvez, garantir a escalação do primeiro. A infração parece ter sido percebida pela comunidade esportiva que reagiu de maneira vigorosa, evidenciando que o ato de Delfim não correspondia ao esperado. O incidente foi encerrado com a transferência de Saverio do 1º para o 2º quadro de futebol e com o envio de uma carta ao sr. Delfim solicitando explicações sobre o ocorrido. As assembleias seguintes não voltaram a comentar o caso.

Em abril de 1929, no entanto, o tema retorna e começa a assumir contornos mais definidos. Silva é novamente convidado a comparecer a uma das assembleias em que se questionava o critério da escalação de jogadores para o time principal. Ele então se manifesta "dizendo que sendo director esportivo não quer saber se os jogadores pagam ou não a mensalidade, que o que ele quer é ver bom quadro em campo".[86] Delfim modificava sua conduta em relação ao episódio anterior e, com seus argumentos, explicitava enfim em que consistiam as tensões em torno do futebol no clube. A questão, já esboçada pelos diretores esportivos anteriores, foi recebida como um tema a ser discutido em uma assembleia extraordinária. Mas, ainda que a reunião tenha efetivamente se realizado no dia 2 de maio, acabou sendo dedicada apenas à organização de mais um baile familiar e o tema não voltaria a pautar, de maneira tão incisiva, as assembleias da associação.

De todo modo, a fala de Delfim apresentara elementos novos ao debate por se basear, em primeiro lugar, na defesa de sua autonomia em relação ao que se passava na sociedade como um todo. Ele também afirmava sua autoridade como diretor esportivo por reconhecer o que seria um bom quadro de futebol, um saber que ele já demonstrava aplicar na escalação de seus jogadores. Era exatamente nesse tipo de critério meritocrático, por assim dizer, ao se fundar exclusivamente no desempenho esportivo, que residiam os questionamentos de Saverio embora tal critério estivesse em pleno vigor numa série de associações esportivas. Sempre em dia com os valores da sociedade e com a análise das carteiras dos sócio-jogadores, o sócio-fundador parecia não aceitar tal flexibilização em relação às normas do clube, sobretudo no que se referia ao 1º quadro de futebol, o centro de suas atenções.

Ao mesmo tempo, seus companheiros começavam a notar outras razões para as preocupações do colega com os representantes do time principal, pois Saverio "só reclama[va] quando não era escalado",[87] o que sugere certa ambiguidade no comportamento do sócio-fundador. Para compreendê-la, parece necessário passar de Saverio

---

86   *Ibidem*, 29 abr. 1929.

87   *Ibidem*, 29 abr. 1929.

e da sociedade para outros atores, especificamente para os sócio-jogadores, personagens centrais nesse impasse.

Assim chamados desde as primeiras assembleias (sugerindo que a categoria fosse corrente antes do surgimento do clube) os sócio-jogadores, ao se interessarem apenas pelo futebol, contrastavam com os sócios mais vinculados às coisas do clube. Representados por diretoria, presidência e uns poucos indivíduos de outros segmentos, os sócios possuíam vínculos diferenciados entre si e com o clube ao trabalharem cotidianamente em sua organização. Por essa razão, os sócio-jogadores, cuja ligação com a entidade era, em geral, restrita aos fins de semana, figuravam como um interesse de menor importância nas assembleias. Eram citados somente nos momentos em que desrespeitavam as regras do clube por inadimplência, por comportamento inadequado ou por atuarem em times de futebol de outros clubes, sendo esta a principal delas. A atuação em *defesa de outras cores* respondia-se rapidamente e sem alarde com a suspensão do transgressor, em trinta ou sessenta dias, e, em alguns casos, até mesmo com sua eliminação da sociedade. A questão assumia, entretanto, proporções diferentes caso o sócio-jogador acumulasse outra função no clube.

É o que se nota a partir do caso de Joaquim Seixas. Proposto em janeiro de 1929 por Antonio Satriani, o jogador foi suspenso, meses depois, "por dois jogos por ter ido defender outras côres".[88] Tal como aconteceu a Barthô, sua falta foi considerada grave e, além da suspensão, solicitou-se o comparecimento do associado à reunião semanal. A ata subsequente registra suas explicações na seção nomeada *Demissões*: "o Sr. Joaquim Seixas communica à direcção esportiva que não pode, até segunda ordem, fazer parte do quadro de futebol por ser obrigado a jogar pela casa em que trabalha".[89]

Nenhum comentário foi registrado após o comunicado sugerindo, talvez, a compreensão consensual da diretoria em face da situação que àquela altura já não era incomum na várzea. A prática concomitante do futebol em uma associação atlética e em clubes de fábrica ou de casas comerciais tornara-se corrente à época, conforme lembra Antunes:

> com o surgimento dos primeiros clubes ligados a fábricas, o critério para a admissão de empregados sofreu alterações. Passou-se a preferir não apenas o bom profissional, mas aquele que também jogasse bem o futebol [o que] possibilitou que operá-

---

88   *Ibidem*, 22 out. 1929.

89   *Ibidem*, 11 nov. 1929.

rios conseguissem melhores empregos, ou, então, complementassem seu salário através do "bicho".[90]

Seixas permaneceu no clube por quase um mês antes de solicitar verbalmente sua demissão do cargo de sócio-diretor. O pedido foi aceito pela maioria dos diretores do clube, à exceção dos esportivos, entre eles o sr. Delfim da Silva. Embora suas razões não tenham sido registradas, não é difícil imaginar que Silva atuasse em acordo com os princípios que apresentara em abril, sobretudo se considerarmos que Seixas fosse um bom jogador, o que é sugerido tanto pela exigência de exclusividade feita pela *casa* em que trabalhava, quanto pela punição recebida: uma suspensão por apenas dois jogos.

Embora estivesse longe de ser o único episódio dessa natureza no Anhanguera, o caso de Seixas recebeu de fato maior atenção, pois sendo também diretor do clube, ele não poderia representar junto aos demais a possibilidade de atuar por outra associação, colocando em xeque a organicidade da administração ao romper com valores ali tão reificados como a fidelidade ao clube. Se sobre a diretoria e a presidência pesava a imagem da sociedade, cabia a seus representantes zelar por ela. Daí, por exemplo, o controle interno e regulamentar sobre o que se dizia sobre o clube. Após a ocorrência de difamações e boatos sobre o Anhanguera e seus dirigentes, uma assembleia de 1931 assim delibera: "será chamado o sócio que em lugar público discutir sobre assumptos da sociedade [caluniando] nomes de diretores sem razão de ser ou difama[ndo] a sociedade. O director ou sócio que assim proceder será suspenso conforme a gravidade do caso".[91]

É diante dessa dinâmica que se pode compreender por que os casos de sócio-jogadores *comuns* não alcançavam grande repercussão no clube e, assim, ainda que suas punições fossem registradas, poucos eram os detalhes oferecidos nas atas sobre as motivações para defender outros clubes. É possível, no entanto, aproximar-se desse universo por outras vias. Em um curto período do ano de 1931, por exemplo, as propostas da associação continham informações sobre a profissão, a idade e o estado civil dos propostos:

---

90   ANTUNES, Fátima M. R. Ferreira. *Op. cit.*, p. 170. Nas palavras de Franco Júnior: "O profissionalismo dissimulado (ou amadorismo marrom) praticado desde a década de 1910 alimentava-se das bilheterias e dos ricos patronos dos clubes. Cada vez era mais frequente os jogadores receberem uma premiação, desde 1923 chamada de 'bicho' [...] [porque] os comerciantes portugueses torcedores do Vasco recompensavam com uma vaca inteira as vitórias sobre o América [...] enquanto derrotar o Flamengo [...] valia uma vaca de três pernas" (FRANCO JUNIOR, Hilário. *Op. cit.* p. 72).

91   Atas da Associação Atlética Anhanguera, 28 set. 1931.

1931						
Data	Proposto	Idade	Profissão	Estado civil	Endereço	Proponente
05/01	Camillo dos Santos	23	pintor	-	rua Inhaúma	Antônio T. Carvalho
	João Gomes	24	marceneiro	-	rua Inhaúma	Antônio T. Carvalho
	Eduardo dos Santos	23	-	-	rua Inhaúma	Antônio T. Carvalho
	José Cardoni	18	açougueiro	-	rua Piahy	Armando A.
12/01	Carlos Medeiros	18	comércio	-	rua Boracéa, 28	José Monteiro
	Nelson Gamboa	18	comércio	-	rua Salta-Salta, 14	Carlos Medeiros
	Oswaldo Mauro Giglio	27	graphico	-	rua Anhaia, 45	Antonio Althieri
	Manoel da Silva	19	padeiro	-	rua Anhanguera, 143	Paulo de Lima
	Sauti Poffo	43	barbeiro	-	rua Anhanguera, 35	Antonio Vignola
19/01	Remo Marinelli	20	marceneiro	-	rua Casa Verde, 25	Antonio T. Carvalho
	Octavio Pareschi	19	barbeiro	-	rua Victorino Camillo, 17	Antonio T. Carvalho
	Marino Pacheco	19	pintor	-	rua Inhaúma, 15	Antônio T. Carvalho
	Joaquim dos Santos	26	padeiro	-	rua Baixa, 2	Miguel S. Ferreira
	José Dias Gomes	19	padeiro	-	rua Baixa, 2	Miguel S. Ferreira
	Manoel Borges de Lima	22	padeiro	-	rua Anhanguera, 5	Miguel S. Ferreira
	José de Mazzi	23	marceneiro	-	rua Cruzeiro	Fernando Fuzer
	Rolando Medeiros	18	comércio	-	Rua Anhanguera, 137	Duarte Medeiros
19/01	Elydio S.	19	Marceneiro	-	rua Anhanguera, 167	Duarte Medeiros
26/01	Arlindo Chicão	20	serralheiro	-	rua Anhaia, 59	José Menzani
	Geraldo Marasco	18	-	-	rua Cruzeiro	Duarte Medeiros
	Vicente Virgínio	20	-	-	rua Anhanguera	Ezzio Marchetti

1931						
Data	Proposto	Idade	Profissão	Estado civil	Endereço	Proponente
26/01	Waldomiro dos Santos	18	-	-	rua Lucilla, 24	Oswaldo Medeiros
	Domingos F.	22	-	-	rua Rudge	Paulo de Lima
	Armenio dos Santos	28		-	rua Sergio Thomaz	Ezzio Marchetti
	Albino Pereira dos Santos	-	-	-	rua Albuquerque Lins, 152	Arthur Lopes de Almeida
02/02	Negro Guido	-	-	-	rua do Bosque, 69	Duarte de Mattos
	Eduardo Cinquini	-	-	-	rua Anhanguera, 26	Fez a proposta diretamente na secretaria.
	Antonio Barone	-	-	-	rua do Bosque, 162	Jeronymo Caetano
	Antonio Cirolli	-	-	-	rua do Bosque	João do Valle
09/02	Luiz Ramos	20	-	-	rua Pedro Vicente, 60	Germano Bindo
	Antonio Pires	22	-	-	avenida Cantareira	Germano Bindo
	Ricieri Corsato	23	-	-	rua do Bosque	Jeronymo Caetano
24/02	David Bastos	23	padeiro	-	rua das Palmeiras, 41	Eduardo Faria
	Arthur Cardoso de Sá	27	padeiro	casado	rua das Palmeiras, 41	Eduardo Faria
	Hilário D. Motta	23	-	-	Rua das Palmeiras, 41	Fez a proposta diretamente na secretaria.
	Joaquim Cardoso	22	marceneiro	-	rua Cruzeiro, 120	Domingos Lemont
02/03	Edson Lacerda	18	estudante	-	rua Baronesa de Porto Carreiro, 1	Antonio Teixeira de Carvalho
	Oswaldo Correa	19	comércio	-	rua Baronesa de Porto Carreiro, 8	Antonio Teixeira de Carvalho
	José Seixas	25	comércio	-	pça Marechal Deodoro, 34	Arthur Lopes de Almeida
	Reinaldo Lima	22	entalhador	-	rua Cruzeiro, 78	Armando Lima

16/03	José Soares	22	comércio	-	rua Albuquerque Lins, 152	Miguel Ferreira
	Graciliano G.	30	lustrador	-	rua Anhanguera, 46	Ezzio Marchetii
	Joaquim de Jesus	22	padeiro	solteiro	avenida São João, 129b	Arthur Lopes
	Carlos B. S.	19	estudante	solteiro	rua Anhanguera, 4	João Bellis
	Cesar Rosa	20	-	solteiro	avenida Rudge, 136	Antonio Teixeira de Carvalho
	Mario da Silva Reis	25	comércio	-	rua Albuquerque Lins, 152	José Soares
	Victorio Mendes	20	ladrilheiro	-	rua Martins uchard, 1	Miguel Marasco
23/03	José Cestari	19	tipógrafo	solteiro	rua Souza Lima, 83	Henrique Clemente
	José V. Galanti	25	pedreiro	casado	rua Anhanguera, 57	Alfredo Chiochetti
	Antonio Marques	24	comerciante	solteiro	rua Cruzeiro, 121	Joaquim Cardoso
	João H. da Costa	29	padeiro	solteiro	alameda Glete, 49	Miguel S. Ferreira
	Herculano Marques	22	comerciante	solteiro	rua Albuquerque Lins, 152	Mario Silva Reis
	Pedro Vagiani	30	comerciante	solteiro	rua Lopes de Oliveira, 26	João Salles
	Antonio Silva dos Santos	19	padeiro	solteiro	rua Anhanguera, 66	Arthur de Almeida
	José Mendonça	19	comerciante	solteiro	rua Solimões, 12	R. Minelli
30/03	Irineu de Moura	18	encanador	solteiro	rua Augusta	Bartholomeu Maggi
	Alberto Ramos	18	estudante	solteiro	rua dos Andradas, 25	Edson Amazonas
	José Alves da Silva	28	padeiro	-	rua Cruzeiro, 113	Maximiliano Pires
	Joaquim dos Santos	42	carpinteiro	casado	rua Cruzeiro	Anselmo Gentil
13/04	Casemiro M.	27	mecânico	-	rua Cruzeiro, 104	Vicente L.
	Joaquim Coutinho	22	padeiro	solteiro	rua Anhanguera, 13	Arthur Lopes de Almeida
	Arthur Pereira	20	padeiro	solteiro	rua Solimões, 17	José Soares
27/04	Luiz Porreta		comerciante	solteiro	rua Eduardo Chaves	Antonio Biaggio
	Antonio d'Abril	22	comércio	solteiro	avenida Angélica, 90	Anselmo Gentil

1931						
Data	Proposto	Idade	Profissão	Estado civil	Endereço	Proponente
27/04	João d'Abril	20	comércio	solteiro	avenida Angélica, 90	Anselmo Gentil
18/05	Antonio Hirashavitz	23	mecânico	solteiro	rua do Bosque, 25	-
	Ricardo Forli	24	comércio	solteiro	rua Capitão Matarazzo, 162	Augusto Casalli
	Aldo Capelli	20	pintor	solteiro	rua Casa Verde, 22	João Faria
	Carlos Fernandes	20	fundidor	solteiro	rua S.[?], 73	João Faria
26/05	Henrique Batispta	22	padeiro	solteiro	avenida São João, 190	Joaquim Jesus
	Antonio Gonçalves	24	padeiro	solteiro	avenida Marquês de Itu, 52	Antonio da Silva Santos
	Ettore Sinelli	21	chauffer	solteiro	rua Coronel Cintra, 21	Casemiro M.
	Leopoldo Coutinho	22	comerciante	solteiro	rua Barra do Tibagy, 72	Alvaro Pereira
	Constantino T.	20	mecânico	solteiro	rua Coronel Cintra, 27	-
	Lourenço Fernandes	25	padeiro	solteiro	rua Albuquerque Lins, 152	M. Souza
	Gilberto Lage	19	padeiro	solteiro	rua Voluntários da Pátria, 241	Arthur Lopes de Almeida
01/06	Belmiro de Almeida	26	comerciante	-	rua Albuquerque Lins, 152	José Soares
08/06	Mercantonio	18	açougueiro	solteiro	rua Souza Lima,	João Paris
	Maximiliano Branco	22	comércio	-	-	Manoel de Mello
	Alexandre Martins	21	mecânico	solteiro	rua Anhaia, 52	Ezzio Marchetti
16/06	Miguel Rasuko	23	chauffer	solteiro	rua Baronesa do Porto Carreiro, 17	-
	Edewigs Antonio Marques	21	comércio	solteiro	-	Aldo Capelli
26/06	Luiz Taricone	19	-	solteiro	rua Julio Conceição, 109	Octavio Pareschi
	João Ferreira	24	impressor	solteiro	rua Jaraguá, 46	Ezzio Marchetti
29/06	Eduardo de Souza	22	comércio	solteiro	-	Antonio Satriano

Afora a frequência de certos endereços,[92] o que mais chama a atenção nessa amostra é a juventude dos novos sócios, somada ao fato de que eles eram, em sua maioria, solteiros e trabalhadores do comércio. É a partir de tal perfil que melhor se compreende um comentário do veterano Cirilo Magalhães, ex-sócio-jogador do Anhanguera, em relação às suas motivações: "a gente era associado a mais de um clube para ter jogo todo sábado e domingo".[93] A informação é preciosa, pois revela que havia sócio-jogadores ligados a mais de uma associação não apenas em razão de seus trabalhos em fábricas e casas comerciais com times exclusivos de futebol, mas devido ao desejo de jogar. Tal dinâmica era bastante semelhante ao que se passava nas associações recreativas voltadas para a dança, nas quais também havia grande *circulação* de sócios vinculados a mais de um clube. O mesmo acontecia nos grêmios voltados ao teatro, cujos membros "não participam exclusivamente de uma só trupe, mas, ao contrário, figuram em geral no elenco de várias ao mesmo tempo".[94]

Não se pode esquecer que uma pluralidade de associações recreativas e até mesmo sindicais fornecia aos varzeanos "um amplo leque de possibilidades para o uso de seu tempo livre",[95] possibilitando a alguns indivíduos fazerem parte de diferentes tipos de associação, muitas vezes de maneira concomitante. O corajoso diretor esportivo Delfim da Silva conhecia bem esse sistema, pois, ao que parece, chegara ao Anhanguera justamente devido ao interesse por seus bailes.

No que se refere especificamente ao futebol, tal dinâmica não parecia representar novidade entre os clubes varzeanos. Décadas antes, jogadores do Bom Retiro praticavam futebol, ao mesmo tempo, no Sport Club Corinthians Paulista e na A. A. Botafogo, da qual, aliás, teriam saído os idealizadores do clube alvinegro.[96] Isso parecia ocorrer também com os chamados clubes de elite, cuja circulação de jogadores despertou a atenção do pesquisador Plínio Negreiros:

> como e por que vários jogadores trocavam constantemente de clubes? Quais eram os mecanismos utilizados pelos dirigentes para que bons atletas viessem a defender as cores de um novo clube, uma vez que neles se defendia um esporte "eminente-

---

92   Somados aos demais recolhidos em outros anos, podem vir a compor um detalhado quadro analítico sobre os associados do Anhanguera.

93   Entrevista com o sr. Cirilo Magalhães, realizada em 12 de fevereiro de 2011. Cirilo integrou os principais quadros do clube já em meados dos anos 1940.

94   SCHPUN, Mônica Raisa. *Op. cit.*, 2007 p.4.

95   SIQUEIRA, Uassyr de. *Op. cit.*, 2009 p. 304.

96   Para Plínio Negreiros, era justamente essa prática que revelava a ligação do clube com a várzea, indicando que a *circulação* de jogadores constituía um traço característico daquele espaço (NEGREIROS, Plínio José L. de Campos. *Op. cit.*, 1992 p. 72).

mente amador", cujos ganhos eram físicos e morais, jamais pe-
cuniários?[97]

Tratava-se, pois, de uma prática estabelecida mesmo antes da característica
movimentação no período profissional do futebol, iniciado oficialmente em 1933.
Para Negreiros, a chamada "cavação – ato de atrair esportistas para um determinado
clube"[98] – já definia uma espécie de semiprofissionalismo que beneficiava os bons
jogadores com pequenas vantagens. Embora não fossem "diretamente remunerados
pela prática do futebol [estes] teriam um emprego, no qual talvez não precisassem
trabalhar muito, se de fato trabalhassem".[99]

No caso do Anhanguera, afora a possibilidade de reunir ganhos extras pela participação nos quadros futebolísticos de fábricas ou casas comerciais,[100] outro elemento
talvez vigorasse nesse desejo de jogar todo sábado e domingo: "se era pra jogar, ia pra
jogar mesmo. No festival, por exemplo, lotava. No festival […] jogavam vários clubes.
Era um torneio num dia só, num sábado ou domingo. Lotava de torcida, todo mundo
ia ver, todo mundo ia participar porque era uma diversão".[101] Não parecia desprezível
aos sócio-jogadores a possibilidade de protagonizar tais experiências coletivas, que em
alguns casos reuniam milhares de pessoas.[102] Há que se imaginar o impacto de tornar-
-se conhecido por meio do futebol para "operários pobres, outros tão pobres que nem
operários eram [e] para os negros quando jogavam nos times dos brancos".[103]

Daí que valia pagar, ainda que de maneira ocasional, pelos recibos das entidades esportivas às quais eles eventualmente se vinculassem, ou ficar sob ameaça
de suspensões ou eliminações em face da múltipla associação ou mesmo da simples
atuação em outro time. Alguns encaminhamentos pareciam possíveis aos jogadores
quando tal situação se efetivava, conforme revela o pedido do sr. Afonso Lollito,
apresentado numa carta:

> Venho por meio desta pedir que a directoria me perdoe por eu
> ter feito um papel muito feio. Eu mesmo reconheço que procedi
> muito mal, foi um acto de fracheza minha por ter deixado de

97 NEGREIROS, Plínio José L. de Campos. *Op. cit.*, 1992 p. 46.

98 *Ibid.*, p. 48.

99 *Ibid.*

100 Embora não existam referências de que jogadores do Anhanguera tenham integrado o *amadorismo marrom* dos clubes de elite, o processo chegara até a várzea.

101 Entrevista com o sr. Cirilo Magalhães, realizada em 12 de fevereiro de 2011.

102 Em reportagem sobre uma partida protagonizada pelo Carlos Gomes em outubro de 1931, *A Gazeta Esportiva* estimou que a assistência totalizasse 4.000 pessoas (*A Gazeta Esportiva*, 3 out. 1931).

103 SEABRA, Odette Carvalho de Lima. *Op. cit.*, 2003 p. 356.

defender as cores da agremiação. Se quiserem me perdoar, podem contar comigo de domingo em diante.[104]

Além de Lollito e outros que apresentavam argumentos em tom de confis-
são religiosa, havia também aqueles que, prevenidos, procuravam negociar com o
Anhanguera eventuais participações em outros clubes, como demonstra o seguinte
registro de dezembro de 1930:

> O sr. João Cavalheiro pede permissão para no próximo dia
> 1º de janeiro de 1931 jogar contra as cores do clube no jogo
> Anhanguera X Garibaldi quando irá jogar para o Garibaldi de
> onde também é sócio. Como o Sr. João Cavalheiro não é jo-
> gador, digo, não consta como jogador, foi concedida a licença
> pedida.[105]

Esse era o recurso utilizado pela maioria dos sócio-jogadores a fim de evitar a
configuração desfavorável de não comparecer a um dos jogos para o qual se estava escalado, circunstância entrevista pelas punições aplicadas no Anhanguera: "Deliberou-
-se suspender por 3 jogos de futebol o Francisco por não comparecer quando estava
escalado: o sr. Cesar Belloni 3 jogos de futebol também por não comparecer quando
estava escalado", 15 dias de sede-campo o Sr. Antonio Victorino".[106]

Em tais situações estavam envolvidos principalmente aqueles de reconhecido
desempenho futebolístico, e era justamente para eles que todos esses riscos pareciam
menores diante da popularidade que adquiriam por sua atuação nos clubes do bairro.
Não se pode esquecer que, nesse momento, a imprensa já realizava ampla divulgação
dos eventos varzeanos, ampliando a escala das experiências esportivas que colocavam jovens jogadores como representantes de "uma nova identidade e de um novo
estilo de vida".[107]

Esse era o caso de Barthô, que reconhecia sua fama junto à comunidade e dela
vinha usufruindo em variadas situações. Talvez por essa razão ele adotasse postura
tão diferente da de Saverio no Anhanguera. Embora ambos o tivessem fundado, Barthô agia como mais um dos sócio-jogadores, reunindo diversão e pequenos lucros em
seu futebol. Possivelmente daí vinha também sua identificação com o time juvenil do
Anhanguera, ao qual insistia em manter-se vinculado, a despeito das reclamações de

---

104   Atas da Associação Atlética Anhanguera, 17 ago. 1931.

105   *Ibidem*, 28 dez. 1931.

106   *Ibidem*, 28 out. 1931.

107   SEVCENKO, Nicolau. *Op. cit.*, 1992 p. 34.

Saverio. Já esse, ao contrário, figurava praticamente como um presidente emérito da sociedade: zelava por seus estatutos, suas regras e seus valores, envolvendo-se em constantes conflitos com os sócio-jogadores ao procurar submetê-los a tal funcionamento.

As posições e os embates entre os sócio-fundadores sintetizam algumas das tensões que marcaram a forma como o futebol estava sendo vivido pelos diversos segmentos do Anhanguera e mesmo por alguns de seus sujeitos. Esses impasses não estavam desvinculados do que se passava na cidade com um todo e na várzea, em particular. No que se refere especificamente ao futebol, há que se considerar a série de transformações advindas da progressiva entrada dos populares nos meios oficiais, a remuneração de jogadores – o que, para alguns, já representava os primeiros passos rumos à profissionalização do esporte – e a formação da imprensa esportiva. Diante dessas questões, certas associações se esforçaram para manter distantes de seu cotidiano alguns dos conteúdos trazidos pelo futebol, caso de um importante clube nascido em meio à elite de São Paulo.

A ASSOCIAÇÃO ATLÉTICA ANHANGUERA E O CLUBE ATLÉTICO PAULISTANO: SEMELHANÇAS ENTRE O FUTEBOL DE VÁRZEA E O DE ELITE?

De maneira semelhante ao Anhanguera, o Clube Atlético Paulistano reuniu algumas das principais tensões presentes no futebol entre o fim dos anos 1920 e o início da nova década. Em primeiro lugar, isso se deu por ser ele o clube mais estreitamente relacionado à representação da elite paulistana. No clássico trabalho de Anatol Rosenfeld,[108] por exemplo, o Paulistano figura como o par oposto do futebol de várzea devido à constante evocação de seu *ethos* aristocrático. Esse traço é assumido pelo próprio clube, em vários momentos de sua história:

> Havia uma coisa em que o Paulistano era imbatível: reunir gente bonita, elegante, os que contavam e comandavam a cidade, o estado, o país. [Lá] se encontravam o mundo financeiro, a elite cafeeira, os formadores de opinião. Embora houvesse *garden parties* em todos os clubes, as que recebiam maior atenção da imprensa eram as do Paulistano.[109]

O texto citado, de autoria de Ignácio de Loyola Brandão, reitera essa imagem, cem anos depois, e também o fato, insistentemente destacado, de se tratar do clube que

---

108   ROSENFELD, Anatol. *Negro, macumba e futebol.* São Paulo: Perspectiva, 2000.

109   CLUB ATHLETICO PAULISTANO. *Corpo e alma de um clube centenário.* São Paulo: DBA, 2000, p. 27.

melhor campanha fazia de suas qualidades. Assim construídos, tais elementos tornavam sua vivência em relação ao esporte muito diferente do que se passava na várzea.

No entanto, curiosamente, outras experiências em muito aproximaram esses dois universos. A começar pelo fato de que, como vimos, clubes de diferentes estratos sociais dividiram os mesmos campos de futebol – uma vez que todo o futebol praticado na cidade foi inicialmente praticado nas várzeas dos rios. Além disso, há que se considerar a maneira como ambos os universos receberam as novidades trazidas pelo futebol. Vejamos agora como isso se deu no Clube Atlético Paulistano.

Fundado em novembro de 1900 na Rotisserie Sportsman à rua São Bento, região central da cidade, por Ibanez Salles, Bento Bueno, os irmãos e primos Costa Marques e Mário Cardim,[110] entre outros jovens representantes da sociedade cafeicultora paulistana, o clube Paulistano surge como o primeiro da cidade a ser formado só por brasileiros,[111] característica esta também reivindicada pelo Mackenzie. Vinculado ao poder da família Prado[112] desde o início, o clube figurou como uma das entidades esportivas que mais exerceram influência sobre o futebol até os anos 1930, tanto pelos resultados de suas partidas, quanto por ditar as bases do que seria o *sportmanship*.[113] Tamanho destaque pode ser compreendido pela forma como realizava a incorporação de novos sócios: o clube só aceitava "os que, sendo público e notório, gozassem de boa fama na sociedade",[114] restringindo o acesso apenas "aos indivíduos de proeminência social e econômica da cidade",[115] o que revela a busca pela máxima homogeneidade possível. Esse propósito só era possível devido à coincidência entre o que se entendia como a sociedade e o perfil desejado pelo clube, uma vez que a *boa fama* era um dado de origem e não uma conquista social.[116]

Foi o primeiro a se opor ao ingresso de clubes varzeanos na Liga Paulista de Futebol e também o primeiro a se retirar quando isso aconteceu com a entrada do Sport Club Corinthians Paulista. Segundo o discurso internamente construído por

---

110   Chefiou a seção de esportes do jornal *O Estado de S. Paulo* até 1909. Posteriormente, passou a redigir artigos também para a imprensa do Rio de Janeiro.

111   CLUB ATHLETICO PAULISTANO, *Op. cit.*, p. 27.

112   O velódromo de D. Veridiana Prado, por exemplo, foi sua sede esportiva até a transferência para o Jardim América, em 1917. Anos depois, Antonio Prado Jr., neto de D. Veridiana, foi presidente e conselheiro do clube.

113   Termo referente ao universo de códigos e símbolos relativos à vida esportiva da elite, em que o culto à excelência, à elegância e à relação amadora com os esportes figurava de maneira central.

114   Estatuto do Clube Atlético Paulistano *apud* SIQUEIRA, Uassyr de. *Op. cit.*, 2009, p. 282.

115   *Ibid.*

116   Com relação à adaptação da elite paulistana à modernização dos costumes na cidade de São Paulo, cf. SCHPUN, Mônica Raisa. *Op. cit.*, 1999; CARVALHO, Vânia Carneiro de. *Op. cit.*, 2008.

meio de frequentes publicações, o Paulistano nunca se rendeu ao *bicho*, mantendo intocada a imagem do futebol amador que praticava:

> O esporte caminhava para a "modernidade e o profissionalis-mo", e isso contrariava o espírito com que fora introduzido no Paulistano. Não havia bichos nem salários. Tanto que Frieden-reich sempre jogou sem ganhar nada, senão honrarias. [...] Ao deixar o futebol, Fried conseguiu um emprego como inspetor de vendas da Antarctica, onde se aposentou.[117]

Essa documentação de cunho memorialístico, produzida por um associado, não nos permite saber se, de fato, Friedenreich[118] não recebeu *bicho* enquanto jo-gou pelo clube, embora haja indícios encontrados por pesquisadores dedicados ao assunto,[119] mas a partir dela é possível notar como se deu a construção e a valorização dessa imagem vinculada ao amadorismo.

Em 1929, quando o Paulistano abandonou o futebol deixando claro por que o fazia; nas palavras de Antônio Prado Jr.: "não há mais o espírito puro da disputa"[120], sua revista mensal publicou a seguinte nota: "Considerando inteiramente perdido o organismo futebolístico paulista, em virtude do vírus da anarquia, do profissiona-lismo e de outras mazelas que o infeccionavam – o Paulistano extinguiu sua seção de *soccer*".[121] A analogia higienista permitia, a um só tempo, evocar um sistema em harmonioso funcionamento e denunciar a pureza por ele perdida na degeneração por *vírus* e *outras mazelas*. É interessante saber quem zelava por esse corpo e qual foi seu receituário anos antes do abandono do paciente.

Em 1925, Antônio Prado Jr., então presidente do clube, planejou, organizou e pagou, com apoio de comerciantes, industriais e da imprensa paulista, uma excur-são à Europa como a última tentativa de salvar o futebol amador. Em março daquele ano, a bordo do navio Zeelândia, o time viajou para a França a fim de disputar um torneio pan-latino.[122] Essa passagem dos jogadores do Clube Atlético Paulistano por

---

117   CLUB ATHLETICO PAULISTANO. *Op. cit.*, p. 58.

118   Conhecido como um dos maiores jogadores da história do futebol brasileiro. Jogou pelo Paulista-no durante boa parte de sua carreira e encerrou-a no São Paulo Futebol Clube, nos anos 1940.

119   Como exemplo, cf. DUARTE, René. *Friedenreich e a reinvenção de São Paulo*. Dissertação (Mestrado em História Social) – Faculdade de Filosofia, Letras e Ciências Humanas, Universidade de São Paulo, São Paulo, 2008.

120   CLUB ATHLETICO PAULISTANO. *Op. cit*, p. 58.

121   *Ibidem*, p. 59.

122   Equipes argentinas e uruguaias também estiveram no torneio, mas suas participações foram ava-liadas como bem inferiores à dos brasileiros. Esses venceram seis dos sete jogos que disputaram.

terras estrangeiras foi amplamente acompanhada e explorada pela imprensa nacional.[123] O jornal *O Estado de S. Paulo*, por meio do jornalista Américo Netto, também sócio do Paulistano, publicava notas sobre o torneio e, em tom de coluna social, narrava momentos de descanso e lazer da equipe. Exemplo disso é a interessante descrição do encontro entre Antônio Prado Jr. e Jules Rimet em jantar que homenageava a equipe. O conteúdo da conversa sobre o amadorismo na França e no Brasil é altamente revelador das posições assumidas diante do processo de modernização do esporte:

> Meu jovem amigo, [...] o que ha de peor em tudo isto é que [...] o sr., eu, os outros, todos nós, enfim, escrevemos sempre, falando das divisões de cada dia, 'quatorze horas', 'dezoito horas', 'vinte e três horas'. Mas nunca, note bem que nunca, ou com raridade tal que constitue verdadeira surpresa, dizemos senão 'duas horas', 'seis horas', 'onze horas'. O amadorismo é um estado ideal, um sonho de perfeição, e, assim, praticamente inattingivel. Conhecemos – sofremos mesmo – todas as manifestações do profissionalismo. Não podemos, porem, combatel-o radicalmente na sua essência, pois ela tem fundamento na própria natureza humana [...]. Podemos quando muito restringir seus effeitos.[124]

Para Rimet, amadorismo e profissionalismo eram *essencialmente* diferentes: o primeiro seria da ordem do ideal e irrealizável, enquanto o segundo se situaria, em oposição, no plano da *natureza humana*, do real.[125] A questão amadorismo x profissionalismo não era novidade, nem mesmo preocupação exclusiva de Rimet. Inúmeras discussões a esse respeito vinham sendo realizadas na Europa em face do percurso diferenciado que o futebol parecia realizar em razão das disputas por seu controle entre a FIFA e o COI.[126] No Brasil, essa questão assumia ainda outros conteúdos, pois se relacionava à *popularização* do futebol. Em São Paulo, o debate foi acirrado e mobilizou a imprensa, sobretudo após a criação da Associação Paulista de Esportes

---

123   O acervo do clube dispõe de cópias de jornais nacionais e internacionais que acompanharam o evento. As revistas *Careta* e *A Cigarra* também noticiaram a excursão.

124   *O Estado de S. Paulo*, 1925.

125   O que não deixa de remeter à *perda do halo* a que se referiram Baudelaire e Berman em relação à experiência moderna. (Cf. BERMAN, Marshall. *Op. cit.*).

126   A partir dos embates entre a Federação Internacional de Futebol Associado e o Comitê Olímpico Internacional diante do controle sobre o estatuto do futebol – amador ou profissional – nesses dois universos, o que se acirraria em face da primeira Copa do Mundo de futebol, em 1930 (Cf. GIGLIO, Sérgio Settani. *Representações do futebol nos jogos olímpicos e na copa do mundo*. Pesquisa de doutorado em andamento. Escola de Educação Física e Esporte, Universidade de São Paulo, São Paulo, [2014]).

Atléticos (APSA).[127] Uma reportagem de *O Estado de S. Paulo* revela uma das posições assumidas na cidade em relação à participação oficial de populares nas ligas:

> parece incrível que aqui, no Brasil, paiz que se orgulha, mere-
> cidamente, dos princípios mais liberais e democráticos, em to-
> das as suas leis e em todas as suas manifestações sociaes, possa
> ainda ser tolerado que, na Capital Federal e no Estado de São
> Paulo, fiquem consignadas as absurdas exclusões dos operários,
> do direito de serem considerados amadores.[128]

Tal posição parece ter ressoado no Paulistano. Anos antes de sua excursão à Europa, em 1918, quando esteve às voltas com a maior crise pela qual passou, o clube quis falar aos "sócios firmes nos seus postos, impassíveis ante as revezes e promptos para todas as lutas tendentes a levantar e manter o nome da nossa gloriosa sociedade",[129] tendo produzido um resumo histórico em que lembrava seus feitos. Já no primeiro capítulo, o texto faz referência à popularização do futebol:

> podemos nos gabar, sem receio algum, de termos concorrido,
> com grandes elementos, para o desenvolvimento do football
> em São Paulo. [...] Esse Sport, antes da fundação do nosso club
> [...] era cultivado por diminuto número de moços – os alumnos
> do Mackenzie College e os sócios do Internacional. [...] Entre-
> tanto, o esforço que ambos faziam, não apparecia fóra. Só era
> conhecido pelos que, por obrigação ou por devotamento, as-
> sistiam às raras justas promovidas pelos mais antigos. Cá fora,
> a população quedava-se indifferente. Não sabia da existência
> do novo divertimento. [...] Foi o Paulistano que popularizou o
> football.[130]

É interessante notar a forma como o clube aí se posiciona em relação ao Mackenzie e à *população*, sobretudo porque ele abandonaria a Liga Paulista de Futebol, anos depois, alegando não aceitar que esportistas e clubes varzeanos nela circulassem. Segundo Rosenfeld, à ocasião do rompimento, um representante do clube se pronunciara, estupefato, a esse respeito: "De repente apareceram inúmeros esportistas de outras zonas (isso quer dizer: dos subúrbios) e de

---

127   Criada justamente a partir de uma cisão com a Liga Paulista de Futebol, em 1913, devido à acei-
           tação de jogadores das classes trabalhadoras (Cf. ARAÚJO, José Renato de Campos. *Imigração e*
           futebol..., cit., p. 96).

128   *O Estado de S. Paulo*, 25 mai. 1916, *apud* ARAÚJO, José Renato de Campos. *Op. cit.*, p. 91.

129   *Resumo Histórico do Club Athletico Paulistano*. Seção de obras do Estado de São Paulo, 1918, p. 5.

130   *Ibidem*, p. 5.

outros costumes".[131] Nota-se que quase dez anos após as notícias publicadas em *O Estado de S. Paulo* sobre os "canelas negras", o clube ainda lidava com a questão dos gestos e dos costumes populares – os mesmos que, adiante, seriam tomados como os principais responsáveis pelo alegado estilo de jogo nacional.

Como então compreender que, em 1918, o Paulistano se colocasse identifica-do à popularização do futebol, inclusive diferenciando-se, da posição do Mackenzie? Vejamos outro excerto do resumo histórico:

> Popularizou é bem o termo, porque, antes delle, nenhum club se resolvera a fazer propaganda. Os primeiros sócios eram, effec-tivamente, escandalosos. Queriam, à força, provocar a attenção de todos. [...] Ora, chamar a attenção do povo, era o melhor réclame e o mais poderoso estimulo. Sabe-se, hoje, o papel que representa o povo no Sport: é o elemento indispensável para a prosperidade dos clubs. E um club que não seja próspero, que não tenha renda, não pode aperfeiçoar-se.[132]

O trecho esclarece o posicionamento do clube diante de tal contexto: ao povo cabia a assistência, devidamente paga, das partidas e aos sócios do clube cabia a fide-lidade assentada no conhecimento de sua história, na aceitação do *espírito desportivo* e manifesta no pagamento das mensalidades. Afora as interessantes questões de cunho interno – como o papel da propaganda –, o documento revela como o Paulistano se posicionou diante do novo contexto, em que os populares começavam a se movimen-tar com força cada vez maior, no circuito fechado do universo oficial do futebol. É nesse sentido que se pode compreender sua decisão de, primeiramente, excursionar com seu time de futebol em 1925 e, ao final do mesmo ano, ser o principal responsá-vel pela criação da Liga Amadora de Futebol (LAF).[133] Tratava-se de intensificar sua defesa do amadorismo.

Cinco anos depois, porém, o clube preferiu abandonar definitivamente a prática oficial do futebol em nome daquele plano ideal – embora existam indícios de que outras razões, menos essencialistas, tenham contribuído para o fato.[134] Não

---

131   ROSENFELD, Anatol. *Op. cit.*, p. 83.

132   *Resumo Histórico do Club Athletico Paulistano...*, Seção de obras do Estado de São Paulo, 1918, p. 5.

133   Cuja secretaria geral foi atribuída a Mário Cardim. Adriano Neiva afirma que a criação da Liga Amadora de Futebol, a LAF, em 1925, da qual o Paulistano faria parte, também seria uma reação à crise do amadorismo (Cf. SANTANA, Leopoldo *et al*. *Concurso comemorativo do 60º aniversário da introdução do futebol em São Paulo*. São Paulo: Federação Paulista de Futebol, 1954, p. 46).

134   Entre essas razões estão as dívidas do clube decorrentes da crise de 1929 e, especificamente, do café em São Paulo. Tais questões são exploradas em pesquisas recentes. STREAPCO, João Paulo *"Cego é aquele que só vê a bola"*. Dissertação (mestrado em História) – Faculdade de Filosofia, Letras

interessa aqui, entretanto, explorar profundamente tais razões, nem mesmo se dedicar à trajetória do Paulistano em seus primeiros trinta anos. Trata-se apenas de acompanhar, por dentro da dinâmica do clube, como ele se movimentou diante das transformações que o futebol lhe exigia, pois é isso que nos ajuda a melhor compreender a forma como o Anhanguera – nosso foco de pesquisa – posicionou-se em face das mesmas questões.

O eminente processo de profissionalização do futebol – antecipado em arranjos como o mencionado *bicho*, a incorporação, nos clubes de elite, de jogadores das classes populares e até mesmo a integração de alguns varzeanos às ligas oficiais – produzia uma brusca mudança nos valores e critérios de ação da comunidade do Paulistano, que havia se estruturado a partir de referências mais estáveis e contínuas, como aquelas advindas do meio rural.[135] Ver o futebol "sendo constituído como trabalho"[136] parecia ser um problema para o clube, pois representava uma inversão na forma como o esporte era tratado por seus membros. Os elementos trazidos pela *popularização* e pela eminente *profissionalização* do futebol só poderiam ser aceitos – e de maneira velada, nos casos de *bicho* – se viessem reiterar a excelência aristocrática do clube e não, ao contrário, para abalá-la. É nesse sentido que o Paulistano orienta sua defesa do amadorismo.

Assim, mais interessante do que investigar a veracidade de sua natureza amadora, é compreender a que o clube reage quando evoca tal imagem em diferentes momentos de sua trajetória e analisar de que maneira sua reação contribuiu para a construção da ideia de amadorismo no período.[137]

e Ciências Humanas, Universidade de São Paulo, São Paulo, 2011; e SALUM, Alfredo Oscar. *Palestra Itália e Corínthians*. Tese (doutorado em História) – Faculdade de Filosofia, Letras e Ciências Humanas, Universidade de São Paulo, São Paulo 2007.

135   E aqui vale retomar a perspectiva adotada em relação ao Anhanguera de que é preciso cuidado com generalizações como *a elite* de São Paulo. Há que se notar as diferenças entre os grupos da elite paulistana, pois nem todos possuíam esse acentuado traço das oligarquias agrárias.

136   SEABRA, Odette Carvalho de Lima. *Op. cit.*, p. 358.

137   Valem aqui os alertas de Marc Bloch e Reinhardt Koselleck sobre o trabalho com conceitos tão gerais quanto são o *amadorismo* ou *profissionalismo*. Para Bloch: "Em si, essas rubricas têm [...] toda a legitimidade. Seu verdadeiro perigo vem de sua própria comodidade. Mal escolhido ou aplicado demasiado mecanicamente, o símbolo, que só estava aí para ajudar a análise, acabou por dispensar o ato de analisar" (BLOCH, Marc. *Apologia da história*. Rio de Janeiro: Zahar, 2002, p. 145). E para o historiador alemão, "a história social não pode deixar de considerar as premissas teóricas da história dos conceitos [...] A identificação do nível de generalização sobre o qual se está trabalhando [...] só pode ser conseguida com a reflexão sobre os conceitos ali empregados, que por sua vez ajudam a identificar, do ponto de vista teórico, a relação cronológica entre o acontecimento e a estrutura, ou a justaposição de permanência e alteração" (KOSELLECK, Reinhardt. *Futuro passado*. Rio de Janeiro: Contraponto, 2006, p. 117).

Por sua vez, o Anhanguera e outros clubes varzeanos de características similares não pareciam cogitar a possibilidade de se modernizar para alçar a condição de
clube da cidade por meio de sua oficialização junto às ligas de futebol e, posteriormente, de sua profissionalização,[138] tal como aconteceu, por exemplo, com o Sport
Club Corinthians Paulista. Para Negreiros, o clube do Bom Retiro iniciou suas atividades como um clube de bairro,[139] mas

> percorreu caminhos diversos, trazendo resultados significativos
> que contribuíram para a transformação de algumas estruturas
> do futebol em São Paulo. O SCCP fez parte do processo no qual
> ocorre a popularização do futebol em São Paulo, entendida como
> a possibilidade da estrutura do futebol oficial aceitar a participa-
> ção de associações esportivas de origem social diversa, avaliando,
> principalmente, a competência esportiva. E considerando por po-
> pularização, ainda, uma maior interferência de amplos setores da
> sociedade na organização e direção do futebol oficial.[140]

O autor revela que a integração de um clube de bairro ao futebol oficial se deu
na medida em que ele se propôs a ser também um *clube da cidade*: um clube em acordo
com a estrutura e o funcionamento da entidade que oficialmente organizava o esporte. Assim, Ypiranga, Corinthians e Palestra Itália[141] se tornaram clubes da cidade ao se
filiarem às ligas oficiais, o que foi visto como um sinal de que haviam se *modernizado*,
ou seja, progredido "esportiva, moral e economicamente"[142] para tanto.

A ideia de competência esportiva, de mérito vinculado *apenas* ao desempenho – e
não ao nascimento e ao lugar social – assumia um progressivo lugar de proeminência.
Por um lado, tornava-se um dos critérios responsáveis pela incorporação de oriundos

---

138 As fontes do Anhanguera não permitem afirmar que não houve desejo de profissionalização do
      clube, mas confirmam que não houve esforço para que isso ocorresse. Embora um associado
      tenha sugerido a integração do clube à APEA, em abril de 1930, nada foi comentado ou encami-
      nhado, por exemplo.

139 Os raros trabalhos sobre as especificidades do futebol praticado na várzea do rio Tietê trabalha-
      ram com a noção de *clube de bairro*, que se refere à ligação da entidade com sua localidade. Essa
      noção não era, pois, restrita ao que se passava nos clubes da várzea do Tietê, mas se estendia aos
      clubes suburbanos que tinham no futebol e no bairro suas principais referências (Cf. NEGREI-
      ROS, Plínio José L. de Campos. *Op. cit.*, 1992.; SEABRA, Odette Carvalho de Lima. *Op. cit.*, 2003.
      Cf. SCHPUN, Mônica Raisa. *Op. cit.*, 2007.

140 NEGREIROS, Plínio José L. de Campos. "A cidade excludente e o clube do povo". *Revista de
      História*, São Paulo, nº 163, jul./dez. 2010, p. 214.

141 Em verdade, o Palestra Itália já se organizara no sentido de integrar-se às ligas oficiais: "Logo no
      início de 1915 [...], é noticiada a filiação [do clube] e o pedido de inscrição para o campeonato
      daquele ano" (Cf. ARAÚJO, José Renato de Campos. *Op. cit.*, 1996, p. 108).

142 NEGREIROS, Plínio José L. de Campos. *Op. cit.*, 1992, p. 79.

das classes populares ao universo oficial do esporte; por outro, era responsável pelas tensões ocorridas em clubes tão diferentes quanto o Paulistano e o Anhanguera no início dos anos 1930. No caso do clube de elite, a ideia desestabilizava a lógica a partir da qual ele se organizava. Embora o clube não deixasse de com ela flertar, como no episódio envolvendo Friedenreich, parecia complicado deixá-la *operar*, sobretudo porque poderia vir a representar um novo critério para a incorporação de associados.

Em relação ao Anhanguera, a questão torna-se um pouco mais complexa. A competência esportiva tensionava os valores que animavam o espírito gregário e hierárquico do clube, espírito esse criado em meio a uma experiência comunitária e associativa dos imigrantes da península itálica. Ao mesmo tempo, era justamente a possibilidade de exercitar e exibir essa competência que animava os sócio-jogadores da entidade. Assim, ainda que o Anhanguera condenasse algumas de suas práticas – como a de participar, concomitantemente, de mais de uma entidade esportiva para usufruir ao máximo do futebol –, ele se beneficiava de tal circulação. Um ajuste de interesses entre sócios e diretoria era, pois, o fundamento implícito da associação.

As experiências do Clube Atlético Paulistano e da Associação Atlética Anhanguera apresentam traços semelhantes em sua reação *institucional* a alguns dos conteúdos que a prática do futebol lhes impunha. As brigas de Saverio e de parte da diretoria no Anhanguera e a decisão de abandonar o departamento de futebol no Paulistano eram parte dessa reação e tinham por base tradições muito localizadas: o associativismo familiar, por um lado, e o *ethos* aristocrático, por outro. Ao contrário do que ocorreu com o Corinthians e o Palestra que trabalhavam no sentido de tomar parte dessa dinâmica, mostrando-se mais adaptados a ela na organização e gestão de suas atividades, havia nos membros do Paulistano e do Anhanguera, certa "disposição de estranhamento intrínseca ao processo de metropolização" tal como revela Sevcenko acerca das transformações urbanas em São Paulo.[143]

No entanto, o estranhamento não impediu que conteúdos como a competência esportiva adentrassem seus universos. Se mesmo os conteúdos indesejáveis aos dois clubes não deixaram de por eles circular, ficaria o futebol imune às suas reações – que, em verdade, representavam o descontentamento de segmentos sociais mais amplos? Em que medida tais reações contribuíram para a criação da dicotomia entre profissionalismo e amadorismo que abriu os anos 1930? Lembremos, por ora, que, enquanto o Paulistano encerrava sua participação no futebol oficial da cidade, o Anhanguera apenas iniciava suas atividades como um clube situado no bairro suburbano da Barra Funda.

---

143   SEVCENKO, Nicolau. *Op. cit.*, 1992, p. 30-31.

O ANHANGUERA, A VÁRZEA DOS
ÍTALO-BRASILEIROS E A *GAZETA ESPORTIVA*

ASSOCIATIVISMO E VIDA DE BAIRRO

Se o clube Paulistano desistiu de seguir oficial e competitivamente o futebol, o Anhanguera, ao contrário, prosseguia e modelava, à sua maneira, o que os novos ares e as tensões próprias do esporte lhe traziam. Não o fazia como o Corinthians e o Palestra, que rapidamente *progrediram moral, esportiva* e *economicamente* para integrar o futebol oficial da cidade,[1] mas como um clube identificado e vinculado à várzea da Barra Funda, isto é, como um clube de bairro. Tomar parte em eventos sociais promovidos pelas mais variadas associações nele situadas era, nessa medida, parte substancial de seu cotidiano.

Daí não serem raros os vínculos com grêmios de natureza não esportiva, como os voltados para a dança ou aqueles exclusivamente dedicados ao teatro. Além de oferecer festas e bailes, o Anhanguera participava ativamente nos festivais cênicos que ocorriam no bairro, não apenas cedendo o espaço de sua sede social para variados grêmios, mas contribuindo com a encenação de dramas por seus grupos de atores, a despeito da descontinuidade que os caracterizava.

Desde os seus primeiros anos, o clube promoveu festivais similares àqueles organizados pelas companhias de teatro[2] e pelos grêmios recreativos e dramáticos.[3] Em 1929,

---

1   À época, encarnado pela Associação Paulista de Esportes Amadores (APEA) e também pela Liga Amadora de Futebol (LAF).

2   Tais como: "Lega Lombarda, Muse Italiche, Città di Roma, Dopo Lavoro, Leale Oberdan ou Fratellanza del Cambucy", criadas ao final da primeira década do século XX (SCHPUN, Mônica Raisa. *Op. cit.*, 2007, p. 76).

3   Como o Grêmio Dramático e Musical Luso-Brasileiro (Cf. SIQUEIRA, Uassyr de. *Op. cit.*, 2005).

por exemplo, o Anhanguera deliberou "realizar um festival dramático dançante no salão da Sede Operária, no dia 21 de dezembro. Para isso, foi nomeada uma comissão sendo dela presidente o já conhecido Antonio Vignola".[4] Tratava-se, pois, de uma atividade que exigia o destaque de associados para organizá-la e representá-la no bairro que, como vimos, é índice do grau de sua importância para a comunidade. Segundo Schpun, a atividade teatral foi intensa entre ítalo-brasileiros por razões culturais e políticas:

> a prática [nos palcos] permite o uso coletivo da língua de origem, que se vê valorizada e mesmo enobrecida por um registro diferenciado em relação à oralidade cotidiana. Além disso, os atores e atrizes dessas companhias trazem com freqüência em sua bagagem uma experiência teatral prévia, obtida na Itália. Assim, eles reatam seus laços, no país de imigração, com uma prática com a qual já estavam ligados. Do ponto de vista político, esse teatro, muitas vezes libertário, responde diretamente a preocupações militantes; a escolha do repertório passa então, quase sempre, por um filtro que obedece a fins didáticos.[5]

Ao mesmo tempo, sua atuação em companhias semiprofissionais e associações recreativas ou operárias representou a base para o desenvolvimento do cinema na cidade, pois "os protagonistas de um e de outro [eram] em muitos casos, os mesmos":

> os ítalo-paulistanos também ocuparam uma posição determinante, figurando em grande número. Até 1919, a produção local de filmes é centralizada pelas sociedades teatrais que reúnem os imigrantes italianos – e muitos dos filmes então rodados [eram], na verdade, teatro filmado.[6]

Embora não tenham sido encontrados vestígios de vínculos do Anhanguera com o cinema, sua ligação com o teatro já é bastante reveladora da forma como as artes e os novos entretenimentos, isto é, uma série de "hábitos, físicos, sensoriais e mentais, exercidos concentradamente nos fins de semana, mas incorporados em doses metódicas como práticas indispensáveis da rotina cotidiana"[7] circularam pelo clube e pela várzea no início da década de 1930. Dentre eles, pode-se destacar a música e o circo, sem aqui se referir àqueles que parecem ter circulado sob outras formas nos subúrbios, tais como parques de diversão e ginástica.

---

4   Atas da Associação Atlética Anhanguera, 30 set. 1929.

5   SCHPUN, Mônica Raisa. *Op. cit.*, 2007, p. 5.

6   *Ibidem*

7   SEVCENKO, Nicolau. *Op. cit.*, 1992, p. 33.

Tratavam-se de formas de divertimento que se realizavam coletivamente, em integração com outras *sociedades*, como então se autodenominavam as associações e os grêmios. Várias dessas sociedades foram estabelecidas no subúrbio, ou seja, não integravam territorialmente o que então era compreendido como a cidade: o espaço entre o centro e seus limites urbanos. Como já salientado, a Barra Funda *de baixo* não estava incluída nesses limites.

Ao se apropriarem de maneira ativa de linguagens como o teatro, o cinema e o futebol, as associações de bairro contrariavam perspectiva sugerida por membros do Paulistano em 1918 de que ao povo cabia apenas a assistência a certas atividades e não protagonismo. Ao mesmo tempo, rompiam com a "exclusão e a delimitação espacial que a geometria lhes impunha",[8] travando, a partir dessas linguagens, um diálogo muito particular com a cidade.

As contribuições de ítalo-brasileiros na formação da cultura urbana que tomava forma em São Paulo no início dos anos 1930 não se restringiram, porém, às artes e aos novos entretenimentos. Como já sugerido na ocasião do convite de participação em um torneio realizado pelo sr. Baddini, em 1928, o Anhanguera também tomava parte na movimentação política iniciada nos bairros na década de 1930. Em 1931, na função de diretor do Anhanguera, Miguel Vignola solicitava "a cedência [da] sede social a fim de ser dado, no dia 02 de janeiro de 1932, um 'agape' em homenagem à Legião Revolucionária da Santa Cecília, no que foi atendido".[9] Já em agosto de 1932, o clube resolveu emprestar sua sede para que a Legião Paulista realizasse "o alistamento de voluntários que desejavam auxiliar a Revolução Constitucionalista".[10] E, no ano seguinte, propôs-se a participar de um festival que a Congregação da Barra Funda organizava na sede da Sociedade Operária.[11]

Embora todos os casos sejam dignos de atenção, interessa acompanhar apenas a atuação da Congregação da Barra Funda, que vinculava seu *festival* à sede da sociedade operária do bairro. É preciso lembrar que o Anhanguera já havia utilizado essa sede para realizar um de seus festivais dramáticos no período em que se encontrava à rua do Córrego onde, provavelmente, não dispunha desse tipo de espaço. O arranjo é revelador das bases de um tipo de contato entre o Anhanguera e as entidades políticas do bairro e aponta a permanência de práticas comunitárias entre associações

---

8   GAMA, Lúcia Helena. *Op. cit.*, 1998, p. 43. Ao falar em *geometria*, a autora se refere principalmente ao triângulo central e ao quadrilátero urbano da cidade nos anos 1920.

9   Atas da Associação Atlética Anhanguera, 21 dez. 1931.

10   *Ibidem*, 9 ago. 1932.

11   *Ibidem*, 19 set. 1933.

varzeanas desde os primeiros anos do século XX. A *cedência* de espaços era uma delas, como revela Uassyr de Siqueira:

> um fator comum entre [a associação dos] ferroviários e a Liga do Bom Retiro era o salão, cedido gratuitamente para ambas as organizações, diferentemente do caso da maioria das agremiações recreativas que solicitavam o uso do local. Algumas reuniões dos ferroviários e da liga do bairro foram realizadas no espaço do Luso-Brasileiro sem que a cessão ou não do lugar tivesse sido discutida nas reuniões de diretoria.[12]

Além de evidenciar permutas cotidianas, o documento revela como se davam as trocas entre entidades de natureza política (*strictu sensu*) e recreativa no Bom Retiro do início do século XX. Embora carregassem certas tensões – pois atividades como o futebol não eram bem vistas nos influentes círculos anarquistas da região, como revela a reportagem publicada pelo periódico de inclinação anarquista *A plebe*, em 1933: "atualmente são três os meios que os ricos exploradores das misérias e necessidades do povo empregam para tornar a classe operária uma massa bruta: o esporte, o padre e a política"[13] –, elas não inviabilizaram esse tipo de troca.

Talvez por essa mesma razão, as desconfianças em relação ao esporte e outras novidades tenham se dissipado rapidamente entre esses grupos. Ainda para Siqueira, essa mudança de postura resultou "em modificações das práticas culturais dos militantes, que passaram a adotar elementos populares na realização de suas festividades – como o futebol e outras atividades esportivas e lúdicas".[14] Tratava-se, pois, de uma mudança de estratégia perante a forte mobilização popular em torno de práticas não exatamente vinculadas ao universo do trabalho, mas ao seu oposto, como vimos na relação que os varzeanos estabeleciam com os bares da rua Anhanguera. É nesse sentido que se pode compreender por que, já no início dos anos 1930, os militantes anarquistas e suas associações tomavam parte em todas as atividades do bairro, mesmo que essas contrariassem as convicções e as práticas anteriormente por eles empreendidas. As trocas cotidianas entre as associações revelaram a eles o potencial do futebol e de outras atividades no engajamento comunitário e político.

Explorar as específicas motivações desses grupos parece, aqui, menos interessante do que acompanhar sua efetiva inserção em tal universo. Uma vez que esta pesquisa procura explorar como o futebol foi recriado entre varzeanos e suburbanos,

---

12   SIQUEIRA, Uassyr. *Op. cit.*, p. 82.

13   *Apud* ANTUNES, Fátima M. R. Ferreira. *Op. cit.*, 2005 p. 45.

14   *Ibid.*, p. 76.

é mais proveitoso perceber que encerrar as partidas de futebol aos domingos nos bares da rua Anhanguera era parte do cotidiano tanto de integrantes de grêmios esportivos quanto daqueles vinculados aos círculos anarquistas. Daí se pode compreender o destaque de tais militantes na sociabilidade do bairro. Embora nem sempre conseguissem alcançar seus objetivos iniciais, ou seja, engajar politicamente ou partidariamente os varzeanos operários, muitos militantes se tornaram elementos centrais na dinâmica recreativa dos bairros ao promoverem o contato entre as associações.

Assim, a experiência associativa estabelecida na várzea do rio Tietê, "fortemente marcada pelas tradições culturais e políticas [...] dos grupos imigrantes" foi uma das bases materiais e simbólicas a partir das quais as entidades de bairro lidaram com o futebol, com o teatro e até mesmo com o cinema. Foi igualmente central na forma como se davam as relações entre as entidades situadas nos bairros.

A VÁRZEA ENTRE FESTIVAIS E AMISTOSOS

No que se refere especificamente ao futebol, há que se destacar a centralidade de uma das modalidades de encontro entre as associações de bairro: os festivais. Organizados como torneios competitivos que chegavam a durar fins de semana inteiros, neles se deu a maior parte dos embates futebolísticos varzeanos. Tais festivais, porém, não surgiram com o esporte; eles remetiam, antes, às festas de bairro promovidas há décadas por militantes políticos, sobretudo anarcossindicalistas. Segundo Francisco Foot Hardman, no início do século XX, além dos tradicionais festivais de propaganda, os militantes passaram a oferecer festas em cujos programas constavam atividades como a apresentação de dramas e poesias, e a realização de conferências sociais e bailes.[15] Entre 1920 e 1930, "começam a surgir os festivais públicos", ao ar livre, e os "festivais-espetáculo – em que se [destaca] o aspecto lúdico de entretenimento coletivo".[16] A partir desse momento, eles passaram a introduzir também o futebol em seus programas, o que revela não apenas o quanto o esporte era afeito a espaços amplos e aglomerações, mas também o fato de que os militantes começavam a se valer das formas de produção de novos entretenimentos na organização dos trabalhadores. Com isso, acabaram por contribuir para a formação da cultura urbana e de massa da cidade oferecendo-lhes conteúdos bastante singulares, ao que voltaremos.

15   Segundo o programa da festa realizada, em novembro de 1902, pela Liga de Resistência entre Tecelões e Tecedeiras de São Paulo (Cf. HARDMAN, Francisco Foot. *Nem pátria, nem patrão!* São Paulo: Editora Unesp, 2002).

16   *Ibidem*, p. 50-51.

Os festivais mantinham, ainda, profunda ligação com as festas paroquiais promovidas pela igreja católica como parte de seu calendário religioso[17] e com os eventos beneficentes e de socorro mútuo. Seabra revela, por exemplo, que nas décadas de 1910 e 1920, o *Correio Paulistano* anunciava os festivais promovidos por associações varzeanas, como demonstra a seguinte nota: "festa esportiva no Parque Antárctica promovida pelo E. C. Lusitano em benefício da Sociedade Cruz Vermelha Brasileira e da Sociedade Protetora dos Portugueses Desvalidos".[18] Havia também "festivais organizados, vez por outra, visando cooperar, em situações adversas e urgentes da vida, com alguns associados ou com famílias".[19] Além de possibilitar o auxílio às entidades e aos vizinhos, tais eventos representavam o momento de comemorações coletivas e cívicas, como "aniversários dos clubes [e] também de feriados nacionais de 1º de maio, 7 de setembro, XV de novembro. Como as datas se alternavam, tinha festa pelos campos o ano todo".[20]

Assim, heranças de natureza política como os festivais anarquistas e religiosa, como as festividades paroquiais também foram mobilizadas no contexto esportivo em formação e, nesse sentido, caberia perguntar: teriam tais heranças gerado desdobramentos em outras dimensões daquele contexto? Por ora, basta afirmar que o prestígio associado à participação em um festival de cunho estritamente político ou religioso não desaparecera com o acréscimo do futebol, muito pelo contrário, "tudo faz crer que quanto mais prestígio tivessem os clubes com eles envolvidos, maior seria a mobilização gerada",[21] ou seja, o esporte parece ter ampliado a escala dessa experiência.

Nos anos 1930, os festivais já estavam relacionados quase que estritamente ao futebol. Por essa razão, atividades tradicionais tornaram-se coadjuvantes, aparecendo apenas entre o fim de uma partida e o início de outra, como descreve Seabra: "eram muito comuns as corridas de saco para crianças, gincanas diversas [e] o baile, a conhecida *soirée* dançante, encerrava as atividades".[22] Nem por isso tais atividades deixaram de representar um dos momentos em que crianças, mulheres e mais velhos participavam coletiva e ativamente dos divertimentos oferecidos pelos clubes.

---

17   Em *Urbanização e fragmentação*, Seabra descreve a forma como a igreja, desde fins do século XVIII, organizava a vida paroquial – em muito coincidente com a vida situada no bairro – a partir de um rico calendário de atividades coletivas (SEABRA, Odette Carvalho de Lima. *Op. cit.*, 2003).

18   *Ibidem*, p. 365.

19   *Ibidem*, p. 369.

20   *Ibidem*, p. 369.

21   *Ibidem*, p. 367.

22   *Ibidem*, p. 366.

Figura 15 Membros da Associação Atlética Anhanguera reunidos após festival, final dos anos 1930. (Fonte: acervo do clube)

Além dos festivais, os varzeanos contavam com outra modalidade competitiva: os *amistosos*, que consistiam em partidas marcadas entre os times de futebol das associações sem estarem necessariamente previstas nos calendários de atividades. Seu arranjo era habitualmente realizado por *paredros* que, muitas vezes, não integravam os clubes, mas conheciam muito bem seus diretores, assim como os bairros e os campos de futebol disponíveis. Tais saberes rendiam a esses articuladores pequenas gratificações por parte dos beneficiados com o jogo combinado e uma posição de liderança naquelas localidades.[23]

Já outra modalidade de disputa futebolística que geralmente se desenrolava apenas entre associados de um mesmo clube, eram os famosos jogos de casados contra solteiros, que figuraram por anos como importantes momentos rituais masculinos. Tudo indica que, ao final dos anos 1930, a modalidade já estava incorporada às festividades de carnaval no Anhanguera, o que se deu a partir de uma divertida inversão: em lugar de remeter à condição masculina diante do estatuto social do matrimônio, o jogo passou a se referir à condição feminina ao ser renomeado como *senhoras e senhoritas*, o que, em verdade, só ampliava seu sentido ritual.[24] Os veteranos

---

23   *Ibidem*, p. 337.

24   Pois, com a menção ao universo feminino, completava-se o núcleo familiar, justamente o responsável pela atribuição de um novo lugar social aos nubentes. Ainda que não se aprofunde na dis-

do clube contam que a preparação para o embate era iniciada nos bares, onde eles bebiam enquanto se maquiavam e se vestiam de senhoras ou senhoritas. Em seguida, caminhavam pelas ruas do bairro reunindo os vizinhos para a assistência e só então se dirigiam ao campo. Ao término do jogo, o destino era, uma vez mais, os bares da região. Não se pode deixar de notar aí semelhanças com a *soule*, festa popular medieval que fazia parte do calendário de regiões da Europa como a Bretanha, Normandia e Picardia. Nela se desenrolava o jogo de mesmo nome, que "guardava o caráter totêmico de clãs em disputa: comunidades vizinhas, paróquias, cidade *versus* campo, casados contra solteiros, ou casadas contra solteiras".[25] No Anhanguera, o jogo "senhoras e senhoritas" durou pelo menos até meados da década de 1980, o que revela sua longevidade secular.

Essas modalidades de disputa – muito próprias à vida de bairro, cujo sentido era justamente centrado na localidade – aconteciam paralela e concomitantemente aos campeonatos futebolísticos varzeanos, regidos, por sua vez, pelos tempos e modos do moderno *association*. A APEA, que vinha organizando parte do futebol oficial paulista,[26] já incorporara uma série de clubes varzeanos na chamada Divisão Municipal,[27] atendendo, assim, aos anseios de jogadores e clubes interessados no circuito de valorização econômica e social do esporte.[28] Ela esteve longe, porém, de reunir a totalidade dos clubes, já que uma parcela significativa deles se manteve à parte de sua dinâmica, caso do próprio Anhanguera, que, como mencionado, não parece ter se mobilizado para isso.

Ao analisar notícias publicadas em *A Plebe* e *A Vanguarda* nos anos 1920, Siqueira revela algumas das razões pelas quais os jornais anarquistas se colocavam como mediadores das associações varzeanas contra a entidade oficial. Para *A Vanguarda*, por exemplo,

> os critérios para o estabelecimento de duas seções no campeonato municipal de futebol [...] seriam obra de três ou quatro clubes fortes, assim chamados porque contam entre seus asso-

---

cussão sobre esse universo, é preciso dizer que rito é aqui entendido como "um conjunto de atos repetidos que se supõe estabelecer ou recuperar certa ordenação cósmica ou humana" (FRANCO JÚNIOR, Hilário. *Op. cit.*, p. 270).

25　WISNIK, José Miguel. *Op. cit.*, p. 77.

26　E após a unificação com a LAF, em 1929, a associação se tornaria central na ordenação do futebol profissional.

27　A associação era organizada em: Divisão principal, 1ª Divisão, 2ª Divisão, Divisão Municipal e Campeonato do Interior.

28　Sem esquecer, evidentemente, os campeonatos promovidos pelas fábricas sob a organização da recém-fundada Liga de Esporte, Comércio e Indústria (LECI), a partir de 1933.

ciados burgueses endinheirados a fim de dividir os clubes fracos dos fortes, de modo que os clubes nobres ficassem separados dos plebeus.[29]

Embora essas razões não fossem as únicas para tal rejeição, elas nos ajudam a compreender por que, a despeito da força das ligas da cidade no início da década de 1930 e até mesmo da entrada da imprensa esportiva nesse universo, foram mantidas nos subúrbios modalidades como os festivais e personagens como os *paredros*. A APEA e seus campeonatos não deixaram, no entanto, de influenciar o calendário e a própria dinâmica dessas modalidades de disputa. Os *olheiros*, por exemplo, responsáveis por recrutar varzeanos para os clubes da liga oficial, passaram a ser personagens tão importantes nesse universo quanto os *paredros*.

A esta altura já se torna evidente que o futebol vivido no Anhanguera, na Barra Funda e na várzea do Tietê não consistia em algo raro ou exclusivo. Outros bairros do subúrbio paulistano – que não eram, necessariamente, varzeanos – também integravam a mesma dinâmica. Esse é o caso de Santana, Tremembé e demais bairros localizados na região norte da cidade. A proximidade física parece ser uma das razões para tal integração, mas outros aspectos são fundamentais para compreendê-la. No que se refere à Casa Verde,[30] por exemplo, que mantinha estreito contato com a Barra Funda, não parece de pouca importância o fato de que sua população vinha fundamentalmente daquele bairro, tanto da região baixa quanto da alta, o que favoreceu os mais diversos tipos de contato entre os moradores dos dois lados do rio. A balsa, em circulação no rio Tietê desde 1907, e a ponte, instalada em 1920, possibilitaram que italianos mais pobres e negros atravessassem o rio para morar e trabalhar nas chácaras que deram origem ao bairro. Tal travessia aconteceu principalmente entre os anos 1930 e 1940, o que pode ser atribuído tanto aos desdobramentos do Plano de Avenidas, quanto às mudanças no mercado de trabalho e à expulsão dos negros do bairro.[31]

A complexidade do futebol varzeano e suburbano não se encerra com esses elementos. Para vislumbrá-lo nesse período, deve-se não apenas acompanhar como as associações se organizaram internamente, como se relacionaram entre elas e com o bairro e como estabeleceram sua dinâmica esportiva a partir de uma delicada ne-

---

29   SIQUEIRA, Uassyr de. *Op. cit.*, p. 77.

30   Trata-se do bairro oficialmente denominado Villa Tietê (ver planta da cidade anexa), embora fosse conhecido pelo nome do sítio onde se estabeleceu o loteamento.

31   Entrevista com a profa. dra. Odette Seabra, moradora do bairro do Limão, realizada em 20 de junho de 2011.

gociação com seus sócio-jogadores, é preciso acompanhar também sua circulação por São Paulo e até mesmo por outras cidades.

As excursões para a realização de amistosos com clubes do interior e do litoral eram parte fundamental do repertório varzeano. Em 1931, o Anhanguera já mantinha relações, por exemplo, com o Clube São João de Atibaia,[32] pois adiava, por carta, seu compromisso esportivo com a referida associação. Iniciadas a partir de contatos entre os familiares de associados, as ligações entre clubes de cidades diferentes indicam uma maneira específica de lidar com o espaço urbano. As lembranças de um dos ex-presidentes do Anhanguera, o sr. Salathiel da Silva, oferecem pistas para compreendê-las: "quando fui para o Anhanguera, [...] consegui fazer uma excursão até a Praia Grande. Emprestamos um trem da *São Paulo Railway* na época, ida e volta. Com ônibus esperando para irmos à praia de Santos".[33] Salathiel era funcionário da Ferrovia Sorocabana quando foi integrado ao Anhanguera, em 1937, evidenciando a ligação de funcionários das ferrovias com a dinâmica das excursões.

Nesse período, já parecia bem estabelecida a prática do uso privativo dos trens para viagens nos fins de semana, sendo o litoral paulista seu destino recorrente. Sobre essa preferência, não se pode desconsiderar nem as facilidades relacionadas aos itinerários das ferrovias Sorocabana e *São Paulo Railway*, nem os apelos da paisagem marítima, tal como indicam, uma vez mais, as lembranças do sr. Amadeu Bovi sobre suas experiências no início da década de 1920:

> todo o ano, a oficina organizava um piquenique na praia do Gonzaga: lembro a primeira vez que vi o mar, com doze anos. Meu irmão Alfredo Bovi tinha uma Jazz Band, o Grupo Excêntrico, com oito ou dez músicos. Eles promoviam passeios, piqueniques em Santos [...]. Convidavam todos os vizinhos, íamos cem, 120 pessoas. Lá em Santos alugávamos um salão; depois do banho de mar, eles tocavam, começava a brincadeira. Íamos num trem que saía da Estação da Luz e levava de três a quatro horas para nos levar.[34]

Os artifícios de Salathiel e Alfredo Bovi eram semelhantes os que Oswaldo Tirone utilizaria anos depois. Como vimos, o funcionário da antiga fábrica Brasilata dispunha do caminhão da empresa aos fins de semana e o utilizava para a locomoção do time e da torcida do Anhanguera até seus jogos na cidade, o que também não parecia

---

32   Atas da Associação Atlética Anhanguera, 29 jun. 1931.

33   Entrevista com o sr. Salathiel Fernandes da Silva, realizada em 19 de julho de 2011.

34   Depoimento do sr. Amadeu (BOSI, Ecléa. *Op. cit.*, p. 129).

incomum na região a partir de meados dos anos 1930. O crescimento e a diversificação da economia demandavam veículos de grande porte, bem como motoristas para operá-los.[35] O futebol, com sua rápida difusão pela cidade, demandava o mesmo. Assim, trens, caminhões e seus condutores eram colocados a serviço do esporte aos fins de semana: "De fim de semana era caminhão pra todo lado com bandeiras, flâmulas, hinos. Cada clube tinha o seu hino e isso era um exercício político e que vinha lá do fundo porque vinha da vontade de organização das pessoas", afirma Seabra.[36]

A independência em relação aos meios de transporte coletivo para usufruir dos tempos do esporte – que coincidiam com o tempo livre, do não trabalho – é elemento essencial para compreender a circulação varzeana. Não se pode esquecer que tais serviços estavam concentrados na região central da cidade, sendo pouco disponíveis no subúrbio, como rememora o sr. Bertolozzi:

> Condução não existia naquela época. Era o bonde. Quando o bonde vinha da Casa Verde ele nem parava aqui de tão cheio que vinha. Era bonde aberto e vinha dos dois lados cheio. O motorneiro já pegava e fazia "bim, bim, bim", fazia tchau e ia embora. Ou então falava: "pega o de trás".[37]

Por essa razão, as andanças coletivas dos futebolistas e de suas torcidas dentro e fora da cidade eram experiências que transcendiam a vida ordinária, estando mais próximas da "vida aventureira de maneira semelhante à criação nas obras de arte".[38] A dimensão criativa de tais andanças se revela, primeiramente, na inversão do uso habitual desses meios de transporte. Passava-se de um uso ligado ao *patrão* e ao tempo do trabalho para outro relacionado ao tempo livre, da *diversão*, vivido coletivamente pela comunidade.

Talvez aqui, mais do que em qualquer outro momento do texto, seja importante afirmar a tentativa de buscar uma nova categoria para denominar o tempo do não trabalho no universo popular. A pesquisa realizada indica que toda a mobilização em torno do Anhanguera não se dava pela mera suspensão do trabalho para descanso e

---

35   Tanto em razão do setor de alimentos – que tinha no Largo da Banana um de seus principais polos de distribuição –, quanto devido à multiplicação de fábricas na região.

36   SEABRA, Odette Carvalho de Lima. *Op. cit.*, 2003, p. 364.

37   Entrevista com o sr. José Carlos Bertolozzi, realizada em 24 de abril de 2010.

38   A noção é mobilizada por Bernardo Buarque de Hollanda para compreender as caravanas de torcidas organizadas ao final dos anos 1970. Em consonância com Georg Simmel, Hollanda define aventura como "uma vivência que se desprende do contexto e da totalidade do fluxo vital. Suspensa dele, o afastamento de determinados conteúdos de encadeamento e dos círculos homogêneos da vida proporciona a sensação de uma posição à margem do continuum da existência" (HOLLANDA, Bernardo B. Buarque de. *O clube como vontade e representação*. Rio de Janeiro: 7 Letras, 2009, p. 409).

relaxamento, ou pela mera ocupação do tempo livre, como em geral se afirma com a utilização de categorias como lazer e entretenimento para tratar do momento do não trabalho. Lazer e entretenimento nos lançam, paradoxalmente, ao mundo do trabalho, uma vez que remetem ao tempo da produção e do consumo e não ao tempo da criação, da diversão e da alegria, substancialmente diferente.

Esse tempo ligado à criação nos parece a caracterização mais próxima de como os associados do Anhanguera viveram o seu tempo livre. Seabra o definiu como um *tempo próprio*, uma criação coletiva da comunidade: "quando nós criamos uma coisa, não sou mais eu, não é mais você, é uma terceira coisa. Essa terceira coisa volta como qualificação das pessoas, [...] volta só como qualidade [e então] você pode decompor a identificação [tanto] nas relações mais amorosas, [quanto nas] mais conflituosas".[39]

É possível reconhecer a mesma criatividade em outras dimensões desse tempo vivido de maneira *própria*. Ao remeter à exibição de bandeiras, flâmulas e hinos sobre os caminhões, Seabra identifica a forma como as associações esportivas e seus associados mobilizaram um rico repertório material e simbólico, construído em diálogo com as múltiplas e difusas referências culturais que a cidade oferecia, para se auto representar.

No caso do Anhanguera, esse repertório tem início com seu distintivo (figura 16) que fora decidido já em seu primeiro ano de funcionamento, a partir do desenho de um associado, o sr. Chiochetti, e da rápida aprovação geral da assembleia, pois ele deveria constar nos estatutos a serem registrados.[40]

Figura 16 – Reprodução do emblema da Associação
Atlética Anhanguera, s.d. (Fonte: Acervo do clube)

---

39   Entrevista com a profa. dra. Odette Seabra, realizada em 20 de junho de 2011.

40   Atas da Associação Atlética Anhanguera, 5 nov. 1928.

Pouco se sabe sobre a história do escudo do Anhanguera. No entanto, são evidentes os traços referentes à centralidade do futebol no clube e ao diálogo com a tradição da heráldica que integrou a cultura do futebol: traços simplificados, destaque para o centro do escudo, bidimensionalidade. Por outro lado, o fragmento da ata indica o quanto o emblema parecia central no ato de estabelecimento das bases estatutárias do clube.

Já de seu hino, resta apenas o primeiro fragmento e não há vestígios de autoria:

> Dizem que o preto é luto,
> Vermelho é guerra
> [...]
> Associação Atlética Anhanguera
> Ainda hoje é tradição[41]

É interessante notar que sua estrofe inicial não menciona o bandeirante Bartolomeu Bueno da Silva, cuja alcunha, de origem guarani, nomeia o clube. Ela traz apenas a referência às cores preta e vermelha escolhidas para representar o clube.[42] Tomemos, então, o que está materializado nesse trecho. Embora existisse para ser reconhecido auditivamente, o hino é iniciado com uma referência à dimensão visual do clube: o rubro-negro de batismo. Como vimos no segundo capítulo, nos vários conflitos envolvendo diretores e sócio-jogadores, as cores foram tomadas, metonimicamente, como a própria associação. Isso revela sua força simbólica ao definir, conforme explica Franco Júnior, "a identidade comunitária para si mesma",[43] mas também ilustra sua função *operativa* na dinâmica cotidiana entre clubes, por mostrar uma "imagem para as outras comunidades".[44] Apesar de não terem sido encontrados vestígios das motivações para a escolha do rubro-negro como identificação do Anhanguera, as cores eram parte do repertório de códigos e símbolos das associações de bairro. Siqueira informa, por exemplo, que,

> embora não restringisse o quadro de associados aos gráficos, a Associação Gráfica de Desportos frisava a identidade em torno da categoria através de seu nome e de seus símbolos: as cores do Pavilhão Social serão azul e branco, e assim dispostas:

---

41   Primeira parte do hino da Associação Atlética Anhanguera, de autoria e período desconhecidos. Disponível em: <http://anhanguera.blogspot.com.br/>. Acesso em: 20 set. 2012.

42   Posteriormente, nos anos 1940, *A Gazeta Esportiva* faria referência justamente às cores para associá-las ao bandeirante.

43   FRANCO JÚNIOR, Hilário. *Op. cit.*, p. 217.

44   *Ibidem*, p. 218.

> o pavilhão propriamente dito será inteiramente azul, tendo ao
> centro um escudo branco com uma faixa azul em diagonal, en-
> cimada por um círculo com as iniciais A. G. D. em vermelho e
> em baixo e distintivo das arte gráficas.[45]

O excerto reafirma que a categoria profissional figurava como um critério para a formação de clubes esportivos, sendo também a base para sua representação simbólica que se dava, metonimicamente, em torno de símbolos e cores.

Outros elementos constavam (e constam) no repertório material do clube Anhanguera, tais como as bandeiras,[46] as taças, os troféus, as medalhas e os uniformes.[47] Os últimos, chamados à época de fardamentos, merecem destaque, pois foram objeto de constante registro pela associação, algo facilmente compreensível. Afora toda a simbologia em torno da camisa, deve-se levar em conta que, nas andanças dos clubes em cima dos caminhões ou em meio a dezenas de campos e partidas concomitantemente disputadas, eram as camisas que permitiam a distinção e a identificação com eles. Como vimos, já naquele período, as partidas nos bairros reuniam centenas ou milhares de pessoas e, diante das multidões, parecia necessário marcar visualmente o espaço ocupado pelas associações com os objetos portados por seus representantes. Assim, tal como se passava em relação às novas bandeiras, rebatizadas em pomposas festas compartilhadas com outras associações do bairro, a renovação dos fardamentos era um momento ritualizado na associação.

Tratava-se tanto de evidenciar a possibilidade de abastecer o clube com novas camisas, o que já era bastante valorizado entre varzeanos, quanto de revelar sua capacidade de inovação ao criar novos padrões a partir das mesmas cores. As figuras 17 e 18 ilustram essas questões:

---

45   SIQUEIRA, Uassyr de. *Op. cit.*, 2005, p. 78.
46   Das quais não são encontrados registros.
47   Ao contrário das bandeiras, existem em número razoável e de maneira seriada na associação.

Figura 17 – Estreia de camisas da Associação Atlética
Anhanguera, anos 1930. (Fonte: acervo do clube)

Figura 18 – Estreia de camisas da Associação Atlética
Anhanguera, 1937. (Fonte: acervo do clube)

Nessa medida, o lançamento de novos uniformes consistia em um momento mais significativo para a associação, como instituição, do que para seus associados considerados individualmente. Tal aspecto também foi traduzido, nos dois registros fotográficos (figuras 17 e 18), pela enumeração de seus jogadores e pela presença de representantes da diretoria do clube nas extremidades do grupo, *fechando* o time. Em verdade, essa pose fotográfica, herdada dos tradicionais retratos familiares, era um costume generalizado entre as associações esportivas do período, varzeanas ou não, o que só reafirma a força institucional dos clubes à época.

Os fardamentos, poreém, também assumiam importância para os integrantes do Anhanguera. As fotografias individuais, cujo destaque é o *sujeito* associado, o uniforme, ao ser índice de vínculo com o clube, oferece o alicerce de sua representação; (figuras 19 e 20):

Figura 19 – Oswaldo Tirone vestido com o uniforme da Associação Atlética Anhanguera, anos 1930. (Fonte: acervo do clube)

Figura 20 – Antenor Dias e sócio-jogadores dos times juvenis vestidos com uniformes da Associação Atlética Anhanguera, anos 1930. (Fonte: acervo do clube)

Nos relatos que fez ao neto, o mesmo Oswaldo Tirone deixou outros vestígios da importância que os fardamentos tinham em seu cotidiano:

> na década de [19]20, o meu avô com alguns outros moleques fundaram um time que inclusive nasceu antes do Anhanguera, nasceu em [19]27: o *Flor do Bosque*. Era um time só de molecada e durou. O uniforme do *Flor do Bosque* [...] foi feito com saco de farinha.[48]

As lembranças em torno das camisas do time de meninos condensam elementos de uma identidade que deita raízes na vida de bairro e na superação de condições adversas a partir, uma vez mais, de soluções *caseiras*, como revela a opção pelos sacos de farinha para a produção das camisas do novo clube.

É essa delicada trama entre representações identitárias coletivas e individuais, tecida pelos associados em diálogo com o repertório material e simbólico[49] do clube, que explica, por exemplo, a permanência de seu acervo após transcorrido quase 80 anos. Explica também a convergência em torno da vida associativa à época, da qual derivava a energia com que diretores e alguns associados defendiam os interesses do Anhanguera.

---

48   Entrevista com Arthur Tirone, realizada em 26 de junho de 2011.

49   Ou *totêmico*, na medida em que representam "um identificador de pertencimento à comunidade e de cimentador dessa identidade coletiva" (FRANCO JÚNIOR, Hilário. *Op.cit.*, p. 220).

A trama identitária respondia, ainda, pelo cotidiano entre clubes, o que só pode ser compreendido a partir das disputas ocorridas nos campos, invariavelmente terminadas em discussões ou confrontos físicos. O acesso a essas experiências, no entanto, é complexo. Delas restam apenas algumas lembranças de veteranos que as viveram em período posterior ao aqui destacado – após meados dos anos 1940 – e narrativas reconstruídas pelos periódicos esportivos cujas especificidades exigiram tratamento diferenciado; com estas entraremos em contato adiante. Por ora, interessa retomar a forma como o futebol foi organizado na várzea e no subúrbio, para além dos tempos e modos da APEA antes de adentrar no terreno das contribuições dessa experiência para o futebol e para a cidade.

Entre festivais e amistosos, os clubes de bairro se multiplicaram rapidamente e promoveram a organização e a participação dos sócios em esferas coletivas. Isso perdurou até o momento em que a várzea deixou de ser um espaço que articulava os bairros em torno do futebol para ser objeto de disputa entre as associações esportivas e o capital das fábricas que nela começaram a se instalar ao final dos anos 1920, sem a mediação do Estado ou controle público, é preciso ressaltar. Ao mesmo tempo e a título de comparação, Schpun lembra que os representantes dos clubes de elite, por sua vez,

> deixam suas fazendas e se instalam em São Paulo precisamente nesse momento de transformações [e não deixam] de praticar a política bem definida de ocupação da cidade, criando não somente locais reservados – como os bairros residenciais e os lugares dedicados ao exercício da sociabilidade (clubes ou salões de baile) mas também de circuitos diferenciados de ocupação e de frequentação dos espaços públicos. [...] Trata-se de provê-la de todos os equipamentos, de lazer ou outros, que permitam aos membros do grupo dominante reconhecerem-se e orgulharem-se de sua obra.[50]

Assim, se o Paulistano e o Anhanguera reagiam de maneira semelhante diante das ameaças representadas pela meritocracia esportiva, o modo como ocupavam a cidade colocava-os novamente em lados opostos. Os clubes de elite rapidamente se estabeleceram no centro, já concentrado e supervalorizado ao final dos anos 1920, enquanto os de bairro ocuparam as várzeas dos rios Tietê e Pinheiros, espraiando-se em suas andanças para outras regiões suburbanas e até mesmo para o interior do estado de São Paulo, opção que revela uma caracteristica interessante.

50　　SCHPUN, Mônica Raisa. *Op. cit.*, 1999, p. 18-19.

Em seus trabalhos sobre a formação do subúrbio de São Paulo, José de Souza Martins nota as contiguidades entre vida *interiorana* e vida *suburbana*, as quais residem fundamentalmente no fato de que, nesses lugares, a vida se desenrola em certo descompasso com o que se passa no *centro* – ainda que dele não se desvincule, pois "o subúrbio é o lugar em que o passado rural de algum modo sobrevive no urbano".[51] Tal descompasso criava a sensação de que São Paulo vivia sob *múltiplas temporalidades*.[52] Na várzea, isso se deu de maneira ainda mais aguda, considerando-se a pluralidade dos grupos ali residentes em cortiços, chácaras, sítios, casas *ponta de chuva* e seus contatos com as culturas de origem. Esse quadro estava na origem de uma cultura transformada, urbana,[53] não exatamente situada em uma ou outra espacialidade e temporalidade, mas em diálogo com todas elas por meio do teatro, do cinema e principalmente do futebol.

É o que sugerem, por exemplo, as tensões vividas cotidianamente pelo Anhanguera. Embora não caminhasse *pari passu* com as demandas do universo oficial, o clube não deixou de ser influenciado pela "febre futebolística" que tomava conta da cidade, embora ela tenha sido ali vivida sob práticas e sentidos muito próprios. Ao mesmo tempo, essas práticas e sentidos transcenderam a várzea e passaram a circular pelo futebol oficial, seja porque alguns clubes e seus jogadores dele tomaram parte, seja porque a imprensa difundiu e amplificou esse universo. Isso ocorreu principalmente ao final dos anos 1920, quando o discurso jornalístico sobre a várzea assumiu novos conteúdos, situação que merece ser acompanhada.

A GAZETA CHAMA SEUS JOGADORES

Se até o início dos anos 1920 o futebol praticado nas várzeas da cidade pelos "canelas negras" foi tomado de maneira homogênea e, em geral, pejorativa pela imprensa esportiva – então liderada por nomes como Mário Cardim e Américo Netto, d'*O Estado de S. Paulo* –, tal tratamento começou a ser alterado ao final daquela década por influência da circulação de novos jornais e revistas, sobretudo no Rio de Janeiro. Em São Paulo, é apenas com o surgimento de *A Gazeta Esportiva*, em 1928, que esse novo tom de fato se estabelece, embora já circulasse na cidade o periódico *São Paulo Esportivo*, no qual trabalhava Thomaz Mazzoni. Vindo ainda

---

51   MARTINS, José de Souza. *Op. cit.*, 2008, p. 48.

52   Acerca do impacto geral das transformações urbanas na cidade, José Geraldo Vinci de Moraes afirma que, "além da evidente face moderna e industrial, havia resistências rurais e provincianas bem sedimentadas (MORAES, José Geraldo. *Op. cit.*, 2000, p. 143).

53   *Ibidem*

criança da Itália, o posteriormente célebre jornalista, morou com os pais na rua do Gasômetro, onde jogou futebol.[54]

Criada por Cásper Líbero,[55] *A Gazeta Esportiva* inicialmente foi publicada sob a coordenação do jornalista Leopoldo Santana[56] na forma de um suplemento esportivo semanal de *A Gazeta*, adquirida pelo empresário uma década antes. Ainda em 1928, Mazzoni abandonaria o pequeno jornal para acompanhá-los no empreendimento. Dois anos depois, juntamente com Santana, ele seria um dos responsáveis pela redação da folha que, por sua influência, assumiu o *slogan* de "promotora do esporte amador na cidade."

A Gazeta Esportiva rapidamente alcançou destaque entre os clubes de bairro e os leitores ao dedicar, já em 1929, algumas páginas exclusivas para o futebol praticado nas várzeas e nos subúrbios, contando com articulistas que desenvolviam colunas de opinião, algo realmente inovador diante da tímida cobertura do assunto em outros periódicos da cidade.[57] Em verdade, até seu surgimento, periódicos como *O Estado de S. Paulo* e *Folha da Manhã* apenas começavam a alterar o tom pejorativo que dedicavam à prática varzeana, anunciando partidas por meio de pequenas notas como a seguinte: "E. C. Indianópolis x G. E. Carlos Gomes. Realiza-se amanhã, às 14h, no campo do E.C. Indianópolis, uma partida amistosa entre os quadros supras".[58]

---

54   RIBEIRO, André. *Op. cit.*, p. 54-55.

55   "Natural de Bragança Paulista, Cásper Líbero nasceu em 1889. Seu pai, Honório Líbero, médico e político, foi um dos primeiros intendentes daquela cidade. De família abastada, ele recebeu uma educação aristocrática, primeiro em Bragança, onde passou a primeira infância, em seguida em São Paulo, para onde se transferiu com a família aos onze anos de idade. Em 1905, Cásper ingressa na Faculdade de Direito do Largo de São Francisco. Forma-se advogado em 1909, porém nunca exercerá a profissão: no mesmo ano entra no jornalismo, como repórter do vespertino *A Gazeta*, o mesmo jornal que alguns anos depois será seu. Em 1911, Cásper se transfere para o Rio de Janeiro e é um dos fundadores do jornal Última Hora, engajando-se na campanha de Rui Barbosa pela Presidência da República. Em 1913, de volta a São Paulo, funda a Agência Americana, primeira agência noticiosa brasileira. Em 1914, ingressa na redação d'O Estado de S.Paulo, de onde logo retorna ao Rio de Janeiro, desta vez como diretor da sucursal d'O Estado. Deixa o jornalismo por um curto período, no ano de 1917, para assumir cargo público como procurador da Fazenda Nacional no Estado do Mato Grosso. Renunciando ao cargo, retorna a São Paulo ainda em 1917, e volta a atuar como jornalista n'*A Gazeta*". Em 1918, ele se torna proprietário do jornal (JAYO, Martin. "Trajetória e ideias de Cásper Líbero." *Revista PJ:BR: Jornalismo Brasileiro*, São Paulo, nº 3, 1º semestre/2004).

56   Em *A Gazeta* desde que Líbero assumira o jornal, em 1918, Santana era um ex-professor que escrevera o livro *O futebol em São Paulo*. Ele foi também um dos responsáveis pela primeira transmissão, por alto-falantes, de uma partida esportiva no Rio de Janeiro, a convite de Cásper Líbero (Cf. RIBEIRO, André. *Op. cit.*).

57   Inicialmente de periodicidade semanal, o tabloide passou a ser publicado duas vezes por semana em menos de um ano, ampliando consideravelmente as reportagens e crônicas sobre o futebol de várzea.

58   *Folha da Manhã*, 18 fev. 1928, caderno de esportes.

Mesmo com essa tímida cobertura, os jornais não deixaram de disputar o público varzeano com a nova folha de Cásper Líbero, que à época já alcançava a tiragem de 120 mil exemplares diários[59] contra 80 mil da *Folha da Manhã*.[60] Em meio às disputas, esta última passou a acrescentar às suas notas uma interessante informação: "para a realização do encontro entre as turmas do C. A. Corinthians e da A. A. Anhanguera, o director deste último, *por nosso intermédio*, solicita o comparecimento dos seguintes jogadores, amanhã, às 13:00 na séde".[61] Destacar a escolha dos clubes varzeanos para a divulgação de suas atividades tornava-se cada vez mais comum nas seções esportivas dos periódicos, e a disputa entre eles revela a importância que esse futebol vinha assumindo na cidade, bem como o crescimento do mercado editorial ao seu redor. Assim, ao final dos anos 1920, a imprensa esportiva vinha se especializando e cumprindo um papel central na difusão e na organização do futebol, tanto em São Paulo quanto no Rio de Janeiro, ainda que estivesse marcada por uma série de "disputas por conceitos, doutrinas e concepções do jogar e do gostar do jogo".[62]

No mesmo período, as noções de *cultura popular* e *futebol popular* emergem com força nas duas cidades, sobretudo após a semana de arte moderna de 1922. Algumas das ideias que circularam em meio ao movimento assumiriam força anos depois, durante o governo de Getúlio Vargas. Com o apoio de João Lyra e Fernando de Azevedo, o então presidente mobilizou o futebol como um dos elementos para compor a ideia de um *caráter* e de uma *identidade* nacional articulada ao Estado. Na cidade do Rio de Janeiro, essa questão assumiu grandes proporções. Importantes jornalistas e escritores fluminenses estiveram profundamente envolvidos com ela, o que se refletiu em seus trabalhos na imprensa.

O jornalista Mário Filho, por exemplo, que se especializava no universo esportivo, foi uma das figuras centrais na *tradução* do tema do *nacional* para a população que consumia suas notícias. Para Denaldo Alchorne de Souza, por ter "a sensibilidade de captar os sentimentos das pessoas mais simples",[63] ele transformou radicalmente

---

59 Considerando-se que era um suplemento de *A Gazeta*. Para Gisely Hime, "um crescimento excepcional ante os 2 mil exemplares de dez anos antes, mesmo se levarmos em conta o rápido crescimento de São Paulo no período. No dia 8 de setembro de 1929, a tiragem alcança um pico de 200 mil exemplares" (HIME, Gisely ValentimVaz Coelho. "Cásper Líbero entre o profissional e o mito". *Revista PJ:BR: Jornalismo Brasileiro*, n. 3, 1º semestre/2004).

60 Acervo da *Folha de São Paulo*. Disponível em: <http://www1.folha.uol.com.br/folha/80anos/tempos_cruciais-01.shtml>. Acesso em: 27 set. 2012.

61 *Folha da Manhã*, 1 jun. 1929, caderno de esportes, grifo nosso.

62 TOLEDO, Luiz Henrique de. *Lógicas no futebol*. São Paulo: Hucitec/Fapesp, 2002, p. 175.

63 SOUZA, Denaldo Alchorne de. *O Brasil entra em campo!*. São Paulo: Annablume, 2008, p. 180. Co-

a linguagem esportiva, tornando-a mais acessível às classes populares. Por meio do futebol, o jornalista tratou de temas sociais candentes de maneira simples e direta, promovendo a compreensão e até a participação do povo nos debates. Muitas de suas abordagens foram pautadas pela obra de seu amigo Gilberto Freyre, que viu na mestiçagem o traço mais marcante e positivo do caráter nacional. Não se pode esquecer que o livro de Mário Filho, *O negro no futebol brasileiro*, cujo prefácio foi escrito pelo próprio Freyre, é visto como uma espécie de síntese de sua experiência com as crônicas. Além disso, a obra foi um dos veículos que alçou Leônidas da Silva à condição de *símbolo do futebol brasileiro*, contribuindo para a construção do mito do jogador pela população. É em face da intensa atuação de Mário Filho que a imprensa esportiva assume nova configuração e passa a realizar a mediação entre os desejos do povo e os desígnios do Estado.[64]

Embora reconheça-se que *A Gazeta Esportiva* assumia espaço na imprensa justamente na medida em que se integrava a esse movimento cultural e político mais amplo de busca pelo popular e pelo nacional,[65] por parte dela, há uma atenção diferenciada para com os varzeanos, o que merece ser acompanhado desde os seus momentos iniciais.

Já ao final de 1928, o periódico publica em sua seção esportiva um artigo intitulado *A várzea terá a sua liga?* no qual comenta as tentativas de criação de uma liga varzeana. De teor bastante crítico, o texto justifica por que o jornal não apoiara o último idealizador dessa ideia, o Democráticos Futebol Clube, cuja reputação parecia *temerária* ao articulista. Ao saber, no entanto, que a nova iniciativa para a criação da liga partia dos Estados Unidos F. C., ele alterava completamente sua posição, dizendo: "para nós, que conhecemos os esforçados dirigentes daquele clube amigo, estamos certos de que, por mais árdua e espinhosa que seja a tarefa, saberão desempenhal-a com toda galhardia [...] A tentativa de se unificar a Varzea, pois, vae ser levada a frente!".[66]

mento alguns desses aspectos na resenha: SILVA, Diana M. M. da. *O Brasil entra em campo!* Construções e reconstruções da identidade nacional (1930-1947). São Paulo: Annablume, 2008, Revista de História p. 221, São Paulo, nº 163, p. 409-414, jul./dez. 2010. Disponível em: http://revhistoria. usp.br/index.php?option=com_content&view=article&id=119:rh-163&catid=6:edicoes&Itemid=7

64   SOUZA, Denaldo Alchorne de. *Op. cit.* Ainda sobre a questão, para Bernardo Buarque de Hollanda e Fátima Antunes, Mario Filho – e, posteriormente, seu irmão Nelson Rodrigues – elevou a crônica esportiva à condição de gênero literário, algo apenas sugerido pela *primeira geração* representada por José Lins do Rego. Profundamente envolvidos com a *brasilidade*, tais autores realizaram, por meio da crônica, um diálogo com a cultura popular, tendo o futebol como mediador (Cf. ANTUNES, Fátima M. R. Ferreira. *Com brasileiro, não há quem possa*. São Paulo: Unesp, 2004; HOLLANDA, Bernardo B. Buarque de. *Op. cit.,* 2004).

65   No qual a imprensa e seus empresários – como Cásper Líbero, a família Rodrigues e, mais tarde, Assis Chateaubriand e Roberto Marinho – cumpriram papel central.

66   *A Gazeta Esportiva*, 24 dez. 1928, p. 12.

O texto passa, então, a se referir ao diálogo entre o colunista e um representante do clube Estados Unidos – que não apenas portava um significativo nome, como era formado por ítalo-brasileiros. Segundo o artigo, o varzeano se dirigia ao articulista também como amigo e solicitava que ele "interviesse nessa campanha esportiva, facilitando pelas collunas d[o] conceituado jornal 'leader' nas rodas esportivas, todas as adhesões que porventura a elle endereçarmos".[67] É em razão do adjetivo *amigo* – utilizado tanto pelo articulista quanto pelo representante do clube varzeano – que se pode entrever o tipo de relação iniciada entre os dois universos, principalmente porque, ao que tudo indica, *A Gazeta Esportiva* e os varzeanos apenas começavam a construir algum vínculo. Para estabelecer o tom dessa relação, a folha não poupava nem elogios, nem críticas, ainda que as realizasse de forma velada.

Em janeiro de 1930, por exemplo, na seção *Pela várzea*, ela apresenta uma queixa: "A Barra Funda futebolística quietou-se. Não se fala mais nos 'formidáveis' Camerino, Anhanguera, Estados Unidos etc. Férias, certamente".[68] Embora as férias realmente pudessem ser a razão da quietude desses clubes, algo plausível para um 5 de janeiro, interessa notar o tom crítico expresso pelo periódico.[69] A queixa parece ter surtido o efeito desejado, pois, dois meses depois, o tom utilizado em relação ao Anhanguera se modifica em uma de suas colunas assinadas. Ali, o articulista Rolando H. elogia a iniciativa do clube, enfatizando o fato de que ele conseguira encontrar

> um nome genuinamente brasileiro [...] que representa papel saliente na historia das famosas bandeiras paulistas; que patentearam a grandeza e a riqueza do país, assim como déram mostra de bravos e abnegados uma pleiade de homens, paradigma de uma raça forte![70]

Tal iniciativa parecia digna de nota num momento em que, na várzea, "pululla[vam] Cabanas, Chuta Vento, Sabiá Mimoso, Fabrica de Marmelada, Pindurassaia e muitos outros 'animaes ferozes'".[71] A questão incomodava, sobretudo, porque a *praga* não estava restrita aos nomes de clubes, mas disseminava-se também nos festivais

---

67   *Ibidem*

68   *Ibidem*, 5 jan. 1930.

69   Por outro lado, as atas do Anhanguera referentes à assembleia do dia 6 de janeiro, um dia após a publicação da nota, demonstram que as atenções do clube estavam voltadas para a eleição da nova diretoria, que ocorria sempre no mês de janeiro. A questão torna-se ainda mais intrigante a partir da análise do conjunto de atas do clube, pois em quatro anos de registros semanais há apenas duas referências a *A Gazeta Esportiva*, as quais não tocam, contudo, no tema das publicações do jornal. Nelas, a primeira menção ao periódico está associada ao empréstimo de camisas para o selecionado varzeano por ele organizado, em 1931.

70   *A Gazeta Esportiva*, 27 mar. 1930, p. 8.

71   *Ibidem*

esportivos em que "foram disputados trophéos com as denominações de 'esfola canne-las', 'arranca tocos', 'galo esporudo' e outras que [...] fariam corar um frade de pedra".[72]

Rolando H. era o colunista mais ativo da seção *Nas várzeas e nos subúrbios*. No trecho a seguir é possível notar seu interesse em oferecer *conselhos* aos clubes que se formavam na várzea: "Temos 'suado' por todos os póros na faina de prégar aos ami-gos varzeanos, incitando-os a darem aos seus clubes, fundados e a fundar, nomes que possam... exprimir alguma cousa. Mas, parece que prégamos no deserto!"[73]

Essa *pregação* é iniciada tão logo o periódico passa a publicar seu suplemento esportivo, em 1928. A seção dedicada aos populares ocupava duas páginas do ca-derno e seu título tinha o seguinte complemento: "*os que hoje são promessas, amanhã se tornarão campeões.*" Tal denominação, que sugere uma mudança de estatuto de *promessas* para *campeões*, oferece pistas para identificar os canais e as bases da relação que se ini-ciava entre o periódico, o Anhanguera, o universo varzeano e o universo do futebol oficial. Em suma, oferece elementos para explorar o contexto em que se distribuíam tais conselhos: a organização do campo esportivo na cidade.[74]

É preciso sublinhar que *A Gazeta* e seu complemento esportivo não represen-tavam uma continuação da visão de sociedade e de esporte sustentada, como vimos, por *O Estado de S. Paulo*. Sem adentrar aqui as questões específicas relacionadas à for-mação da imprensa paulistana,[75] há que se considerar o caráter *liberal*[76] do periódico a partir de seu formato e do público ao qual se dirigia:

> Cásper Líbero orientou seu jornal a uma camada nova e nu-merosa da população – os trabalhadores e profissionais da me-trópole em ascensão. O jornal passa a ser pautado de acordo com os interesses dessa nova classe média, em grande parte constituída por trabalhadores imigrantes e seus descendentes.[77]

---

72   *Ibidem*

73   *Ibidem*

74   E aqui estamos evidentemente nos reportando à noção de *campo esportivo* desenvolvida por Pierre Bourdieu sobre a necessidade de reconhecer e delimitar o que é próprio à dinâmica do esporte evitando, assim, as análises baseadas em meras transposições ou analogias de fenômenos sociais mais amplos (Cf. BOURDIEU, Pierre. "Programa para uma sociologia do esporte." In: _____. *Coisas ditas*. São Paulo: Brasiliense, 1990).

75   Discutidas, por exemplo, por: CAPELATO, Maria Helena. *Os arautos do liberalismo*. São Paulo: Editora Brasiliense, 1989. E no que se refere ao futebol, cf.: ARAÚJO, José Renato de Campos. *Op. cit.*, 1996.

76   De acordo com os estudos de Maria Helena Capelato sobre a imprensa, nos anos 1930, um peri-ódico liberal identificava-se com o combate aos desmandos governamentais e o fortalecimento de uma opinião pública. No entanto, havia muitas divergências entre os periódicos identificados com esse caráter liberal. (Cf. CAPELATO, Maria Helena. *Op. cit.*).

77   JAYO, Martin. *Op. cit.*

Assim, o lema de Mazzoni sobre a defesa do esporte amador não se coadunava com aquele defendido pelos periódicos tradicionais e mesmo pelo Clube Atlético Paulistano anos antes. Sua visão lega desdobramentos também ao futebol oficial em vias de profissionalização. Não se pode esquecer que o periódico iniciou seus trabalhos defendendo a *pacificação* do futebol paulista, isto é, um acordo entre a APEA e a LAF pendendo evidentemente para a primeira, mais afeita à profissionalização do esporte. Tratava-se, pois, de uma postura integradora que vinha sob uma nova égide.

Antes de tratarmos dessa postura, voltemos ao tratamento oferecido ao Anhanguera nos primeiros anos da década de 1930. Aos olhos de *A Gazeta*, a várzea também estava dividida em dois grupos, e parecia difícil que o periódico apoiasse clubes cujos nomes não *exprimissem alguma coisa*. Nesse sentido, há que se perguntar se *Fábrica de Marmelada* ou *Arranca tocos* não denotavam enunciados e significados – bastante autorreferentes, aliás – ligados às especificidades varzeanas e aos seus praticantes. Em verdade, há que se questionar se tais nomes e, provavelmente, as trajetórias dos clubes assim nomeados não exprimiam justamente o que não desejava o periódico. Daí certa animosidade para com alguns deles.

É nesse contexto que os conselhos de *A Gazeta* pareciam surtir efeito em alguns clubes ou ir ao encontro de práticas já estabelecidas por eles. Ao final de seu artigo de março de 1930, Rolando explicita as razões pelas quais se fazia necessário tomar o Anhanguera como exemplo. Segundo ele, adotar um nome cuja referência fosse o bandeirante Bartholomeu Bueno da Silva significava "repetir a lenda creada em torno de sua personalidade". Em suas palavras:

> referimo-nos à grande discussão que provoca uma partida em que se empenha o Anhanguera e algum clube, principalmente si este é do bairro. O clube adversário (pelos seus socios), duas semanas ou mais antes do encontro, já tecem commentarios. Parece que até accordam de um grande somno […] para enfrentar o Anhanguera revigoram-se! Clubes ha que, diante do Anhanguera 'bancam' os goyás […] e o distincto clube barra-fundense, ou perca ou ganhe 'banca' o Bueno da Silva, o Anhanguera![78]

Sem se deter sobre o tipo de argumento produzido pelo articulista ao propagandear os efeitos de se atuar sob ou contra a lenda do bandeirante – bastante revelador, aliás, de uma imagem acerca dos indígenas naquele momento –, interessa entrever qual era a visão do periódico sobre como deveria se apresentar ao bairro e à cidade um clube de futebol de várzea. Isso se torna ainda mais evidente na semana

---

78   *A Gazeta Esportiva*, 27 mar. 1930, p. 8.

seguinte, quando *A Gazeta* apresenta a trajetória de outro clube varzeano: o Garibaldi, como sugere o nome, também foi fundado por ítalo-brasileiros.

> Garibaldi Futebol Clube. Agremiação que se enfileira modesta-
> mente entre os núcleos suburbanos. Uma vez ou outra as notí-
> cias esportivas dão algo referente às suas atividades no terreno
> das disputas. É só. As hostes garibaldinas por ahi ficam, quase
> que ignoradas do grande público varzeano. O Garibaldi F.C.
> ainda que pese essa frieza das chronicas e da várzea esportiva,
> é a única entidade suburbana que manda vir da Europa seus
> uniformes; Cremos que fato idêntico não se dê igual nem na
> APEA. Há tempos, o presidente do clube rubro, foi premiado
> com 200 contos na loteria. O Sr. Constantino Matarazzo (não
> pertence à família do Conde Matarazzo), enthusiasta de seu grê-
> mio futebolístico, imediatamente encommendou na Itália uni-
> formes para o 1º. e o 2º. quadro do Garibaldi F.C. É assim que,
> em nosso modesto conjunto suburbano, enverga nas pugnas
> dos arrebaldes vistosas camisas confeccionadas na Itália. Aliás,
> o Esperia, clube náutico, segue o mesmo uso. Manda vir da
> península até medalhas para seus atletas. O Garibaldi surgiu na
> Casa Verde em 1914 [...] no celebre torneio de Lausanne (cele-
> bre por questões de dinheiro vindas à luz após a refrega), vimos
> o Garibaldi à obra. Quadro aguerrido [...] onze camisas côr de
> sangue. Reminiscências dos batalhões do grande cabo de guer-
> ra italiano. O nosso Garibaldi, porém, em vez de espingardas,
> maneja com elegância convincente a rudeza de suas 'chancas'
> sobre o dorso espherico da pelota de couro... 'tiros' que redun-
> dam na extrema cordialidade existente nos meios varzeanos.[79]

O periódico afirma, ainda no mesmo artigo, que o Anhanguera teria se origi-
nado de uma cisão com o Garibaldi:

> O Garibaldi F. C. surgiu na Casa Verde em 1914, seis annos
> depois, em 1920, retirou-se da actividade esportiva, reappare-
> cendo em 1927. Descansou sete anos [...]. A A.A.A. veio à cena
> futebolística de uma cisão do clube garibaldino. Nesse tempo, já
> o bando da camisa encarnada tinha sua sede na Barra Funda.[80]

O documento é riquíssimo e, ainda que aqui não se possa explorá-lo em todas
as suas possibilidades – uma vez que nos interessa apenas acompanhar como o periódico construía sua relação com os varzeanos e especificamente com o Anhanguera

---

79   *A Gazeta Esportiva*, 30 mar. 1930, p. 12.

80   *Ibidem*

–, parece importante fazer referência à forma como foram tecidas as informações sobre o Garibaldi. O articulista destaca, por exemplo, dados sobre as relações do clube com a Itália, as quais não passam nem por famílias poderosas, como a do Conde Matarazzo, nem por clubes de renome, como os ligados à APEA. Ele sugere que tais relações apenas reafirmam o que a folha já notara: embora *modesto*, o clube manejava uma história de valor que – parece necessário reafirmar – se condensava nas camisas. Essas eram as responsáveis por apresentar a ligação de seus associados tanto com a Casa Verde, quanto com a Itália, ligação que o Anhanguera, por exemplo, não parecia reivindicar, embora seus integrantes mantivessem relações com associados do Palestra Itália por laços familiares. E, nesse sentido, há que se perguntar se a diferença entre a *idade* do Anhanguera e a do Garibaldi, bem como sua inserção na Casa Verde e não na Barra Funda, não representa a chave para compreender um laço mais estreito desse último com a Itália.

Por fim, há que se notar a divergência entre o jornal e contraria a versão dos veteranos do clube sobre a cisão que fundara o Anhanguera. E sem se deixar seduzir pela busca da verdadeira origem, é interessante observar o exercício do articulista entre fevereiro e março de 1930. Em três semanas, ele apresenta uma forte rede de relações entre os clubes Anhanguera e Garibaldi e entre os bairros Casa Verde e Barra Funda com a Itália. A questão reaparece ainda em outros artigos. Em 1931, a folha narra um confronto cujo protagonista foi o clube Carlos Gomes: "Domingo último, uma grande multidão dirigiu-se ao campo do verde e amarelo. Não eram unicamente seus adeptos. Havia grande parte dos esportistas da Barra Funda, do Bom Retiro e da Casa Verde".[81] Parece evidente que a ligação entre os bairros varzeanos tinha por base tanto a contiguidade espacial quanto vínculos mais longínquos. Ao mesmo tempo, sendo as cores do ítalo-brasileiro Carlos Gomes o verde e o amarelo, entrevemos novamente os *produtos* do desenraizamento e enraizamento peninsular a partir de sua segunda geração.

Com base nessas questões, já temos elementos suficientes para afirmar certa preferência de *A Gazeta Esportiva* pela várzea dos ítalo-brasileiros: enquanto existiram, as colunas eram preferencialmente dedicadas aos seus clubes.[82] Podemos então começar a tecer hipóteses sobre o modelo integrador – e um tanto homogeneizador – que o periódico adotara ao tomar os clubes de ítalo-brasileiros como os principais repre-

---

81   *A Gazeta Esportiva*, 1 out. 1931.

82   Durante o período em que as colunas existiram, até a primeira metade de 1932, elas raramente trataram de outros clubes, fossem eles de nacionais ou de imigrantes.

sentantes da várzea. A específica relação entre *A Gazeta* e o Anhanguera esclarece aspectos dessa questão.

A GAZETA ESPORTIVA E A ASSOCIAÇÃO ATLÉTICA ANHANGUERA

Durante toda a década de 1930, *A Gazeta Esportiva* publicou a seguinte nota: "Essa página de nossas edições dos domingos será sempre reservada aos clubes das várzeas e dos subúrbios. Publicaremos toda e qualquer notícia que nos fôr enviada o mais tardar até às 15 horas dos sabbados".[83] A demanda do periódico – vinculada à organização da folha aos domingos – parecia encontrar correspondência nas aspirações de visibilidade dos clubes varzeanos perante a cidade. Notas como a que segue eram reproduzidas, às dezenas, a cada semana pelo jornal: "C. A. Bom Retiro (3) X A. C. Corinthians (B. Retiro) (1). Effectuou-se ontem, num festival realizado no campo do Juta Sant'Anna, o encontro entre os dois times supra. A partida foi interessante e animada".[84]

Essa sintonia de interesses era viabilizada pela cooperação entre varzeanos e jornalistas na produção das pautas, tal como indicava a solicitação do periódico. Muitas vezes, as notas chegavam prontas à redação, sendo redigidas até mesmo em papéis de pão. Em outras ocasiões, eram criadas em parceria com jornalistas na própria redação. Talvez fosse essa a razão de tantas notícias publicadas em tom absolutamente informal e familiar:

> Juv. Anhanguera X Juv. Garibaldi. Realizou-se ontem, pela manhã, no estadiozinho do México, a lucta acima. A preliminar foi favorável ao 'Tigrinho' pela contagem de 2 a 1. A lucta principal terminou pela mesma contagem, sendo que os pontos do quadro de Flautin foram de Fuzarca e Cazzalli [...] Domingo, 24, 'Tigrinhos' X General Ozorio, na cancha do segundo, na Várzea do Penteado.[85]

Não havia apenas coincidência entre as demandas do periódico e os desejos dos clubes populares, mas um ajuste, uma adaptação entre as rotinas desses universos que começavam a se influenciar mutuamente. As publicações eram realizadas às terças-feiras e aos domingos, indicando que a seção varzeana se orientava fundamentalmente pelos ritmos do futebol. Os resultados das partidas eram veiculados às terças-feiras, já

---

83   *A Gazeta Esportiva, 5 abr. 1931.*

84   *Ibidem,* 21 mar. 1932.

85   *Ibidem,* 1 mai. 1932.

os domingos eram dedicados a noticiar apenas o que aconteceria no mesmo dia: quais jogos seriam realizados, quais eram suas escalações, a localização dos campos etc.

O fluxo de notícias se dava, pois, num compasso diferente do cotidiano dos clubes varzeanos, não abrangendo, por exemplo, os momentos que antecediam ou sucediam as disputas futebolísticas. Como vimos, tais momentos – acompanhados por jogos, bebidas, narrativas e conflitos terminados em botequins da rua Anhanguera – eram tão importantes quanto os próprios embates do futebol. O tratamento empreendido pelo jornal, entretanto, não reportava essa dinâmica, ao contrário, isolava a partida das demais atividades a ela associadas.

Por outro lado, é curioso notar que o periódico possibilitava a circulação de informações novas ao apresentar as escalações e as posições táticas dos times, o que se infere a partir das vírgulas e dos pontos e vírgulas utilizados como no texto a seguir:

> O Anhanguera venceu os Estados Unidos por 3 a 1. [...] os quadros do Anhanguera eram os seguintes: 1º- Raphael; Denuzzo, Grecchinno; João, Mengato e Barthô; Finho, Cimino, Saverio, Grecco e Ennio.
> 2º - Paulino; Moreira e Dib; Salvador, Chinaglia e Gino; Chico, Rosario, Nini, Chiquinho e Antonio.[86]

Não se sabe se tal recurso era acessível aos leitores de *A Gazeta*, mas essa pontuação se repete em várias outras notas indicando, talvez, que o esquema tático 2-3-5 fosse o mais utilizado na várzea naquele momento. Se assim o for, é interessante acrescentar que a regra do impedimento, de 1925, já havia influenciado a substituição desse sistema pelo WM em toda a Europa, como tentativa de continuar primando pelo ataque.

Em todo caso, interessa afirmar que o ajuste entre as rotinas dos clubes, as demandas do jornal e a criação de novos recursos só podem ser compreendidos a partir da cooperação estabelecida entre eles. No caso do Anhanguera, o tema é constantemente rememorado por seus antigos associados, como vemos nas palavras do sr. Salathiel da Silva: "nós mandávamos todo o nosso noticiário, todos os jogos que tínhamos. Nós mandávamos os resultados e eles publicavam na terça-feira. [...] sempre fomos bem tratados e bem cuidados pela *Gazeta*".[87] Já o sr. William Sandonato lembra-se de que havia "uma pessoa aqui [na Barra Funda] que era da *Gazeta Esportiva*, então nós íamos sempre falar com ele. Depois eles faziam as reportagens do Anhanguera".[88]

---

86   *A Gazeta Esportiva*, 31 mar. 1930.

87   Entrevista com o sr. Salathiel Fernandes da Silva, realizada em 19 de julho de 2011.

88   Entrevista com o sr. William João Sandonato, realizada em 23 de maio de 2010.

Salathiel e Sandonato rememoraram que a relação do Anhanguera com *A Gazeta* foi mediada pelo sócio Ângelo Catapano[89] durante três décadas, precisamente entre os anos 1930 e 1960. Além de secretariar as reuniões do Anhanguera e de se tornar um de seus diretores sociais já em 1931, Catapano foi um importante redator do jornal da Barra Funda, que mantinha estreito contato com *A Gazeta Esportiva*. Era ele o responsável por levar à redação do periódico esportivo o que deveria ser publicado sobre o clube. Nesse interim, o sr. Catapano acumulou um profundo conhecimento sobre o bairro e o futebol de várzea e, por essa razão, foi entrevistado por vários interessados na história da Barra Funda. Além disso, recebeu uma homenagem, ainda nos anos 1950, ao emprestar seu nome a uma das vias paralelas à rua Anhanguera (mapa 2).

Catapano não parece ter sido o único mediador das relações entre a imprensa e os clubes de futebol na várzea. O sr. Amadeu Bovi também se refere a esse papel de comunicação entre os clubes do Brás e a imprensa da cidade: "meu tempo de juventude foi muito empregado no esporte; organizava jogos, escalava os times, dava notícias para a *Gazeta*. Dirigi o Clube São Cristóvão aí do Brás, composto de vendedores de jornal".[90] Antes de prosseguir, parece importante apontar que, coincidentemente, o Sr. Amadeu Bovi e Thomaz Mazzoni fizeram parte do mesmo clube em período bastante próximo. Em *Os donos do espetáculo*, André Ribeiro revela que Mazzoni jogara futebol na várzea "nos desconhecidos times do São Cristóvão e Eduardo Prado", até fraturar a perna, aos dezoito anos de idade, quando iniciou no jornalismo.[91] Não se pode deixar de apontar que a atuação de Mazzoni no clube de vendedores de jornal suscita hipóteses sobre as relações e os circuitos que o levaram ao jornalismo.

Quanto à frequência de uma mesma pessoa em diferentes tipos de sociedade, tal como se passava com Bovi, Catapano e Mazzoni, vimos que não se tratava de um expediente incomum na passagem dos anos 1920 para a década seguinte. Ao contrário, havia muitas semelhanças com o que se passava em relação às atividades por eles desenvolvidas, não sendo raro que as pessoas desenvolvessem várias delas de maneira concomitante. O memorialista Jacob Penteado relatou, por exemplo, "a participação de Marino Spagnolo, vidreiro e alfaiate, morador do Belenzinho, 'homem de ideias revolucionárias' como presidente de 'sociedades de classe, clubes recreativos e sociedades

---

89   Catapani, anteriormente. Como já mencionado em nota anterior, após 1937, a legislação do Estado Novo impôs que os nomes italianos terminados em *i* fossem *abrasileirados*, passando a terminar em *e* ou *o*. Catapano se associou ao clube em novembro de 1928.

90   BOSI, Ecléa. *Op. cit.*, p. 137.

91   RIBEIRO, André. *Op. cit.*, p.54-55.

esportivas".[92] As semelhanças entre as trajetórias de Spagnolo, Catapano e Mazzoni permitem delinear a *dinâmica* que possibilitava o estabelecimento desses perfis. E ela é uma das chaves para a compreensão das relações entre varzeanos e imprensa.

No início da década de 1930, São Paulo se encontrava num processo de plena expansão e diversificação de sua economia, o que demandava o amplo e diversificado engajamento de seus habitantes em variadas atividades. A imprensa esportiva não fugiu à tendência, como se vê na descrição realizada por Ribeiro:

> quem escrevia nas redações era chamado de 'noticiarista', que recebia informações externas e as transformava em notícias. No assunto futebol, dirigentes e sócios dos clubes eram as principais fontes que alimentavam os noticiários. A informação, quando divulgada, tinha de ser feita de maneira objetiva, sem detalhes; bastava dizer qual o jogo, local e resultado. [...] nas raríssimas reportagens assinadas, o que se via era normalmente um pseu-dônimo assumir a autoria do texto. As redações eram muito pequenas. [...] esse mesmo pseudônimo escrevia sobre futebol e também era responsável por outras colunas do jornal.[93]

A caracterização desse cotidiano em São Paulo e no Rio de Janeiro aponta para a participação de dirigentes e sócios dos clubes de futebol oficial na redação das notícias dos jogos. Diga-se de passagem, esse era um recurso do qual *A Gazeta* ainda lançava mão passados vinte anos do referido período, sendo ativo mesmo mais adiante em jornais como *O Dia*, que, em março de 1957, solicitou aos varzeanos que enviassem seus comunicados "escritos e bem escritos, dando inclusive os quadros [...] se escrito à mão, muito bem legível [...] mas não se esqueçam de marcar a visita. Vocês sabem quantos são os nossos clubes? Que seria do repórter se todos viessem sem aviso prévio?".[94]

Outro interessante recurso mencionado por Ribeiro é o uso de pseudônimos, o que nos interessa compreender em detalhes. Rolando H. assinou grande parte das colunas no período de maior dedicação à várzea, entre 1929 e 1932, no entanto, não

---

92   SIQUEIRA, Uassyr de. *Op. cit.*, 2005, p. 82.

93   *RIBEIRO, André. Op. cit.*, p. 25. Capelato faz relato similar quando explora a trajetória da *Folha da manhã*: "Oficinas, redação e gerência, era tudo uma coisa só. O balcão da gerência ficava quase na porta da rua. Atrás dele estava sendo montada a primeira máquina de impressão do jornal. Depois da máquina de impressão vinham, em fila, olhando para a parede da direita, as seis primeiras máquinas de composição. Ao lado delas, olhando para a parede da esquerda a mesa do Olival [Costa, proprietário do jornal] bem rente à do paginador. Mais ao fundo, junto à clandra, a mesa dos redatores. No porão, as caldeiras. As bobinas de papel entulhavam, no armazém, o corredor improvisado pela distribuição das máquinas e das mesas" (MOTA, Carlos Guilherme; CAPELATO, Maria Helena. *História da Folha de S.Paulo (1921-1981)*. São Paulo: Impres, 1981.

94   SEABRA, Odette Carvalho de Lima. *Op. cit.*, p. 371.

há nenhuma referência à sua biografia no acervo do jornal.[95] Seria Rolando H., por acaso, mais um dos pseudônimos de Thomaz Mazzoni? E seria seu profundo conhecimento do que acontecia na várzea fruto do tempo em que por ela circulou como jogador? Viria daquela experiência certa preferência pela várzea ítalo-brasileira? Não se pode, ainda, responder a essas questões com certeza.

Por ora, tais questionamentos importam na medida em que iluminam a forma como o Anhanguera se colocou e foi integrado ao futebol da cidade pela folha. É importante também observar como os clubes varzeanos contribuíram para a circulação de uma série de práticas, valores e sentidos ligados ao futebol, os quais aos poucos extrapolaram seu campo de atuação.

Assim, em face da guinada jornalística em relação ao *popular* em meio à formação da imprensa esportiva é que se pode entender como associados e jornalistas *negociaram* a imagem dos clubes varzeanos. No que se refere especificamente ao periódico de Cásper Líbero, tudo isso precisa ser considerado à luz de sua atuação, bem como à de Leopoldo Santana e Thomaz Mazzoni. Interessado em vincular sua folha às imagens do *moderno* e do *nacional*, Cásper Líbero trabalhava com os seguintes lemas em seu jornal: "para um Brasil cada vez maior e melhor" e, "por São Paulo, a locomotiva do país na construção de uma nação maior e melhor".[96] A referência a São Paulo não era gratuita; Cásper, ligado ao Partido Republicano Paulista, era contrário à figura de Getúlio Vargas e imprimia certo enfrentamento a ele em seu periódico. A afirmação do nacional em *A Gazeta* tinha, pois, um claro tom regionalista.

Quanto a Mazzoni, embora não se possa garantir que fosse o colunista encarregado dos textos de *Nas várzeas e nos subúrbios*, sabe-se que respondia pelo conteúdo veiculado, além de assinar as pequenas notas de curiosidades esportivas sob o pseudônimo de Olympico.[97] A pergunta é inevitável: não seriam os imigrantes, sobretudo os italianos, os modelos – de trabalhador e de classe média – desejados por *A Gazeta* para veicular sua imagem de uma nação moderna? É preciso lembrar, uma vez mais, que tal perspectiva – que tomava a comunidade imigrante como constitutiva do povo brasileiro contrariava, por exemplo, o que até então afirmavam periódicos como *"O Estado de S. Paulo."* O pesquisador José Renato Araújo explora a posição crítica que o jornal assumiu anos antes em relação à ascensão de um clube da comunidade ítalo-brasileira, o Palestra Itália.[98]

95　Segundo informações do responsável pelo acervo da Fundação Cásper Líbero.

96　HIME, Gisely Valentim Vaz Coelho. *Op. cit.*

97　Apelido que ganhara "por conhecer profundamente todos os esportes" (RIBEIRO, André. *Op. cit.*, p. 68).

98　Cf. ARAÚJO, José Renato de Campos. *Op. cit.*

Foi, portanto, a ampla movimentação política e cultural da qual fez parte o periódico *A Gazeta Esportiva* que acabou por colocar em destaque o futebol de várzea. Os varzeanos, por sua vez, não ficariam apenas a reboque das demandas e dos desejos da imprensa. Essa foi muito utilizada por eles, tornando-se tanto um veículo para a troca de informações, quanto um espaço de visibilidade e representatividade social desses grupos, processo que responderia pela circulação de novas ideias em relação ao futebol da cidade.

A VÁRZEA TRADICIONAL D'A GAZETA

Figura 21 – Reprodução de fotografia e legenda de *A Gazeta Esportiva*, 6 jan. 1930. (Texto sob a foto: "A. C. Radium, de Sant'Anna, teve seus dias de glorias nos aureos tempos da varzea (a varzea também foi majestosa…) onde se tornou famoso. Em suas fileiras apprenderam o a. b. c. do futebol muitos jogadores que, depois, se tronaram campeões consagrados. Depois, o Radium entrou em crise e desappareceu das lides futebolísticas. Mais tarde, porém, reappareceu com o mesmo enthusiasmo do passado e eil-o agora disposto a recuperar seu antigo prestigio e fazer reviver as tradições varzeanas.")

O trabalho cooperativo com a imprensa parecia cada vez mais compensador naquele ano de 1930. Além das pequenas notas, como a reproduzida na figura 21, em que se destacavam não apenas as associações, mas o que elas representavam para o periódico, outras reportagens e colunas foram publicadas dando destaque às especificidades varzeanas. Em maio, um importante embate do futebol oficial acabou se tornando mote para explorar tais particularidades:

> A várzea torce hoje, com o coração, pelo embate Palestra-Corinthians. A consagração dos que vivem nas várzeas e subúrbios. A várzea em peso discute hoje o prélio a realizar-se na Fazenda entre o Palestra e o Corinthians. Ninguém melhor do que o varzeano sabe torcer pelos embates da APEA […] chovem apostas. Macarronadas contra vinhos, cervejas às dúzias, quartos de cabritos e passeatas em autos macios. […] os jogadores passam por severas analyses dos 'entendidos'. Esses technicos que pullulam na várzea, congregam ao redor de si, nos botecos e salões de barbeiros ou portas de cinemas, a classica rodinha dos que gostam de ouvir a opinião alheia. […] os elementos populares, não obstante a repulsa dos da 'alta', dos 'aristocratas', serão sempre os verdadeiros esportistas. É só nos subúrbios, entre a massa do Zé povinho, que se encontra a torcida consagradora dos grandes feitos […]. Mas o varzeano será o eterno 'resto', a quem os da elite só em última estância recorrerão, esquecendo-se da extraordinária força que reside no coração das massas […]. Falamos principalmente no terreno varzeano, para quem, tanto o núcleo dos camisa verde, quanto o núcleo dos calções negros, ascenderam à alturas descommunaes no futebol destas plagas. É a consagração da várzea.[99]

Afora a evidente articulação do universo varzeano à partida entre os dois clubes incorporados ao futebol oficial – no mesmo sentido do subtítulo da seção varzeana: *"os que hoje são promessas, amanhã se tornarão campeões"* –, é interessante entrever com que elementos *A Gazeta* começava a construir seu discurso sobre o lugar da várzea no universo do futebol paulistano. Primeiramente, ela destaca o fato de que os varzeanos são também *entendidos*; e em seguida emenda uma crítica ao universo da elite, afirmando que é nos subúrbios que estão os verdadeiros esportistas.

Ainda no mesmo ano, o periódico organiza um *ranking* com os doze melhores times da várzea e ocupa duas páginas com as fotos dos primeiros quadros desses times[100] sob o seguinte texto:

---

99   *A Gazeta Esportiva*, 12 mai. 1930.

100   Casale Paulista, do Cambuci; São Cristóvão, do Brás; Black Botton, da Mooca; Villa Mazzei C.

> A 'Gazeta Esportiva' publica, de accordo com o prometido, a pagina ilustrada dos doze astros. É uma justa homenagem aos valentes quadros que sustentam o bastão dos 'leaders' do futebol varzeano. Agremiações sympathicas, com um passado belíssimo, repleto de feitos que valeram grandes honrarias; outros, quadros novos, mas, egualmente fortes e decididos, todos elles tem sabido se impor pela alta classe de sua techinica robusta e, também, pela disciplina que impera, inquebrantável, em toda a linha. Clubes correctos, não desmereceram, até agora, a escolha para a lista dos doze famosos. Batalham com ardor, conquistando victorias convincentes. Brilham. E os seus feitos são acompanhados pelos demais núcleos que, cheios de vontade, estão pugnando sua entrada triumphal no rol dos 'primus inter-pares', vivendo, assim, o futebol extra official, uma phase interessantíssima de progresso.[101]

O texto é rico em elogios à disciplina dos varzeanos, sugerindo que a adequação daquele futebol ao modelo oficial foi também um dos elementos mobilizados pela folha na construção de sua imagem. Essa adequação, não se pode esquecer, vinha sendo pregada havia alguns anos pelos primeiros especialistas, entre os quais figurava Leopoldo Santana. Além de chefiar a redação do periódico e escrever biografias de jogadores, Santana era autor frequente de manuais organizados para apresentar as *verdadeiras* regras do *football association*. Em agosto de 1930, ele propagandeava a segunda edição das "Regras officiaes do futebol associação. Revista e augmentada, sahirá quinta-feira", com regras "traduzidas, annotadas e illustradas por Leopoldo Sant'Anna, chefe da secção esportiva da *Gazeta*".[102]

Uma semana depois da propaganda, a folha publica que o União Futebol Clube, da Barra Funda, não só havia proposto a compra da nova edição, como anunciava seu intuito de estudar as regras junto aos associados em sua sede social.[103] Não se pode aqui deixar de levantar a hipótese de que o União Futebol Clube citado pelo periódico fosse o mesmo que revelou os dois craques negros em 1901, como vimos no primeiro capítulo, o que traria ainda mais força para a percepção da convergência e do ajuste criados por *A Gazeta*.

A., da Villa Mazzei; E. C. Santana, de Santana; Juventus Paulista, do Canindé; Feira Livre; Horizonte F. C., do Glicério; Radium A. C., de Santana; Penhense C. A., da Penha; Paulista F. C., da Aclimação; Tupy F. C.

101   *A Gazeta Esportiva*, 3 ago. 1930.

102   *Ibidem*

103   *Ibidem*, 24 ago. 1930.

Um universo varzeano bastante adequado ao modelo oficial de *foot ball association* começava a ser apresentado pela folha. Ao mesmo tempo e em nome da *tradição*, ela não deixou de reportar alguns costumes dos jogadores de várzea, mesmo aqueles que mais reprovava:

> o campeão no. 1 da várzea paulistana perdeu para o Andarahy F.C. na própria cancha da Penha. Um batalha entre quadros genuínos representantes do soccer de terra-batida. Enthusiasmo épico. Houve até o sururu, tão ao sabor carioca, entremeado de tabefes e arranhadellas pela cara. [...] já foi lemma, nos campos da várzea, os rolos de grande calibre. Antigamente, jogo algum tinha importânica si, entrechocar da refrega, não se registrasse o escandaloso barulho do corre-corre. A pittoresca fuga com as roupas nas mãos [...] era comum ouvir-se nos meios torcedores, finda a partida [...] gente molle, sem sangue! Si fosse comnosco, lá no buraco da onça (onde se situava o campo do cujo), amassávamos esse pessoal em três tempos.[104]

O jornal não deixou de reportar os famosos confrontos físicos entre varzeanos, mas indicou a maneira como deveriam ser vistos naquele momento: como coisa do passado, a ser apenas lembrada. Afora *sururus*, *A Gazeta* também reportava as *viradas*:

> que delícia, uma virada [...] era de vel-a. Geralmente ella se apresentava no seu extremado nervosismo, ao final de uma partida. Era de vel-a porque hoje não há mais viradas. A intolerância do código apeano acabou com a virada... essa famosa virada constituía a buliçosa esperança de uma torcida [...] não exprimia, em absoluto, recurso technico. Não se tratava de exhibição de uma energia industriadamente accumulada no tempo inicial para ser aproveitada em último arranco. Energia existia, sim. Mas energia caracterizada pelos desdobramentos dos membros que se projectavam pelo corpo do adversário [...] não era mais que a prática do futebol canella, do futebol velho.[105]

Além de revelar em que consistiam as *viradas* – confrontos ocorridos ao final das partidas, provavelmente em face de resultados desfavoráveis –, o artigo oferece elementos para compreender o que representava o futebol *velho* para o autor e para o periódico: uma forma de empenhar energia que não exprimia recurso técnico, isto é, tratava-se de energia física não controlada, tal como os gestos dos "canelas negras",

---

104   *A Gazeta Esportiva*, 17 ago. 1930.
105   *Ibidem*, 24 ago. 1930.

denunciando certas permanências discursivas dos jornalistas esportivos em relação aos populares.

O texto assumia ainda um tom didático ao afirmar o que significava, em termos futebolísticos modernos, tomar parte em *viradas* e ao descrever como se deveria proceder caso elas voltassem a acontecer:

> o regulamento das penas acabou com as viradas [...] reprimida, pois, e com elegância a manifestação da virada que tingia sempre de vermelho delirante as canellas dos artistas. [...] a polícia, segundo consta, e com sólidos fundamentos, está seriamente empenhada em punir com rigor os perturbadores da ordem nos campos de futebol. [...] estão, pois, avisados, os que ainda acreditam em viradas.[106]

Ou seja, praticar o futebol com *virada* tornara-se caso de polícia. Além da referência ao controle dos corpos dos varzeanos – aqui já entrevista no controle pelo poder público das doenças pestilenciais –, há dois aspectos interessantes na oposição entre o *novo* e o *velho* futebol apresentada pelo periódico. O primeiro deles é que o *novo* estava identificado com um padrão de gestos futebolísticos baseado em alegada técnica; a referência ao rebuliço da torcida é o segundo, pois nos ajuda a vislumbrar em que consistia a *cumplicidade* entre torcedores e jogadores em relação aos sentidos de uma partida. *A Gazeta* também noticiou eventos como o *casados contra solteiros*, ainda que tentasse reduzir o impacto que a modalidade representava no bairro:

> Realiza-se hoje, às 8 da manhã, no campo dos Dragões Paulistas F. C., o ansiosamente esperado encontro futebolístico entre as 'adestradíssimas' turmas de Casados e Solteiros do [bloco dos vinte e um]. Em disputa, um barril contendo 50 litros de chopps, da Antarctica.[107]

O uso do superlativo *adestradíssimas* não deixa dúvidas quanto à tentativa de alterar a conotação do volume de *chopp* disputado na partida, o que provavelmente seria partilhado em um dos bares do bairro.

Já os festivais foram contemplados pelo periódico em notas como a seguinte: "A. A. Anhanguera X União Esportivo. Tomando parte no grandioso festival do Lusitano, o Anhanguera venceu por 3 a 0, pontos de Barthô, abis-

---

106   *Ibidem*
107   *Ibidem*, 10 ago. 1930.

coitando assim uma bela taça".[108] O evento varzeano fora anunciado no início de 1932, poucos meses após a folha oferecer um gigantesco campeonato para os times suburbanos: a Taça São Paulo, que contou com a participação de 197 times, 5.910 jogadores e teve a duração de quatro meses.[109]

A concomitância entre as duas modalidades de disputa dá margem a uma comparação: de um lado estava o festival realizado no bairro, em provável comemoração de data importante para o clube promotor ao lado de associações a ele simpáticas; de outro, o campeonato da cidade, centralizado, com quase duas centenas de clubes que disputavam partidas entre totais desconhecidos na maior parte das vezes. A Taça São Paulo figurava como mais um dos grandes eventos culturais e esportivos promovidos ou patrocinados por *A Gazeta Esportiva*, que tinha na Corrida de São Silvestre, iniciada em 1925, seu exemplo mais eloquente.

Os anos 1930, sobretudo sua primeira metade, representaram o momento em que a imprensa esportiva, liderada por *A Gazeta Esportiva*, iniciou a produção de um novo discurso sobre a várzea em sua busca pelo futebol *popular* e também *moderno* – com o qual desejava se identificar. No caso específico daquele periódico, isso se deu a partir da apropriação de práticas e valores construídos na várzea, reportados por jornalistas do periódico e, sobretudo, pelos próprios varzeanos. Essa é a razão pela qual circulava em suas folhas mesmo aquilo que ela reprovava, como os costumeiros confrontos físicos.

Apresentar *sururus* e *viradas* como coisas do passado tornou-se, então, uma solução para equilibrar a *tradição* e a *modernização* necessárias à imagem que se queria da várzea, à qual o periódico se referiu, ainda em 1930, da seguinte maneira:

> ao futebol varzeano devemos prestar toda assistencia possível porque com elle surgirá uma mocidade forte e sadia, culta nos limites do possível e patriótica, que saberá formar a ala defensiva de nossa nacionalidade. A varzea, além de dar a nota da sensação do actual momento esportivo, está fadada a ser ainda um dos grandes factores da nossa cultura, pois é preparando bem os alicerces – o povo representado em sua classe modesta – que teremos uma construção majestosa e deveras notável.[110]

O excerto sintetiza o modo como *A Gazeta Esportiva* se posicionou diante da várzea, do mercado editorial e, em última análise, do projeto político para São Paulo

---

108   *Ibidem*, 11 abr. 1932.

109   Para cobri-lo, *A Gazeta* alterou, inclusive, seu ritmo de trabalho, circulando extraordinariamente todos os dias da semana para melhor atender seus participantes.

110   *A Gazeta Esportiva*, 24 ago. 1930.

e para o Brasil nos primeiros anos da década de 1930, projeto esse que, como vimos, não se coadunava exatamente com aquele empreendido por Getúlio Vargas. Daí que, para esse periódico, as consequências da Revolução Constitucionalista de 1932 foram um pouco mais graves. Além da interrupção nas reportagens sobre a várzea, os desdobramentos do evento levaram ao:

> encerramento da primeira fase de crescimento do jornal [...] com a invasão e destruição de suas instalações por partidários de Getúlio Vargas. Nos dois anos seguintes, até 1934, *A Gazeta* voltaria a passar por dificuldades e Cásper Líbero permaneceria parte do período no exílio, temendo maiores represálias do regime.[111]

O suplemento esportivo voltaria a circular com regularidade somente após aquele momento estando já um tanto remodelado. As páginas exclusivas da seção *Nas várzeas e nos subúrbios* desapareceram, embora seu lema – *"os que hoje são promessas, amanhã se tornarão campeões"* – ainda servisse de guia para as notícias sobre a várzea. Não se pode esquecer que o futebol oficial tornava-se, enfim, profissional e que, em 1934, Cásper Líbero e suas folhas teriam outro posicionamento perante o governo varguista, transformando-se, pouco a pouco, em seus aliados.

A situação não parece ter alterado o discurso integrador do periódico em relação ao futebol e à várzea, que continuava figurando como um elemento fundamental na construção da noção de futebol popular num viés paulista e paulistano. Embora o espaço a ela dedicado tenha se tornado bem diminuto após a revolução, a várzea continuou a ser noticiada em contiguidade com o futebol profissional como lugar que a esse fornecia bons jogadores: *o celeiro de craques*. Tal imagem só pode ser compreendida em meio à construção de um novo universo amador. Se o futebol paulistano vivia sob o confronto entre amadorismo e profissionalismo até seu abandono pelos clubes de elite, é em meados dos anos 1930, por influência de *A Gazeta*, que a relação entre esses universos toma a forma de um *congraçamento*, tão caro ao projeto político de então.

Tal congraçamento representava a base do discurso nacionalista que vinha sendo estabelecido não apenas pelo Estado Varguista e pela imprensa, mas também por vários segmentos da sociedade. O futebol tornou-se um elemento central desse discurso por inúmeras razões. Uma delas liga-se ao fato de que os representantes desses universos "podiam se identificar com a nação simbolizada por jovens que se destacavam no que todo homem gostaria de ser: bom naquilo que faz",[112] o que al-

---

111   JAYO, Martin. *Op. cit.*

112   HOBSBAWM, Eric. *Nações e nacionalismo desde 1780*. Rio de Janeiro: Paz e Terra, 1990, p. 171.

cançaria seu nível máximo de significação nas Copas do Mundo de futebol, iniciadas justamente a partir de 1930.

Aos populares, o esporte possibilitava a representação de um universo não ligado ao trabalho, mas ao seu tempo *próprio*, fundado na ética do não trabalho.[113] No caso do futebol varzeano, há que se lembrar também dos conteúdos vinculados à rotina associativa, à condição de vida e ao estatuto do imigrante, também repertoriados pela referida folha. A base social que sustentava as associações varzeanas assume assim importância e visibilidade justamente por meio do futebol.

Paralelamente à contribuição em discursos, projetos nacionais e às novas formas de entretenimento e de organização política, varzeanos e suburbanos continuavam a buscar formas de manter o seu futebol. Em 1937, eles tentavam criar uma federação varzeana com o apoio do sindicato dos comerciários e de vereadores, como Achiles Bloch da Silva.[114] Enquanto isso valiam-se das novas tecnologias para usufruir do esporte: a várzea iluminava-se com a instalação de refletores em seu campos.

O Anhanguera, por sua vez, estava instalado num campo da av. Rudge nesse período, bem próximo à cocheira da fábrica União do Açúcar e da Repartição de Águas e Esgotos da cidade. Num momento em que a Barra Funda se industrializava, o clube continuava realizando, por meio de seus diretores esportivos, a escalação de seus times de futebol nas noites de sexta-feira, enquanto seus associados bebiam e jogavam a *passatella*. Ao mesmo tempo, ele se tornava cada vez mais famoso pelos bailes que oferecia aos finais de semana tanto na sede social, ainda situada à rua que lhe emprestava o nome, quanto nos cinemas que se espalhavam pela cidade. Barthô atuaria pelo quadro principal e pelo quadro juvenil do clube rubro-negro até o ano 1938.

---

113 De acordo com Denaldo Souza, o futebol seria, ainda, o espaço de resistência que tinha suas origens no período escravocrata, quando o ato de trabalhar adquiria toda a sua negatividade" (SOUZA, Denaldo Alchorne de. *Op. cit.*, p. 139*)*. Ainda para o autor, Leônidas da Silva, jogador mundialmente conhecido como o inventor da bicicleta, partilhou desse universo dentro e fora de jogo, representando "a transgressão à ordem vigente, por não aceitar os valores e a disciplina impostos de cima. Mas [ele] também era a esperança de reconstruir um mundo melhor, por se identificar ao lazer e à alegria" (p. 141). E é sobre tais características que se assenta a construção do mito do jogador.

114 *A Gazeta Esportiva*, 18 out. 1937.

CONSIDERAÇÕES FINAIS

Quando o futebol passou a ser praticado em São Paulo, a cidade apenas começava a conhecer o impacto das transformações decorrentes de sua urbanização acelerada, do advento da República, do fim da escravidão e do desembarque de milhares de imigrantes associado a um incipiente processo de industrialização. Materializadas com a chegada de novos costumes, tais transformações produziam nos citadinos as sensações de *atualidade* e de *simultaneidade*, como se todos vivessem, ao mesmo tempo e da mesma maneira, as mesmas experiências.

É em meio a esse universo que o esporte se insere na cidade, como um ícone desses novos e modernos tempos. No entanto, ele próprio seria um dos responsáveis por revelar que, passadas as impressões iniciais, a apropriação e o consumo de elementos culturais, como os esportes e os novos entretenimentos, deram-se sob formas tão peculiares e heterogêneas quanto os grupos que os receberam.

No que se refere ao futebol, é fácil imaginar que os diferentes grupos que começavam a tomar forma na cidade também se relacionassem de maneira diferenciada com o esporte. Basta considerar o fato de que moravam e trabalhavam em diferentes regiões, que viviam de maneira praticamente apartada[1] e que usavam o tempo livre a partir de recursos materiais, simbólicos e mesmo corporais muito diferentes. Norbert Elias e Eric Dunning já haviam atentado para essa questão quando afirmaram:

---

[1]   Embora as ruas estivessem cada vez mais movimentadas, afora o triângulo central e os *tabuleiros de xadrez* dos novos bairros residenciais – "uma denominação da nova geometria que se impõe a um dos únicos trechos residenciais e 'nobre' da cidade de então. Tabuleiro, com direito a: 'reis', 'rainhas', 'bispos' e 'cavalos'" – os demais espaços não eram compreendidos como sendo da cidade, sobretudo as regiões de várzea dos rios da cidade" (GAMA, Lúcia Helena. *Op. cit.*, 1998, p. 42).

"fala-se frequentemente de um jogo de futebol como se tratasse de algo que existisse fora ou de maneira independente do grupo de jogadores".[2] Na mesma linha, Franco Júnior identifica que, nos primeiros anos do século XX, havia ao menos duas concepções de futebol no Brasil. A primeira delas foi por ele compreendida como parte da "da pedagogia europeia. Harmonia dos músculos, higienização dos corpos, etiqueta, coordenação dos movimentos e controle da violência seriam elementos a contribuir para o fortalecimento moral e solidário dos futuros dirigentes do país".[3] Já a segunda concepção consistiria na experiência de "corpos adestrados no trabalho braçal e habituados aos folguedos das danças populares e a toda sorte de improvisação [...] vinculadas às precárias condições de vida"[4] que, no entanto, "viriam a ser determinantes na sua maneira de jogar futebol".[5]

Assim, embora o futebol tenha igualmente empolgado e engajado representantes dos mais diversos segmentos sociais, revelando, nessa medida, seu apelo urbano e *integrador*, ele foi recebido por um meio sociocultural fragmentado, baseado em experiências muito diferentes entre si tanto em relação às condições materiais de vida e à apropriação do espaço urbano quanto aos usos dos corpos. Essa pluralidade de experiências, imbricada em diferenças e desigualdades socioeconômicas, acabou por oferecer ao esporte conteúdos variados. O assunto, aliás, merece maiores investigações, sobretudo na movimentada década de 1930.

Pesquisar a produção cultural envolvendo o futebol na São Paulo daquela época, entretanto, não é tarefa fácil, principalmente se a porta de entrada for o futebol não oficial, caso de nosso objeto de pesquisa: um clube de futebol de várzea. Ainda assim, a empreitada se mostra cada vez mais necessária. A sobrevivência do Anhanguera e a documentação encontrada permitiram que a pesquisa adentrasse o desconhecido universo do futebol não oficial, possibilitando conhecer as formas de apropriação do espaço urbano por uma específica parcela da população, bem como algumas de suas contribuições para a organização do campo esportivo de São Paulo. Para tanto, o trabalho se debruçou sobre a vida cotidiana e acompanhou a trajetória de um clube nascido em meio a ítalo-brasileiros na várzea da Barra Funda entre o fim dos anos 1920 e o fim da década seguinte. O período, que concentra uma série de tensões urbanas e culturais tornadas mais agudas no governo de Getúlio Vargas,

---

2   ELLIAS, Norbert; DUNNIG, Eric. *Sport et civilisation*. Paris: Éditions Fayard, 1994, p. 262, (tradução nossa).

3   FRANCO JUNIOR, Hilário. *Op. cit.*, p. 64.

4   *Ibidem*, p. 65.

5   *Ibidem*

carrega também os desdobramentos da construção, coletiva e difusa, de um discurso em torno da identidade *nacional*.

Embora não deixasse de partilhar esse amplo universo de questões, a comunidade imigrante instalada na Barra Funda *de baixo* parecia estar mais envolvida com suas demandas locais vinculadas ao cotidiano do bairro. Seus integrantes viviam, por exemplo, o delicado jogo entre desenraizar-se e enraizar-se culturalmente. Ainda procurando o domínio de uma cultura comum, eles encontraram no futebol uma forma de integrar-se. Tal como o cinema, o teatro, a dança e a música, o esporte foi vivido como uma atividade *de bairro,* vivido de forma coletiva pela comunidade ali situada.

Um amplo engajamento comunitário fazia-se necessário para a organização de tais práticas nos clubes recreativos. Os clubes de futebol exigiam de associados e diretores, por exemplo, habilidades para negociar com os moradores e com o poder público a utilização de espaços (sub)urbanos para a prática do esporte. Tais trâmites revelam em que medida se dava a apropriação física e simbólica do espaço varzeano pelos ítalo-brasileiros e seus clubes, uma vez que a informalidade e o trato privado da coisa pública representavam sua forma mais corriqueira.

Essas são algumas das razões que permitem afirmar que as referidas práticas não estiveram relacionadas apenas a uma suspensão do trabalho para descanso e relaxamento, como em geral se afirma na utilização de categorias como *lazer* e *entretenimento* para se referir ao tempo livre dos populares. Tratava-se, ao contrário, de um forte trabalho coletivo para usufruir desse tempo de não trabalho. Como sugere a pesquisadora Odette Seabra, tal situação caracterizava, em verdade, a criação de um tempo e de um espaço próprios, qualificados a partir de práticas ligadas ao prazer. A identidade estava, pois, concentrada em atividades cujas modalidades e tempos não coincidiam com aquelas ligadas ao universo do trabalho.

Ao explorar o cotidiano do Anhanguera na década de 1930, foi possível identificar o repertório cultural por meio do qual o esporte foi recebido entre os ítalo-brasileiros da Barra Funda. Ainda que o Anhanguera tenha dialogado, em vários momentos, com o universo oficial, principalmente via imprensa, o clube esteve menos voltado para o modelo de organização clubística do *association* inglês do que para o das associações recreativas e de socorro mútuo há muito tempo presentes na várzea do rio Tietê.

Característico das comunidades imigrantes, tal associativismo representava um modo de vida fundado na organização coletiva, muitas vezes familiar, o que explica não apenas os negócios e os arranjos econômicos com base nesses laços – que incluíam as próprias associações esportivas –, mas também a série de soluções caseiras para os problemas do dia a dia. O futebol foi, assim, incorporado a um núcleo de práticas, valores e sentidos já em andamento na maior parte das associações populares.

Ainda por meio da dimensão cotidiana, acompanhamos a maneira pela qual os integrantes do clube, individualmente considerados, empreendiam seu tempo no esporte. Tratava-se de uma forma de se divertir e de auferir pequenos lucros, sobretudo para os mais jovens. Em diálogo com a febre futebolística que promovia valores relacionados à ação física e à juventude, os jogadores criavam mecanismos para usufruir ao máximo da experiência esportiva, mesmo que isso contrariasse a base dos vínculos com os clubes: a fidelidade. A *competência esportiva* e a notoriedade eram alguns desses valores, os quais, associados aos do incipiente mercado do esporte, produziram uma série de conflitos tanto para o Anhanguera quanto para certos clubes de elite. No Paulistano, por exemplo, no início da década de 1930, tais valores abalaram a defesa do amadorismo e figuraram como razão para sua desistência de seguir oficialmente com o esporte. No Anhanguera, eles se mantiveram como tensões que não desestruturaram o clube. Em verdade, anos depois, ele viria a beneficiar-se dessa circulação de jogadores.

Simultaneamente, *A Gazeta Esportiva* entrava no mercado editorial reivindicando um lugar para aqueles a quem chamava de *os* "verdadeiros esportistas" da cidade: o povo, categoria que incluía a classe média, em formação naquele momento. Desde seu surgimento, o periódico se posiciona em defesa do futebol amador e da pacificação do futebol paulista, isto é, pelo fim da cisão entre LAF e APEA em prol da profissionalização. Nessa linha, Cásper Líbero, Leopoldo Santana e Thomaz Mazzoni desempenharam papel fundamental na articulação dos clubes varzeanos à folha, iniciativa por eles bem recebida.

O futebol praticado na várzea passou, então, a ser noticiado com muito destaque em *A Gazeta*. Nela, a modalidade figurava, ao mesmo tempo, como representante de um futebol *tradicional* e *moderno*. Era do que a folha necessitava para a construção de seu discurso sobre São Paulo: *raízes* e energia oriunda do povo tornavam-se os motores da cidade, que já vinha sendo chamada de a "locomotiva" do país. Assim, para o periódico, imigrantes e ítalo-brasileiros não eram apenas constitutivos do povo paulista, mas passavam a figurar como um de seus principais representantes. Essa associação parece explicar a valorização do futebol varzeano. Nascia então uma categoria de futebol associada ao *povo* que vivia às margens dos dois principais rios da cidade.

A opção do periódico acabou por trazer visibilidade para a rica experiência associativa que sustentava a prática esportiva dos varzeanos. Estes inclusive partilharam do trabalho do jornal, ao produzirem com jornalistas os textos sobre seus clubes.

Essa cooperação teve vários desdobramentos, entre 1928 e 1934, por exemplo, o futebol varzeano foi pintado com cores mais suaves quando o assunto era a violência e a disciplina em campo. Com isso, o futebol varzeano foi sendo integrado ao *campo esportivo* em *A Gazeta* como o representante de um novo amadorismo – popular e moderno – que contrastava com o futebol profissional, embora a ele se relacionasse como fornecedor de jogadores.

Por último, a pesquisa revela que as transformações culturais oriundas da acelerada urbanização da cidade, da formação do campo esportivo ou da centralização do poder político nos anos 1930 não deixaram de incidir sobre clubes como o Anhanguera. No entanto, várias das práticas, sentidos e valores de seus associados não só não desapareceram a despeito desses processos, como forjaram parte substancial do repertório material e simbólico com que o futebol foi construído na cidade de São Paulo. Lembremos que "celeiro de craques" e "amor à camisa" são apenas algumas das expressões associadas ao seu universo.

ANEXO A - QUADRO DE ADMISSÃO DE NOVOS SÓCIOS, 1928-1934

Nº	Data	Nome do proposto	Idade	Profissão	Estado civil	Endereço	Nome do proponente
1928						
1	15/10	José Paulo Baddini	-	-	-	rua Lopes de Oliveira, 55	Raphael Guarinelli
2		Paulo Aiezza	-	-	-	rua Garibaldi, 16	Saverio Russo
3		Victorio Clemente	-	-	-	sem referência	Saverio Russo
4		Domenico Alessandri	-	-	-	rua Lopes Chaves, 13	Saverio Russo
5	22/10	Reynaldo Zaparini	-	-	-	rua Carandiru, s/n	Antonio T. de Carvalho
6		Gabriel Scott	-	-	-	rua Garibaldi, 90	Germano Bindo
7		Plinio Marcondes	-	-	-	rua Arco Verde, 33	Manoel Costa
8		Luis Provença	-	-	-	alameda Nothmann, 45	Rodolpho Guimarães
9		Mathias Thomaz	-	-	-	rua Garibaldi, 43	Manoel Menzani
10		Olyveto Gaspar	-	-	-	rua Anhanguera, 48	Narciso Gaspar
11		Joaquim Brucoli	-	-	-	rua Porto Seguro (Villa Maria Lima, 7)	Jeronymo C. Ferro

1928							
Nº	Data	Nome do proposto	Idade	Profissão	Estado civil	Endereço	Nome do proponente
12	22/10	Lourenço Baptista de Almeida	-	-	-	rua General Osório, 122	João Cidro
13		Pedro Nery	-	-	-	alameda Nothmann, 11	-
14		Lario E.	-	-	-	-	-
15		Emilio Bertozzi	-	-	-	-	Jayme Gomes
16	05/11	Paulo de Lima	-	-	-	rua Anhanguera, 103	R. Chiochetti
17		Carmo Giácomo	-	-	-	rua Jaraguá, 23	Antonio P. Paiva
18		Angelo Catapani	-	-	-	rua Arouca, 46	Antonio Virgili
19		Fernando Chiochetti	-	-	-	sem referência	Antonio Vergili
20		João Castanha	-	-	-	rua Garibaldi, 60	Miguel Clemente
21		João Mourita	-	-	-	rua Cruzeiro, 04	Germano Chiochetti
22		José Cabral	-	-	-	rua Barra Funda, 11	Matheus Sabatini
23	12/11	Luiz Bruno	-	-	-	rua Victorino C.	Francisco Gomes
24		Gino L.	-	-	-	rua Anhanguera, 37	Frederico Colucci
25		Domingues de Morais	-	-	-	rua Barra Funda, 42	Bartholomeu Maggi
26		João Milani	-	-	-	rua Brigadeiro Galvão, 35	Bartholomeu Maggi
27		Antonio Lauzani	-	-	-	rua Idau, 26	Nicola Martins
28		Victorino G.	-	-	-	avenida do Limão, 52	Manoel Pachec
29		Francisco Hortega	-	-	-	rua Jaraguá, 11	Augusto Bigaz
30		Gabrieu da Cunha	-	-	-	rua Barra Funda, 181	Antonio Latriani
31	29/11	Luiz Lacana	-	-	-	rua Garibaldi, 34	Augusto Bigaz
32		Armando de Augelis	-	-	-	rua do Bosque, 68	Augusto Bigaz
33		Antonio Vergilio	-	-	-	rua Anhanguera, 46	Miguel Latrian
34		Pedro Bertolucci	-	-	-	rua Barra Funda, 161	Manoel Costa

35	29/11	Octavio Batricci	-	-	-	rua do Bosque, 81	Antonio V ictorino
36		José Hypolito	-	-	-	rua Victorino Carneiro, 67	João Luzia
37		Manoel Gomes	-	-	-	-	Nicolau Martino
38		Alvarginio de Souza	-	-	-	rua Cruzeiro, 18	Toribio Valle
39		João Balthazar	-	-	-	rua Brigadeiro Galvão, 60	Antonio Latriani
40		Mario N.	-	-	-	-	Nicolau Martino
41		Mauricio Osvaldo Guimarães	-	-	-	rua Conselheiro Brotero, 160	B. Guimarães
42		Anastacio Dias	-	-	-	rua Maria Antonia, 07	João Hidro
43		João dos Santos	-	-	-	rua do Bosque	João Hidro
44		Roque Lolithi	-	-	-	rua do Bosque, 49	Germano Chiochetti
45		Emilio Caleta	-	-	-	rua Barra Funda, 107	Antonio Vergilio
46		José de Alencar Ferreira	-	-	-	-	-
47		Henrique P.	-	-	-	-	Hugo P.
48		Antonio Donadio	-	-	-	rua Anhanguera, 19	João Giaconotti
49	19/11	João do Amaral	-	-	-	rua Luzitania, 58	Antonio Vignola
50		Francisco Benetti	-	-	-	rua Jaragua, 36	Luiz Provenza
51		Octavio Lambarnieri	-	-	-	rua Anhanguera, 113	Rosario Maggi
52		Cezarino Rosa	-	-	-	avenida Rude, 136	Rosario Maggi
53		Antonio Labatimi	-	-	-	rua Bosque, 86	Matheus Labatimi
54		Vicente Albizci	-	-	-	sem referência	Luiz Provenza
55	26/11	Antonio del C.	-	-	-	rua Lavapés, 12	João Valério
56		Otho Ferfille	-	-	-	Rua Areal, 20	Duarte Medeiros
57		Salvador Mastrangioli	-	-	-	rua Barra Funda, 203	Bartholomeu Maggi
58		Armando Silva	-	-	-	rua Antonieta, 07	Rodolpho Mithencout
59		Ruvaldo Cicca	-	-	-	rua Cruzeiro, 32	Armando Cicca
60		Americo G.	-	-	-	rua Bosque, 89	Ezio Marchetti

1928							
Nº	Data	Nome do proposto	Idade	Profissão	Estado civil	Endereço	Nome do proponente
61		Silvio Pecille	-	-	-	rua dos Italianos, 162	João L.
62		Humberto Mosca	-	-	-	rua Barra Funda, 140	João L.
63		Afonso Lolitto	-	-	-	rua do Bosque, 49	Pio Lanterelli
64		Valdemar Pingarilho	-	-	-	rua Voluntários da Pátria, 439	Gottardo Biscuola
65		Saverio Baccari	-	-	-	rua Jaragua, 75	Luiz Provenza
66		Auxilo C.	-	-	-	rua Juvenal Flores, 96	Luiz Provenza
67	26/11	Angelina Guizgani	-	-	-	rua Bosque, 89	Marchetti Rodolpho M.; Antonio Satriani; Antonio T. de Carvalho Lambrusco; e Consolato Vignola
68		Aurelinda Fernandes	-	-	-	rua Bosque, 26	
69		Aurelia Latriani	-	-	-	rua Anhanguera, 09	
70		Elvira Jacintho	-	-	-	rua Bosque, 103	
71		[?] Roberti	-	-	-	-	
72		Maria Viguola	-	-	-	rua Anhanguera, 60	
73		Maria Liberato	-	-	-	-	Antonio de Carvalho
74		Amabile Pieruccini	-	-	-	-	Antonio Vignol
75		Nena Tezzi	-	-	-	rua Luzitania, 80	Antonio Satriar
76		Natalino Besague	-	-	-	rua Brigadeiro Galvão	Jayme Gomes
77		Nino Otami	-	-	-	rua Adolpho Gordo, 26	Antonio Teixei ra de Carvalhe
78		Angelo Lavicci	-	-	-	rua Barra de Tibagy, 139	Goitardo Biscuolo
79	03/12	Humberto Ristaldi	-	-	-	rua José Paulino, 202	Luiz Provenza
80		Reynaldo Betticci	-	-	-	rua General Flores, 61	Luiz Provença
81		João Afonso Gross	-	-	-	rua José Bonifácio, 14	Bartho Maggi
82		Mario Cervante	-	-	-	praça Olavo Bilac	Miguel Clemente

83		Antonio Victorino II	-	-	-	-	R. Chichetti
84	03/12	Silvio Languini	-	-	-	rua Bosque, 86	Matheus Sabatani
85		Paschoal B.	-	-	-	rua Casa Verde	Rodolpho Mithacaltut
86	10/12	Manoel Palombo	-	-	-	alameda Glete, 60	Antonio Teixeira de Carvalho
87		Antonio Natale	-	-	-	rua Luzitania, 30	Gottardo Biscuolo
88		Nomi Andreomi	-	-	-	rua Francisco de Souza, 16	Caetano Macberomi
89		Raul Lacariotti	-	-	-	rua Bosque, 143	Matheus Sabatini
90	17/12	Nicanor Pinedo Vasques	-	-	--	rua São Vicente de Paula	Antonio T. de Carvalho
91		José Saporitti	-	-	-	rua Bosque, 143	Nicola Saporitti
92		Bruno Caradicci	-	-	-	rua Bosque, 84	Matheus Sabatini
93		Mario [?]	-	-	-	-	Bartho Maggi
94		Mario de Souza	-	-	-	rua Bosque, 60	João Clemente
95		Alberto [?]	-	-	-	rua Gusmões, 9	José Patrocinio
96		José Nagara	-	-	-	rua Barracea, 53	Armando Lima
97		Tancredo Rodolpho	-	-	-	rua Anhaia, 250	José Couto
98	26/12	Jacinto Torcado	-	-	-	rua Capitão Matarazzo	H. Oliveira
99		Italo [?]	-	-	-	rua Bosque	Antonio Vignola
100		Benedicto Lemos da Silva	-	-	-	rua José Paulino	João dos Santos
101		Humberto Santilli	-	-	-	rua João Pereira, 78	José Couto
102		Joaquim Marcolino	-	-	-	rua Sérgio Moreira, 22	-

1929							
Nº	Data	Nome do proposto	Idade	Profissão	Estado civil	Endereço	Nome do proponente
01		Rodolpho Lima	-	-	-	rua Cruzeiro, 32	Armando Lima
02		Armando Hermani	-	-	-	rua Palmeiras, 110	João Cidro
03		Fortunato Resuti	-	-	-	rua Visconde Taunay	Gottardo Biscuola
04		Benedicto Lemos Mello	-	-	-	-	Italo Pamiek
05		Moacir Prestes	-	-	-	rua Antonio Paes, 14	Italo Pamiek
06	14/01	José Olympio de Moraes	-	-	-	rua José Paulino	Italo Pamiek
07		Caetano Murari	-	-	-	rua Jaragua, 93	J. Caetano Ferro
08		Fernando Sapienza	-	-	-	rua Anhanguera, 29	Miguel Satriani
09		Alberto Biachi	-	-	-	rua Carcioti	João Cidro
10		Eggydio Anderboni	-	-	-	rua Salta Salta, 10	Antonio Chieregathi
11		A. Monteiro	-	-	-	rua Salta Salta, 12	Antonio Chieregathi
12		Francisco de Oliveira	-	-	-	rua Brigadeiro Galvão, 130	Miguel Satriani
13	21/01	Antonio D.	-	-	-	rua Jaragua, 130	Caetano Murari
14		Vicente Verzimi	-	-	-	rua Anhanguera, 5	Antonio Paiva
15		Manoel da Costa	-	-	-	rua Salta Salta, 52	José Fernandes
16		Antonio V.	-	-	-	rua Salta Salta, 24	Antonio Satrian
17		Octacílio Pereira	-	-	-	rua Baixa, 10	Bartholomeu Maggi
18	28/01	Francisco Castelhano	-	-	-	rua Javahés, 34	Antonio Satrian
19		Amadeu Althiere	-	-	-	rua Javahés, 16	Antonio Satrian
20		Joaquim seixas	-	-	-	rua Guaianazes, 170	Antonio Satrian
21		Arthur Ricco	-	-	-	sem referência	João Maggi
22	26/02	Marcilio Luchi	-	-	-	rua Prates, 47	Antonio C. de Carvalho
23		H. Brandt	-	-	-	alameda Barão de Piracicaba, 78	Antonio C. Carvalho

24	26/02	Boamergis Guimarães	-	-	-	sem referência	Claudionor Thofaldi
25		Raul Lourenço	-	-	-	rua Salta Salta, 16A	Anthenor Monteiro
26	04/03	Emilio Mazzela	-	-	-	rua Cruzeiro, 16	João M.
27		Teciano Bissagua	-	-	-	rua Conselheiro Brotero, 44	Emilio Bertucci
28		José Bastos	-	-	-	rua Salta Salta	Delfim da Silva
29	11/03	José Felix Martins	-	-	-	rua Largo Coração de Jesus, 15	Rogério Pavani
30		Domingues Marcello	-	-	-	rua Victorino Carneiro, 129ª	D. Victorelli
31		Placito Coelho	-	-	-	rua da Varzea, 6	Manoel Gonçalves
32		David Bastos	-	-	-	alameda Eduardo Prado, 68	Eduardo Faria
33		Luiz A. Pires	-	-	-	alameda Eduardo Prado, 68	Eduardo Faria
34		Boamergis Guimarães	-	-	-	-	Claudionor [?]
35		Orestes D.	-	-	-	-	Bartholomeu Maggi
36		Antonio Lacava	-	-	-	rua Garibaldi, 34	Antonio Satriani
37		Roque Deodoro	-	-	-	praça da Republica, 28	Antonio Satriani
38		José [?]	-	-	-	rua dos Americanos	Orlando Pontes
39		Carlos Corrêa	-	-	-	-	Alfredo Sá
40		Benedicto Barbosa	-	-	-	rua do Corrego, 7	Orestes D.
41		Alfredo Bertoloci	-	-	-	rua Anhanguera, 7	João Cidro
42		Jiovani Francisco	-	-	-	alameda Nothman	Alfredo Bertolocci
43	18/03	Rafael Lourenço	-	-	-	rua Bosque, 102	João Cidro
44		Carmo Pietoso	-	-	-	rua Anhanguera, 39	Fernando Costa
45		Alvaro Costa	-	-	-	rua Anhanguera, 60ª	José de Agostinho
46		Silvio da Conceição	-	-	-	rua Gomes Cardim, 164	João A. Gross

1929							
Nº	Data	Nome do proposto	Idade	Profissão	Estado civil	Endereço	Nome do proponente
47	25/03	Antonio Carlucci	-	-	-	rua Bosque, 19	Fortunato R.
48		Miguel Daurêa	-	-	-	rua Garibaldi, 4	Saverio Russo
49	01/04	Antonio d Abril	-	-	-	rua Barão de Tatuy, 154	Miguel Branca
50	08/04	Domingues Bras	-	-	-	-	Antonio Vignola
51	15/04	José Manoel	-	-	-	-	João Bello
52		Januário Pascoalucci	-	-	-	rua Manoel Dutra, 83	Carlos Virgilo
53		Eloy Treviziaki	-	-	-	rua Barra Tibagi, 146	Fortunato R.
54		Amadeu B.	-	-	-	rua Conselheiro Nebias, 115	João A. Giovan
55		Bertholdo V.	-	-	-	rua Xavier de Toledo, 60	João A.
56		João Bello	-	-	-	-	Orlando Ponte
57		Renato Limões	-	-	-	rua Bosque, 75	Manoel M.
58	25/04	Santino Manoel Soares	-	-	-	rua Duque de Caxias. 39	João A. Gross
59		João Seaglia	-	-	-	rua Siva Pinto, 13	João A. Gross
60		Antonio Orelo	-	-	-	rua 13 de Maio, 26	Amadeu Bianchi
61		Manoel Souza	-	-	-	estrada da Limão, 13	Carlos Virgilo
62		Antonio Riorni	-	-	-	rua Boracéa, 49	Antonio Althie
63	07/05	Sivio Lima	-	-	-	rua Anhanguera, 28	Ezio Marchett
64		Osvaldo Bicudo	-	-	-	rua Garibaldi, 2	O. Monteiro
65	14/05	João Russo	-	-	-	rua do Bosque, 56	João Paris
66		João N.	-	-	-	rua Barra Funda, 113	Miguel Viguol
67		Francisco Tezzi	-	-	-	rua Luzitania	Antonio Althiere
68	04/06	Angelo Barbarulo	-	-	-	rua Ribeiro da Silva, 59	Joaquim Seixa
69		Libertário Court	-	-	-	alameda Barão de Limeira, 203	Joaquim Seixa
70		Antonio C.	-	-	-	rua Silva Pinto, 3	Amadeu Biau

71		Caetano Gross	-	-	-	av. Rudge, 74	Miguel Branco
72	04/06	Francisco Viscardi	-	-	-	rua Javares, 13	Amadeu Althiere
73		Antonio Soares	-	-	-	rua Salto Salto, 48	Arsenio Gentil
74		Salvador Arquiar	-	-	-	rua Joaquim, 88	Jayme Gomes
75		Miguel Paris	-	-	-	rua do Bosque	Miguel Satriano
76	11/06	Ricardo Piccardi	-	-	-	rua General Flores, 131	Miguel Satriano
77		Bernardino Terra	-	-	-	rua Mamaré, 48	Miguel de Lima
78		Virgilio Lasarini	-	-	-	rua Anhaia, 164	Cezar Rosa
79		Osvaldo Negrão	-	-	-	rua Arthur Azevedo, 25	José Guimarães
80	18/06	B.Pelicciani	-	-	-	rua General Flores, 70	Fortunato Ressutti
81		Luiz d'Elia	-	-	-	rua Pedro Vicente, 33	Anthenor Monteiro
82		Donato Cassiano	-	-	-	rua Anhaia, 157	Bartholomeu Maggi
83	02/07	Waldemar de Barros	-	-	-	rua Alvaro Fontes, 49	Santino Manoel Soares
84		Humberto dell'Acqua	-	-	-	rua Salta Salta, 8	Antonio T. de Carvalho
85		Luiz Beniath	-	-	-	rua Brigadeiro Galvão, 103	Antonio T. de Carvalho
86	09/07	Osvaldo Donatelli	-	-	-	rua Helvetia, 120	Antonio T. de Carvalho
87		Oscar Costa	-	-	-	rua Cons. Nebias, 151	Joaquim Seixas
88		João Dias	-	-	-	rua Cruzeiro, 29b	Miguel Vignola
89		Miguel Antunucci	-	-	-	rua Augusta	Amadeu Biondi
90		Horacio Pinheiro dos Santos	-	-	-	rua Cons. Nebias, 146	Antenor Monteiro
91	15/07	Roque Ricardo	-	-	-	largo Coração de Jesus, 11	Antenor Monteiro
92		Ramiro D'Agostinho	-	-	-	rua Salon, 59	Bartholomeu Maggi
93		Cassiano	-	-	-	rua Anhaia, 157	Cesar Rosa
94	12/08	Bernardino Barone	-	-	-	rua do Bosque, 162	Jeronymo C. Ferro
95		Narciso S. Villan	-	-	-	rua Cons. Brotero, 41	Antonio T. de Carvalho

1929							
Nº	Data	Nome do proposto	Idade	Profissão	Estado civil	Endereço	Nome do proponente
96	12/08	Joaquim Rocha	-	-	-	rua Cons. Brotero, 41	Antonio T. d[Carvalho
97		Alcides Ometto	-	-	-	rua Visconde de Taunay, 18	Manoel de Souza
98	26/08	Osvaldo Medeiros	-	-	-	rua Salta Salta, 38	Miguel Satria[
99		Joaquim Candora de Oliveira	-	-	-	rua Souza Lima, 66	Joaquim Seix:
100		Mario Paulino	-	-	-	rua Barra Tibagy, 18	-
101		José de Abreu	-	-	-	rua Cruzeiro, 9	Miguel Branc
102		Antonio Correa	-	-	-	rua Lopes Chaves [?]	Delphim Silv
103		Luiz Grecco	-	-	-	rua Cesario Motta, 18	-
104	02/09	Paschoal Petrone	-	-	-	-	Benedicto Barbosa
105		José Liberato	-	-	-	rua Victorino Car-millo, 112	Antonio Latriano
106		Ricardo Sanchos	-	-	-	rua da Várzea, 2	Manoel Gonsalves
107		Marcello [?]	-	-	-	rua Eliza Hitaquer, 99	José Valle
108		Osvaldo Bergamini	-	-	-	rua do Bosque, 54	Miguel Latria
109		Antonio Menecucci	-	-	-	rua Anhanguera, 64	Bartholome[Maggi
110	05/09	João Sanches	-	-	-	rua Julio Ribeiro, 14	Osvaldo Bergamini
111		Faustino André	-	-	-	rua Sérgio Meira, 29	Antonio Latriano
112	16/09	João Sala	-	-	-	rua Anhanguera, 77	Victor Barbo
113		Cesar Belloni	-	-	-	rua Souza Lima, 40	Antonio T. d[Carvalho
114		Claudio Ferreira Lima	-	-	-	rua Alfredo Byol, 182	Antonio Vign[
115	23/09	Valerio Belloni	-	-	-	rua Souza Lima, 46	Delphim da Silva
116		Francisco Tylo	-	-	-	rua Santo Antonio, 233	Luiz Grecc[

17	23/09	Caetano Clarice	-	-	-	rua Souza Lima, 27	Antonio T. de Carvalho
18	23/09	Julio Polleto	-	-	-	Villa Pompeia	Cesar Rosa
19		Jacintho Tavares	-	-	-	rua Ministro Ferreira Alves, 46	Fernando Costa
20		Paulino de Angelis	-	-	-	av. Rudge, 67	Bartholomeu Maggi
21		Alfredo de Almeida Sant'Anna	-	-	-	rua Solon, 55	José Jacintho
22	30/09	Nicanor Couto	-	-	-	rua Visconde de Taunay, 8	José Jacintho
23		Antonio Miguel	-	-	-	alameda Eduardo Prado, 35	João Abreu
24		Luiz Medeiros	-	-	-	rua Inhauma, 22	João Abreu
25		Reynaldo Côrrea	-	-	-	rua Lavadia, 5	Miguel Clemente
26	09/10	Francisco Ferreira	-	-	-	rua Luzitania, 62	José Victorino
27		José Leopoldi	-	-	-	rua Araujo, 47	Luiz Pereira da Silva
28	14/10	Antonio Roga	-	marceneiro	-	rua Anhanguera, 11	Antonio Patriano
29		Salvador Pepe	-	-	-	rua General Flores	Germano Bina
30		Miguel M.	-	-	-	rua Cruzeiro, 50	Delfim da Silva
31		José Vieira	-	-	-	rua Biguá, 46	Uberto Oliveira
32	22/10	Gabriel Medeiros	-	-	-	rua do Bosque, 95	João Hidro
33		Pedro Benetti	-	-	-	rua João Rudge, 1	Jeronymo Carvalho
34		Lizieri Grecco	-	-	-	rua Tupy	João Hidro
35		Rodolpho M. Oliveira	-	-	-	-	Nicanor Costa
36	04/11	Arthur Sicchieri	-	-	-	-	João Paris
37		Guilerme Nicolleti	-	-	-	-	João Paris
38		Italo Romano	-	comerciante	-	rua C. Moreira Barros, 145	Osvaldo Bergamini
39	11/11	José Rodrigues	-	ferroviário	-	rua Dr. Amorin de Azevedo, 4	Manoel Gonçalves
40		Januario Carbonaro	-	mecânico	-	rua Borácea, 29	Carlos Horacio
41	18/11	Manoel de Medeiros	-	operário	-	av. Rudge	Bartholomeu Maggi
42		Francisco de Mauro	-	fotógrafo	-	rua Badaró, 22	Cesar Rosa

1929							
Nº	Data	Nome do proposto	Idade	Profissão	Estado civil	Endereço	Nome do proponente
143	18/11	Nelson Camargo penteado	-	-	-	rua Seminário, 8	Cesar Rosa
144		Silvio Berto	-	fotógrafo	-	rua Seminário, 8	Cesar Rosa
145	02/11	João Gomes	-	plainista	-	rua Solon, 26	Nicola Martin
146		Roberto Paccini	-	gráfico	-	rua Solon, 52	Nicola Martin
147		Augusto Pereira	-	gráfico	-	rua Amaral Gurgel, 40	João Pavani
148		Emilio Tucci	-	encanador	-	rua Italianos, 185	Saveiro Russ
149		Quirino Farisco	-	cocheiro	-	Casa Verde	Hugo Dioraguini
150		Augusto Rodriguez	-	pedreiro	-	rua Anhanguera, 68	Miguel Pecil
151	12/12	Renato Lara Brisola	-	-	-	rua Triunpho, 32	Eduardo Lousada
152		Antonio Biassi	-	-	-	rua do Bosque	Delphin da Sil
153		Orlando Landi	-	-	-	praça Princesa Izabel, 26	Eduardo Los:
154		Benedicto Oliveira	-	-	-	rua Boracéa, 38	Miguel Pares
155		Manoel Serveja Martino	-	-	-	rua Barra Tibagy, 112	Miguel Pares
156		José Alves Moreira	-	-	-	Villa Mazzei	Miguel Pares
157		José Martins	-	-	-	rua do Bosque	Miguel Pares
158		José Medeiros	-	-	-	rua da Baixa, 29	Jayme Gome
159		Antonio Baptista	-	-	-	rua Anhanguera, 8	João Gianott
160	16/12	Andre Palormio	-	-	-	rua Anhanguera, 111	Bartholome Maggi
161		Joaquim C. Junior	-	-	-	rua Cruzeiro, 87	Matheus Sabatini
162		Orlando Picelli	-	-	-	rua General Flores	Delphim da Silva
163		Americo Stigliano	-	-	-	rua do Bosque, 19	Antonio Patriano
164	30/12	José Soares	-	-	-	rua Solimões, 11	Manoel de Souza
165		José Marques	-	-	-	rua Triumpho, 32	Antonio Ros
166		José Louzada	-	-	-	rua Triumpho, 36	Antonio Ros

Nº	Data	Nome do proposto	Idade	Profissão	Estado civil	Endereço	Nome do proponente
				1930			
1	06/01	Americo Montes	-	mobileiro	-	rua Tibagy, 8	Miguel Parese
2		Humberto Perrão	-	mecânico	-	rua Solon, 153	Miguel Parese
3	13/01	Bachin Balliani	-	comércio	-	rua Santo André, 49	Miguel Parese
4		Eduardo Jorge	-	estudante	-	rua Santo André, 21	Miguel Parese
5		Carmino Vitelli	-	-	-	rua Tocantins, 8	Saverio Russo
6	20/01	Guilherme Berthi	-	marceneiro	-	rua Barra do Tibagy, 24	Antonio Dermisso
7		Raphael Jhaen	-	-	-	rua Salomões, 1	Manoel Costa
8		Victor Francisco	-	-	-	rua Voluntários da Pátria, 10	Jeronymo Caetano
9	28/01	Francisco Rufini	-	-	-	rua Mendes Junior, 43	Saverio Russo
10		Alvaro Pollo	-	-	-	rua Anhanguera, 25	Arsenio Gentil
11	03/02	Eduardo dos Santos	-	-	-	rua Costa Silva, 118	João Bello
12		Raphael Sapienza	-	comércio	-	rua do Bosque	Jeronymo Caetano
13	06/02	Atione Zernardi	-	-	-	-	João Morgato
14		Henrique Aguiar	-	-	-	-	-
15		Antonio Bergamini	-	-	-	-	Miguel Satriano
16		Victorio Pardini	-	-	-	-	Miguel Vignola
17		Americo De Angelis	-	-	-	-	Miguel Vignola
18		Antonio Althiere	-	-	-	-	Paulo de Lima
19	10/02	Bruno de Polli	-	ladrilheiro	-	rua Baracea, 53	Miguel Pesili
20		Raul Medeiros	-	-	-	rua Anhanguera	Manoel Costa
21		Domingos Lemonte	-	-	-	-	Reynaldo Lima
22		Alfredo P. da Silva	-	-	-	-	Antonio Vignola
23		Gumercindo Martins	-	-	-	-	Antonio Vignola
24	17/02	Donato Boni	-	comércio	-	rua Pedro Thomaz, 5	Germano Bindo
25		João Toscano	-	chapeleiro	-	-	Nicola Martins
26		Heitor Paiva	-	soldador	-	rua da Graça, 205	Antonio Victorino
27	24/02	Daniel de Almeida	-	-	-	rua Anhanguera, 14	Severino Russo
28		João Bonato	-	-	-	rua do Bosque, 81	Manoel Costa

1930							
Nº	Data	Nome do proposto	Idade	Profissão	Estado civil	Endereço	Nome do proponente
29		Luiz de Mattos	-	-	-	rua Veridiana, 48	Oscar Costa
30		Fernando P. Guimarães	-	escrevente	-	rua Conselheiro Brotero,103	José P. Guimarães
31		Eugenio Mazella	-	pintor	-	rua Cruzeiro, 16	Jayme Gome
32		Mario Martins	-	mecânico	-	rua dos Italianos, 219	Antonio Vigne
33	10/03	Julio Boni	-	-	-	rua Pedro Thomaz, 5	Renato Boni
34		Hygino Ferrazalli	-	gráfico	-	rua Souza Lima, 48	Bartholomeu Maggi
35		Waldemar Costa	-	mecânico	-	rua Estação Sorocabana	José Soares
36		Luiz Natalli	-	comércio	-	rua Jorge Velho, 3	Luiz Greco
37		João Chinaglio	-	comércio	-	rua Anhaia, 191	Saverio Russ
38		Antonio Castro	-	-	-	rua Cristina Thomaz, 141	Jeronymo Caetano
39		José Coelho	-	-	-	rua Cardoso de Almeida, 71	Jeronymo Caetano
40		Luiz E. G[?]	-	-	-	rua Cruzeiro, 10	Miguel Pares
41		Sebastião F. de [?]	-	-	-	rua do Corrego, 5	Miguel Pares
42	17/03	Francisco Dias	-	negociante	-	rua Barra Funda, 73	Miguel Vigne
43		Moacyr Mazzali	-	lustrador	-	rua do Bosque, 21	Bartholomeu Maggi
44		Francisco Cassino	-	comércio	-	rua dos Italianos, 223	Antonio Vigne
45	24/03	João Silva Xavier	-	-	-	rua Albuquerque Luiz, 51	JoãoCidro
46		Antonio Bartholomeu Greco	-	-	-	rua Albuquerque Luiz, 51	João Cidro
47		Armando D'Amelio	-	comércio	-	al. Barão de Limeira	Luiz Provenz
48	31/03	José Montero	-	-	-	rua Salta Salta, 14	Antemor Monteiro
49		João Belli	-	-	-	rua Boracea, 9	Antemor Monteiro
50		Manoel Soares Cavalheiro	-	-	-	-	Manoel de Souza

51		Raphael F[?]	-	-	-	rua Aymorés, 35	Jayme Gomes
52		Vicente D. Giamini	-	-	-	rua Aymorés, 50	Jayme Gomes
53	07/04	Antonio Calvo	-	-	-	rua Cruzeiro, 44	Manoel de Souza
54		Vicente Lemonte	-	-	-	rua Cruzeiro, 35	Domingos Lemonte
55		Roberto Tavares	-	-	-	rua Cruzeiro, 17	Luiz Grecco
56	14/04	Orestes Dalceno	-	-	-		Bartholomeu Maggi
57		Silvio Vignola	-	-	-		Saverio Russo
58	22/04	Americo Tessaroli	-	-	-	rua do Corrego	Armando Lima
59		Januario Carbonato	-	-	-	rua Boracéa, 29	Saveiro Russo
60		Henrique Ferreira Costa	-	-	-	rua Anhaia, 177	Saverio Russo
61	28/04	Antonio Corrêa	-	-	-	rua Barra de Tibagy, 140	Antonio T. Carvalho
62		Benedicto Julio Felizola	-	-	-	rua Travessa Tenente Penna, 11	Antonio T. Carvalho
63		Alberto de Oliveira	-	ferroviário	-	rua Anhaia, 142	Antonio T. Carvalho
64		João Chiachetti	-	gráfico	-	rua C. de Almeida, 19	Antonio T. Carvalho
65	05/05	Jorge Pedro	-	-	-	rua Tibiriça	Saverio Russo
66		Angelo Bergamaschi	-	-	-	rua da Várzea, 16	Ricardo Lauce
67		Francisco Gomes	-	-	-	rua do Bosque	Saveiro Russo
68		Antonio Lopes	-	-	-	rua Cruzeiro, 95	Bartholomeu Maggi
69	22/05	Otto Mittel	-	-	-	rua Anhanguera, 87	Antonio Vignola
70		[?] Pareschi	-	-	-	rua Camaragibe, 9	Antonio del Aqua
71	26/05	Onofre Penteado	-	comércio	-	rua São Caetano, 216	Antonio Vignola
72		Lambardini Fontana	-	comércio	-	rua General Osório, 106	Antonio Vignola
73		José Talarico	-	-	-	rua Cardoso de Almeida, 28	Vicente [?]
74	02/06	José Mourato Castanha	-	-	-	al. Barão de Limeira, 28	Jeronymo Caetano
75		Manoel Milleu	-	-	-	rua Baixa, 17	Miguel Vignola
76		Patrus Fornaciari	-	-	-	rua Salta Salta, 13	Bartholomeu Maggi

							1930		
Nº	Data	Nome do proposto	Idade	Profissão	Estado civil	Endereço	Nome do proponente
77	09/06	Duarte de Mattos	-	-	-	rua do Bosque, 208	Manoel de Souza
78		Manoel Ignacio de Souza	-	-	-	rua Cruzeiro, 19	José Ignácio d Souza
79		Adriano Baldresca	-	-	-	rua do Bosque, 232	Jeronymo C Ferro
80		Domingos Farolaro	-	-	-	rua Casa Verde, 87	Saverio Russ
81		Francisco Lojaro	-	-	-	rua Anhanguera, 138	João Morgat
82		[?] Chiachetti	-	-	-	rua Turiassu, 61	Saverio Russ
83	07/07	Listo Botini	-	-	-	av. Rudge, 66	Reynaldo Bot
84	14/07	Romeu Quinaglia	-	-	-	rua Anhaia, 191	José Monteri
85		Matheus Del Pozzo	-	-	-	rua Anhaia, 245	José Monteir
86		Antonio Azevedo	-	-	-	rua Anhanguera, 87	Fernando Cos
87		Arualdo	-	-	-	rua da Graça	João Morgat
88	21/07	Anthamir Dias	-	-	-	rua do Bosque, 42	João Maggi
89		Armando Pitillo	-	-	-	rua Conselheiro Brotero, 160	G. Carbonc
90		Florindo V[?]	-	-	-	rua Garibaldi, 56	Gino Pistore
91		Daniel Almeida	-	-	-	rua Asdrúbal, Nascimento	Villa Marche
92		Antonio Oliveira	-	-	-	rua Cruzeiro, 19	R. Quinagli
99	28/07	José Piacerre	-	-	-	rua Boracea, 49	Antonio Alti
100		Jorge dos Santos	-	-	-	rua Casa Verde, 15	Manuel Cos
101		[?] Bellani	-	-	-	rua Souza Lima	Egydio Lui
102	04/08	Mario Vieira	-	-	-	rua dos talianos, 44	Vicente Lemonte
103		Emilio Tucci	-	-	-	rua dos Italianos, 185	Antenor Monteiro
104		Jorge Roatta	-	-	-	rua Garibaldi, 18	Miguel Pari
105		Gino [?]	-	-	-	rua das Palmeiras, 33	Seraphim Santarelli
106		Oswaldo Benvenuto	-	-	-	rua Carnot, 15	Seraphim Santarelli

07		Luiz Molanque	-	-	-	-	Jayme Gomes
08	11/08	Larentino Alves	-	-	-	rua Barra do Tibagy, 124	José Alves
09		José Alves	-	-	-	rua General Osorio, 6	Luiz Provença
10	25/08	Augusto Casalli	-	-	-	rua do Bosque, 84	José Valle
11		Horacio [?]	-	-	-	rua do Bosque, 19	Manoel Menzani
12	01/09	Antonio Marques	-	-	-	rua Casa Verde	Domingos Lemonte
13		Armando Perucini	-	-	-	rua Boracea, 5	Horacio Stigliani
14		Antonio Favero	-	-	-	rua Garibaldi, 43	Secretaria
15	15/09	Salvador M. Passos	-	-	-	rua Lopes de Oliveira, 14	Manoel Costa
16		Manoel Limões da Silva		-	-	rua Marquez de Itu, 48	Secretaria
17		Orlando Novello	-	-	-	rua Barra Funda, 191	João Morgato
18		Arthur Lopes de Almeida		-	-	rua Anhanguera, 13	Manoel Simões
19	23/09	Miguel Simões Ferreira		-	-	rua Luzitania, 68	Manoel Simões Silva
20		Manoel de Mello	-	-	-	av. Rudge, 167	José Ignácio de Souza
21		Francisco Francescucci		-	-	rua das Palmeiras, 75ª	Miguel Vignola
22	21/10	Nicola Saporito	-	-	-	rua do Bosque,	Antonio Favero
23	19/11	Duarte Medeiros	-	-	-	rua Anhanguera, 137	Matheu Sabatini
24		Pedro Benette	-	-	-	rua Solimões, 14	Arthur Lopes de Almeida

1931							
Nº	Data	Nome do proposto	Idade	Profissão	Estado civil	Endereço	Nome do proponente
1	05/01	Camillo dos Santos	23	pintor	-	rua Inhaúma	Antônio T. Carvalho
2		João Gomes	24	marceneiro	-	rua Inhaúma	Antônio T. Carvalho
3		Eduardo dos Santos	23		-	rua Inhaúma	Antônio T. Carvalho
4		José Cardoni	18	açougueiro	-	rua Piahy	Armando A.
5		Carlos Medeiros	18	comércio	-	rua Boracéa, 28	José Monteiro
6		Nelson Gamboa	18	comércio	-	rua Salta-Salta, 14	Carlos Medeiros
7	10/01	Oswaldo Mauro Giglio	27	graphico	-	rua Anhaia, 45	Antonio Althieri
8		Manoel da Silva	19	padeiro	-	rua Anhanguera, 143	Paulo de Lima
9		Sauti Poffo	43	barbeiro	-	rua Anhanguera, 35	Antonio Vignola
10	19/01	Remo Marinelli	20	marceneiro	-	rua Casa Verde, 25	Antonio T. Carvalho
11		Octavio Pareschi	19	barbeiro	-	rua Victorino Camillo, 17	Antonio T. Carvalho
12		Marino Pacheco	19	pintor	-	rua Inhaúma, 15	Antonio T. Carvalho
13		Joaquim dos Santos	26	padeiro	-	rua Baixa, 2	Miguel S. Ferreira
14		José Dias Gomes	19	padeiro	-	rua Baixa, 2	Miguel S. F erreira
15		Manoel Borges de Lima	22	padeiro	-	rua Anhanguera, 5	Miguel S. Ferreira
16		José de Mazzi	23	marceneiro	-	rua Cruzeiro	Fernando Fuzer
17		Rolando Medeiros	18	comércio	-	rua Anhanguera, 137	Duarte Medeiro
18		Elydio S.	19	marceneiro	-	rua Anhanguera, 167	Duarte Medeiro
19	26/01	Arlindo Chicão	20	serralheiro	-	rua Anhaia, 59	José Menzani
20		Geraldo Marasco	18	-	-	rua Cruzeiro	Duarte Medeiro
21		Vicente Virgínio	20	-	-	rua Anhanguera	Ezzio Marchetti
22		Waldomiro dos Santos	18	-	-	rua Lucilla, 24	Oswaldo Medeiros

23		Domingos F.	22	-	-	rua Rudge	Paulo de Lima
24	26/01	Armenio dos Santos	28	-	-	rua Sergio Thomaz	Ezzio Marchetti
25		Albino Pereira dos Santos	-	-	-	rua Albuquerque Lins, 152	Arthur Lopes de Almeida
26		Negro Guido	-	-	-	rua do Bosque, 69	Duarte de Mattos
27	02/02	Eduardo Cinquini	-	-	-	rua Anhanguera, 26	Fez a proposta diretamente na secretaria.
28		Antonio Barone	-	-	-	rua do Bosque, 162	Jeronymo Caetano
29		Antonio Cirolli	-	-	-	rua do Bosque	João do Valle
30		Luiz Ramos	20	-	-	rua Pedro Vicente, 60	Germano Bindo
31	09/02	Antonio Pires	22	-	-	avenida Cantareira	Germano Bindo
32		Ricieri Corsato	23	-	-	rua do Bosque	Jeronymo Caetano
33		David Bastos	23	padeiro	-	rua das Palmeiras, 41	Eduardo Faria
34		Arthur Cardoso de Sá	27	padeiro	casado	rua das Palmeiras, 41	Eduardo Faria
35	24/02	Hilário D. Motta	23	-	-	rua das Palmeiras, 41	Fez a proposta diretamente na secretaria.
36		Joaquim Cardoso	22	marceneiro	-	rua Cruzeiro, 120	Domingos Lemonte
37		Edson Lacerda	18	estudante	-	rua Baronesa de Porto Carreiro, 1	Antonio Teixeira de Carvalho
38	02/03	Oswaldo Correa	19	comércio	-	rua Baronesa de Porto Carreiro, 8	Antonio Teixeira de Carvalho
39		José Seixas	25	comércio	-	praça Marechal Deodoro, 34	Arthur Lopes de Almeida
40		Reinaldo Lima	22	entallhador	-	rua Cruzeiro, 78	Armando Lima
41		José Soares	22	comércio	-	rua Albuquerque Lins, 152	Miguel Ferreira
42		Graciliano G.	30	lustrador	-	rua Anhanguera, 46	Ezzio Marchetii
43	16/03	Joaquim de Jesus	22	padeiro	solteiro	avenida São João, 129b	Arthur Lopes
44		Carlos B. S.	19	estudante	solteiro	rua Anhanguera, 4	João Bellis

1931							
Nº	Data	Nome do proposto	Idade	Profissão	Estado civil	Endereço	Nome do proponente
45		Cesar Rosa	20	-	solteiro	avenida Rudge, 136	Antonio Teixeira de Carvalho
46	16/03	Mario da Silva Reis	25	comércio	-	rua Albuquerque Lins, 152	José Soares
47		Victorio Mendes	20	ladrilheiro	-	rua Martins Buchard, 1	Miguel Marasco
48		José Cestari	19	tipógrafo	solteiro	rua Souza Lima, 83	Henrique Clemente
49	23/03	José V. Galanti	25	pedreiro	casado	rua Anhanguera, 57	Alfredo Chiochetti
50		Antonio Marques	24	comerciante	solteiro	rua Cruzeiro, 121	Joaquim Cardoso
51		João H. da Costa	29	padeiro	solteiro	alameda Glete, 49	Miguel S. Ferreira
52		Herculano Marques	22	comerciante	solteiro	rua Albuquerque Lins, 152	Mario Silva Reis
53	23/03	Pedro Vagiani	30	comerciante	solteiro	rua Lopes de Oliveira, 26	João Salles
54		Antonio Silva dos Santos	19	padeiro	solteiro	rua Anhanguera, 66	Arthur de Almeida
55		José Mendonça	19	comerciante	solteiro	rua Solimões, 12	R. Minelli
56		Irineu de Moura	18	encanador	solteiro	rua Augusta	Bartholomeu Maggi
57		Alberto Ramos	18	estudante	solteiro	rua dos Andradas, 25	Edson Amazona
58	30/03	José Alves da Silva	28	padeiro	-	rua Cruzeiro, 113	Maximiliano Pires
59		Joaquim dos Santos	42	carpinteiro	casado	rua Cruzeiro	Anselmo Genti
60		Casemiro M.	27	mecânico	-	rua Cruzeiro, 104	Vicente L.
61	13/04	Joaquim Coutinho	22	padeiro	solteiro	rua Anhanguera, 13	Arthur Lopes d Almeida
62		Arthur Pereira	20	padeiro	solteiro	rua Solimões, 17	José Soares
63		Luiz Porreta	-	comerciante	solteiro	rua Eduardo Chaves	Antonio Biaggic
64	27/04	Antonio d'Abril	22	comércio	solteiro	avenida Angélica, 90	Anselmo Genti
65		João d'Abril	20	comércio	solteiro	avenida Angélica, 90	Anselmo Genti

66	18/05	Antonio Hirashavitz	23	mecânico	solteiro	rua do Bosque, 25	-
67	18/05	Ricardo Forli	24	comércio	solteiro	rua Capitão Matarazzo, 162	Augusto Casalli
68		Aldo Capelli	20	pintor	solteiro	rua Casa Verde, 22	João Faria
69		Carlos Fernandes	20	fundidor	solteiro	rua S.[?], 73	João Faria
70	26/05	Henrique Batispta	22	padeiro	solteiro	avenida São João, 190	Joaquim Jesus
71		Antonio Gonçalves	24	padeiro	solteiro	avenida Marquês de Itu, 52	Antonio da Silva Santos
72		Ettore Sinelli	21	chauffer	solteiro	rua Coronel Cintra, 21	Casemiro M.
73		Leopoldo Coutinho	22	comerciante	solteiro	rua Barra do Tibagy, 72	Alvaro Pereira
74		Constantino T.	20	mecânico	solteiro	rua Coronel Cintra, 27	-
75		Lourenço Fernandes	25	padeiro	solteiro	rua Albuquerque Lins, 152	M. Souza
76		Gilberto Lage	19	padeiro	solteiro	rua Voluntários da Pátria, 241	Arthur Lopes de Almeida
77	01/06	Belmiro de Almeida	26	comerciante	-	rua Albuquerque Lins, 152	José Soares
78	08/06	Mercantonio	18	açougueiro	solteiro	rua Souza Lima,	João Paris
79		Maximiliano Branco	22	comércio	-	-	Manoel de Mello
80		Alexandre Martins	21	mecânico	solteiro	rua Anhaia, 52	Ezzio Marchetti
81	16/06	Miguel Rasuko	23	chauffer	solteiro	rua Baronesa do Porto Carreiro, 17	-
82		Edewigs Antonio Marques	21	comércio	solteiro	-	Aldo Capelli
83	26/06	Luiz Taricone	19	-	solteiro	rua Julio Conceição, 109	Octavio Pareschi
84		João Ferreira	24	impressor	solteiro	rua Jaraguá, 46	Ezzio Marchetti
85	29/06	Eduardo de Souza	22	comércio	solteiro	-	Antonio Satriano
86	14/07	Luiz Gaoperazzi	18	comércio	-	rua do Bosque	Eugenio Mazzalli
87		Antonio Cocito	18	comércio	-	rua Cruzeiro, 8	João Paris
88		Henrique Monteiro	28	-	-	rua João Ramalho, 89	Miguel Ferreira
89		Alvaro de Oliveira	18	caramelista [?]	-	rua José Paulino, 37	Oswaldo Correia

Nº	Data	Nome do proposto	Idade	Profissão	Estado civil	Endereço	Nome do proponente
					1931		
90	14/07	Máximo Ferreira	28	padeiro	-	rua Baixa, 2	José Dias Gomes
91		Victor Clemente	21	typographo	-	rua Anhanguera, 3	Ezzio Marchetti
92	27/07	Aristides Oliveira	19	operador de cinema	-	rua José Paulino, 37	Oswaldo Correia
99		Octavio Gambarini	22	marceneiro	-	rua Anhanguera, 169	Moacyr Mazzali
100		Domingos C.	19	marceneiro	-	rua Cruzeiro, 160	Geraldo Marasce
101		Danilo Ferrara	22	pintor	-	rua Baixa, 14	Horacio Stigliane
102		Napoleão Mario	19	graphico	-	rua das Palmeiras, 145	Octavio Paresch
103		Manoel Pereira	23	operário	-	rua Dr. Elias Chaves, 1	Jesus Paschoalino
104	03/08	Carlos Colussi	19	livreiro	-	rua Garibaldi, 59	Antonio Cocito
105	10/08	Francisco Mecca	21	torneiro-mecânico	-	rua Anhaia, 22	Oswaldo Bindo
106	17/08	Miguel de Mattos	19	operário	-	rua do Bosque, 114	João Paris
107	24/08	João Salla	24	operário	-	rua Luzitânia, 43	Antonio Cocito
108	31/08	Alberto Batispta	18	comércio	-	alameda Barão do Rio Branco, 38	Manoel Ferreira
109		Antonio de Oliveira	20	instalador	-	rua Anhanguera, 153	Paulo de Lima
110		Antonio Victorino	19	chauffer	-	rua Cruzeiro, 175	João Paris
111	14/09	Luiz Rondinelli	18	comerciante	-	rua Casa Verde	Francisco Soterz
112		Armando Bindo	18	torneiro	-	rua Maria, 55	João Paris
113		Alfredo Leitão	24	-	-	rua Luzitânia, 68	Manuel Silva
114		João Conselheiro	21	mecânico	-	rua Anhanguera, 149	Rodolpho Lima
115	21/09	Eduardo Faria	27	lustrador	-	rua Oriente, 188	Ezzio Marchett
116		João dos Santos	20	gráfico	-	rua Casa Verde	Aldo Capelli
117		Armando Pierucini	20	mecânico	-	rua Boracea	José Pierucini
118	21/09	Antonio Chieregatti	28	chauffer	-	rua Salta-Salta, 4	João Paris
119		Antonio Giuliani	28	operário	-	rua Garibaldi, 61	João Paris

120		Oscar de Andrada	23	graphico	-	rua Salta Salta, 40	Vittorio Olivieri
121	28/09	Carlos Cluiusti	18	pintor	-	rua Anhaia, 67	Alexandre Martini
122		Pedro Valerio	18	marceneiro	-	rua Tenente Penna, 9	João Valerio
123		Silvio Guimarães	24	[?]	-	rua Barão de Limeira, 198	Antonio C.
124		Carlos de Castro	21	comerciante	-	rua Cruzeiro, 120	João Cavalheiro
125	13/10	Luiz Medeiros	23	mecânico	-	rua Casa Verde, 22	João G. dos Santos
126		Miguel Sartriano	31	marceneiro	casado	rua Anhanguera, 13	João Paris
127		Evaristo Monteiro	21	plainista	-	rua Salta Salta, 14	Eugenio Mazzella
128	26/10	Roque Salite	20	torneiro	-	rua do Bosque, 11	Ezzio Marchetti
129		Pedro Carmella	19	chapeleiro	-	av. Rudge, 32	Ezzio Marchetti
130		Joaquim G. Santos	23	mecânico	-	rua Barão de Tatuí	João Cavalheiro
131	30/11	Armando Mangi	18	torneiro	-	rua Barra Tibagy, 68	Ezzio Marchetti
132		José Marques Silva	27	mecânico	-	rua Barão de Tatuí, 27	Joaquim G. Santos
133		Bruno Taccioni	18	mecânico	-	rua Solon, 52	Ezzio Marchetti
134	21/12	Duarte de Medeiros	23	mecânico	-	rua Anhanguera, 132	Antonio Sabatini
135		José Mauro	20	funileiro	-	rua Cruzeiro	Antonio Sabatini
136		Mario Tunelli	18	barbeiro	-	rua Victorino Camillo, 132	Antonio Teixeira de Carvalho
137	28/12	Alvaro Teixeira de Carvalho	18	pintor	-	rua Anhanguera, 7	Antonio Teixeira de Carvalho
138		José Alderes	28	pintor	-	rua Barra Funda, 161	Antonio Sabatini
139		Duarte Armani	24	operário	-	rua Visconde de Rio Branco	-

Nº	Data	Nome do proposto	Idade	Profissão	Estado civil	Endereço	Nome do proponente
				1932			
1	04/01	José Costa	20	comércio	-	-	Antonio Sabatini
2		Nelson Gambôa	19	estudante	-	-	José V. Galante
3		José Monteiro	18	serrador	-	-	Antonio Sabatini
4		Salvador Carbano	19	chapeleiro	-	-	Antonio Sabatini
5		Manoel Guerra	19	estudante	-	-	Antonio Sabatini
6		Luiz Ferrazoli	36	fundidor	-	-	Antonio Sabatini
7		Erminio Salorme	21	marceneiro	solteiro	-	Antonio Sabatini
8		Aldo Angelini	18	empregado do comércio	-	-	Oswaldo Bindo
9		Antonio Miguel	20	mecânico	-	-	Raphael Jaen
10		Manoel Muller	21	empregado do comércio	-	-	Antonio Sabatini
11		João Bellis	21	serralheiro	-	-	Antonio Sabatini
12		Fortunato Pinechi	21	lapidador	-	-	Carlos Robertin
13		Orlando Navarro	21	empregado do comércio	-	-	Antonio Sabatini
14		João Mazini	20	empregado	-	-	José Valle Galante
15		Armando Aurélio	21	empregado do comércio	-	-	Antonio Teixeira de Carvalho
16		Pedro Mamede	20	empregado do comércio	-	-	Antonio Teixeir. de Carvalho
17	18/01	George Ferrazoli	24	chauffer	-	rua Anhanguera, 48	Luiz Ferrazoli
18		Angelo Gaveta	-	-	-	-	Antonio Teixeir. de Carvalho
19		Sapião de Mazi	-	-	-	-	Antonio Sabatini
20		Carlos Roberto	-	-	-	-	Elydio Salaone
21		José Mendes	19	-	-	-	Antonio Teixeir. de Carvalho
22		Mario Martinelli	20	-	-	-	Vicente Lemon
23		Domingo Sanitló	22	-	-	-	Antonio Teixeir. de Carvalho
24		Manoel Carvalho	25	-	-	-	José Medeiros
25		Waldemar Micchelloti	19	-	-	-	Fortunato P.
26.	11/02	Jacyntho Santa	19	empregado do comércio	-	rua Luzitânia, 45	Antonio Teixeir. de Carvalho
27		Orlando Pontes	19	fundidor	-	rua dos Americanos, 15	Antonio Sabatin

28	11/02	Eduardo Louzada	24	empregado do comércio	-	rua da Mooca, 243	Germano Bindo
29		Américo Lourenço	20	padeiro	-	rua Anhanguera, 91	Antonio Sabatini
30	15/02	Francisco Lafiandra	19	empregado do comércio	-	rua Carmo Dutra, 28	D' Amélio
31		Albino T. Carvalho	22	pintor	-	rua Anhanguera, 7	Antonio Teixeira de Carvalho
32		Francisco Gomes	20	empregado do comércio	-	rua do Bosque, 229	Antonio Sabatini
33	03/03	Duilio Cordo	21	mecânico	-	rua Diana, 135	Joaquim dos Santos
34		Sylvio Ramos	22	empregado do comércio	-	alameda Barão de Limeira, 200	Antonio Cocito
35		Renato Capella	19	empregado do comércio	-	alameda Eduardo Prado, 111	Oswaldo Bindo
36		Armando Basso	23	empregado do comércio	-	rua Baronesa do Porto Carreiro, 24	Antonio Sabatini
37		Orlando Victo-rino	20	mecânico	-	rua Garibaldi	Angelo Catapani
38	09/03	Duilio Gonçalves	23	empregado do comércio	-	rua Anhaia	Quinho Bernadelli
39		Antonio Vignola	39	marceneiro	casado	rua Anhanguera, 92	Matheus Sabatini
40	15/03	Eugenio Oliveira	26	chauffer	-	Barão de Rio Branco, 85	-
41		Edson Lacerda	18	estudante	-	rua Baronesa do Porto Carreiro	Germano Bindo
42	29/03	T. Bruno	18	barbeiro	-	rua dos Italianos, 19	Antonio Cocito
43		Antonio Sapienza	19	barbeiro	-	rua dos Italianos	Antonio Cocito
44		P. Auria	20	serralheiro	-	rua Garibaldi	Antonio Cocito
45		Américo Silva	20	eletricista	-	rua Barra do Tabagy, 72	Antonio P. da Silva
46		João Morjiske	24	marceneiro	-	rua Cruzeiro	Antonio Cocito
47		Antonio Basso	22	-	-	rua Anhanguera, 157	Elydio Salorne
48	12/04	Amadeu Vaz	24	empregado do comércio	-	rua Luzitania, 68	Matheus Sabatini
49		Orlando Piadoreri	19	serralheiro	-	rua Anhanguera, 12	Antonio Cocito
50		Calixto Racolo	18	empregado do comércio	-	-	Horácio Stigliano

					1932		
Nº	Data	Nome do proposto	Idade	Profissão	Estado civil	Endereço	Nome do proponente
51	03/05	Vicente Carbucai	20	padeiro	-	rua do Bosque, 19	Horácio Stigliano
52		Claudino Strufaldi	19	empregado do comércio	-	rua do Bosque	Angelo Catapan
53		João Russo	20	barbeiro	-	rua Garibaldi, 12	Antonio Sabatin
54		Antonio Salconi	18	barbeiro	-	rua Anhanguera	Angelo Catapan
55		Palena	20	empregado do comércio	-	rua Pedro Vicente	-
56	10/03	Fausto Romeu	19	empregado do comércio	-	rua Lopes Chavez, 61	Afonso Lolitto
57		R. Gandolfi	21	esculptor	-	av. São João, 360	Antonio Cocito
58		Bueno Rodrigues	18	fundidor	-	rua dos Italianos, 179	Antonio Cocito
59		Carmine Amuntiatelli	20	mecânico	-	rua Anhaia, 23	Antonio Cocito
60		Francisco Gomes	21	empregado do comércio	-	rua do Bosque, 32	Antonio Cocito
61		Armando Turperi	18	fundidor	-	rua Tenente Penna, 47	Antonio Cocito
62	24/05	Adelino Augusto	19	-	-	av. São João, 139	Antonio Sabatin
63		Domingos A. Gregório	32	typographo	-	rua Garibaldi, 88	Antonio Sabatin
64		Rolando Medeiros	19	empregado do comércio	-	rua Anhanguera, 137	Americo Tassarolo
65		João Pavani	20	graphico	-	rua Garibaldi, 14	Antonio Sabatin
66		Luiz Zontini	20	operário	-	rua do Bosque, 161	Raphael Jaen
67		Antonio Barroso	23	mecânico	-	rua Baixa, 18	Angelo Catapan
68		Antonio Latorre	18	empregado do comércio	-	Tua Tucuman, 152	Antonio Viscardi
69		Antonio Givelli	20	mecânico	-	rua do Bosque, 16	Matheus Sabatini
70	14/06	Americo Allessio	22	comércio	-	rua Solon, 213	Domingo Vias
71		João Oliveira	18	comércio	-	rua Anhaia, 213	Antonio Cocito
72		Hugo Tagiani	25	marceneiro	-	rua Barão de Tibagy, 47	José Soares de Azevedo
73		Daniel Machieroni	19	graphico	-	rua Barra do Tibagy, 9	Libertário Rodrigues

74	14/06	Vicente Mazzini	22	comércio	-	rua Boracea	Angelo Catapani
75		Cesar Rosa	23	operário	-	av. Rudge	Angelo Catapani
76		João Barros	23	comércio	-	-	Antonio Cocito
77		João Moreira	26	motorista	-	rua Luzitânia	Antonio Cocito
78	28/06	Antonio Soares	19	mecânico	-	rua Barão de Piracicaba	Manoel Muller
79		Antonio Veronesi	20	-	-	rua Anhaia, 22	Antonio Cocito
80	05/07	Aldo Nasi	20	marceneiro	-	rua Salta Salta, 56	Matheus Sabatini
81		Antonio Lopes	20	comércio	-	rua José Paulino, 116	Marino Paulino
82		Alcides Soares	27	comércio	-	rua Brigadeiro Galvão	Ângelo Catapani
83		Edson Lacerda	18	estudante	-	rua Baronesa P. Carreiro,1	Antonio Cocito
84		Alberto Cassari	26	-	-	rua Garibaldi, 60	Germano Bindo
85		Santi Stefano	25	comércio	-	rua Cruzeiro, 123	José Soares de Azevedo
86		José Amatucci	22	instalador	-	av. Rudge, 63	Rodolpho Lima
87		Alvaro Costa	28	carpinteiro	-	rua Casa Verde	Matheus Sabatini
88		Waldemar del Aqua	18	serralheiro	-	rua Garibaldi, 48	Armando Picerni

Obs.: Após a Revolução Constitucionalista, o clube voltou a registrar suas assembleias em outubro de 1932, mas suas propostas foram registradas em livro novo, separadamente das atas das reuniões.

					1933		
Nº	Data	Nome do proposto	Idade	Profissão	Estado civil	Endereço	Nome do proponente
1		Florindo Lovodico	18	-	-	rua dos Italianos, 173	Antonio Martins
2		Victorio Gumiero	20	-	-	rua Anhanguera, 156	Calixto Barolo
3	15/01	Pedro Benetti	23	-	-	rua Cruzeiro, 89	Victorino Gumiero
4		Radamés Avanzi	20	-	-	rua Margarida, 84	Angelo Faveta
5		Antonio F.Amaral	24	-	-	rua Anhanguera	Calixto Barolo
6		Manoel M. Pereira	25	-	-	rua Anhanguera	Calixto Barolo
7		Moacyr Bergamini	18	estudante	-	rua do Bosque, 51	Antonio Sabatin
8		João Toscano	26	chapeleiro	-	rua General Flores, 80	Eduardo Losso
9	07/02	Casemiro Rodrigues	26	comércio	-	rua Anhanguera, 97	Antonio Cocito
10		Lourenço A. Fernandes	18	padeiro	-	rua Anhanguera, 91	José Soares de Azevedo
11		Claudio Bovo	31	chauffer	-	rua Anhanguera	Rodolpho Lima
12		Rui Alves	18	copiador	-	rua Baronesa do Porto Carreiro, 17	-
13		Rodolpho Callarico	22	ferroviário	-	rua Solon, 165	Salvador M. Passos
14	14/02	Delpho Sapienza	21	comércio	-	rua Lopes Chaves, 82	Augusto Castanha
15		Angelo Bressiani	22	ferreiro	-	Rua João Rudge, 10	Antonio Vignol
16		Antonio Oliveira	25	eletricista	-	rua Anhanguera, 153	Alberto Baptist
17		Manoel Guerra	22	estudante	-	rua Cruzeiro, 120	Antonio Cocito
18		Dinovaldo Abreu	18	comércio	-	rua Anhanguera, 125	Antonio Vignol
19		José Menzani	20	serralheiro	-	rua do Bosque, 61	Rodolpho Lima
20	21/02	Manoel Costa	24	mechanico	-	rua Garibaldi, 60	Antonio Cocito
21		Antonio de Mauro	23	funileiro	-	rua Barra do Tybagy, 18	Rodolpho Lim
22		Valdomiro Pereira	18	comércio	-	rua do Bosque, 75	Antonio Cocito

23	07/03	Feliciano Penatti	-	-	-	rua Duque de Caxias, 6ª	-
24		Hameleto Masini	-	-	-	rua Luzitânia, 48	-
25		Victor Delloli	-	-	-	rua do Bosque, 88	-
26		Victor Marques	-	-	-	rua do Bosque, 20	-
27		Antonio Tironi	-	-	-	rua do Bosque, 23	Miguel Pecili
28		Francisco Pimentel	-	-	-	rua Solon	Basali
29	07/03	Domingo Trugilo	-	-	-	rua Luzitânia	Francisco Pimentel
30		Eduardo Louzada	-	-	-	alameda Tabajara, 17	P. Penatti
31		Domingo Fanganelo	-	-	-	av. Rudge, 178	Antonio Altieri
32	13/03	Dorival Lobato	-	-	-	av Conselheiro Ramalho, 12	-
33		Moacyr Domingues	-	-	-	av. Brigadeiro Galvão,236	Salvador Passos
34		Carlos Cardoso	-	-	-	rua do Bosque, 28	Calixto Barolo
35		João Gentile	-	-	-	rua do Bosque, 99	Miguel Pecile
36	21/03	Rolando Olivo	-	-	-	av. Brigadeiro Galvão, 34	Salvador Passos
37		Domingos Picerni	-	-	-	rua do Bosque, 34	Miguel Pecile
38		Manoel Martinez	-	-	-	rua do Bosque, 67	Miguel Pecile
39		Antonio Pereira	-	-	-	rua do Bosque, 40	Miguel Pecile
40		Agnelo Roza	-	-	-	av. Rudge, 86	Miguel Pecile
41		Luiz Donato	-	-	-	rua do Bosque, 76	Calixto Barolo
42	28/03	Romeu Samados	-	-	-	rua do Bosque, 65	Miguel Pecile
43		Antonio Capelato	-	-	-	rua do Bosque, 74	Miguel Pecile
44		João Mirabele	-	-	-	rua Anhanguera, 65	Antonio Vignola

1933							
Nº	Data	Nome do proposto	Idade	Profissão	Estado civil	Endereço	Nome do proponente
45	04/04	Humberto Ristaldo	-	-	-	rua Solon, 81	Americo Olivier
46		Mario Tagni	-	-	-	rua Pedro Thomaz, 17	Duilio Urruselgui
47		Antonio Bagnato	-	-	-	rua Anhanguera, 94	Antonio Vignola
48		Nadim Haddad	-	-	-	rua Anhanguera, 44	Miguel Peale[?]
49	11/04	Juvenal Roque	-	-	-	rua Tanaby, 79	-
50		Arnaldo Giocondo	-	-	-	rua Anhanguera, 82	Calixto Barolo
51		Laurntino Alves	-	-	-	rua Anhaia, 161	Oswaldo Silva
52		Nelson Almeida	-	-	-	rua Lopes de Oliveira, 60	Vicente Jaen
53		Rodolpho Mitter	-	-	-	-	Antonio Vignol
54	18/04	Oswaldo Bernia	-	-	-	rua do Bosque, 59	Miguel Pecile
55		João das Neves	-	-	-	rua João Rudge, 13	Miguel Pecile
56	25/04	Miguel Dauria	-	-	-	rua Garibaldi, 4	Miguel Pecile
57		Angelo Bapartelo	-	-	-	rua do Bosque	Miguel Pecile
58		José Loughi	-	-	-	rua José Paulino, 204	Miguel Pecile
59		Reinaldo Bottini	-	-	-	rua do Bosque, 36	Antonio Cocite
60	09/05	Licieri Greco	-	-	-	alameda Glete, 72	Antonio Vignol
61		Angelo C.	-	-	-	rua Anhaia, 8	Bartholomeu Maggi
62		Figholo	-	-	-	rua Garibaldi	Decio Zanelatte
63		Araujo	-	-	-	rua Salta-Salta	José Cestari
64		Pontes	-	-	-	rua dos Americanos	Antonio Cocite
65		Berner	-	-	-	rua do Bosque	Miguel Pecile
66	30/05	Mario Lolitto	-	-	-	rua do Bosque, 67	Calixto Barolo
67		Gracindo Leite	-	-	-	Pirituba	Manoel Muller
68	06/06	Antonio de Oliveira	-	-	-	rua Anhanguera, 153	Paulo de Lima

69		Ítalo Anderboni	-	-	-	rua Salta-Salta, 10	Armando Perucini
70	06/06	Carlos Sommerfeld	-	-	-	rua do Bosque, 41	Calixto Barolo
71		João Meca	-	-	-	rua Anhaia, 219	Reynaldo Tavares
72	13/06	José Batista	-	-	-	rua Monte Alegre, 53	Renato Monteiro
73		Manoel Menzani	-	-	-	rua do Bosque, 61	Saverio Russo
74		Pedro Sabri	-	-	-		Miguel Pecile
75	13/06	Jorge Alves Cunha	-	-	-	rua Souza Carlos, 81	Rodolpho Lima
76		João Victorino	-	-	-	rua Victorino Carmillo,191	Augusto Del'loli
77		Luis Pereira	-	-	-	rua Homem de Mello, 110	Miguel Pecile
78		Osvaldo Bindo	-	-	-	rua Mauá, 57	Salvador M. Passos
79		Salvador Granieri	-	-	-	alameda Cleveland, 71	Americo Alessio
80		Manoel Botelho	-	-	-	rua Helvetia, 93	Manoel Miller
81		Manoel Carvalho	-	-	-	Largo Santa Cecília, 26	Manoel Miller
82	27/06	Carlos Roberto	-	-	-	rua Visconde de Taunay, 47	Ezzio Bottini
83		Salvador Mazzela	-	-	-	rua da Graça, 222	Amadeu Mazzela
84		Francisco Borges	-	-	-	rua Costa Silva, 64	Rodolpho Lima
85		Mario Montanari	-	-	-	rua Anhanguera, 144	José Jaen
86		João Cavalheiro	-	-	-	rua do Bosque, 86	Manoel Miller
87		Antonio Francisco Filho	-	-	-	rua dos Italianos, 7	Angelo Faveta
88		Achiles Mazzini	-	-	-	rua Carneiro Leão, 715	Bartholomeu Maggi
89		Americo Pecile	-	-	-	rua Boracea, 38	Calixto Barolo
90	04/07	Andre Maiolle	-	-	-	rua Julio de Castilho, 165	Antonio Victorino
91		Antonio Luzia	-	-	-	rua Boracea, 36	Miguel Pecile

Nº	Data	Nome do proposto	Idade	Profissão	Estado civil	Endereço	Nome do proponente
				1933			
92	04/07	Eugenio Mazella	-	-	-	rua Cruzeiro, 14	José Figliolo
93		Bernardino Barone	-	-	-	rua do Bosque, 162	Antonio Barone
94	25/07	Jaime de Souza	-	-	-	avenida Rudge, 18	Salvador Carbone
95		Américo Pedro Paiva	-	-	-	rua Anhanguera, 112	João Penna Jr.
96		Ermelindo Capelato	-	-	-	rua Anhanguera, 67	Antonio Capelato
97		Marino Turini	-	-	-	rua Barra do Tibagy, 109	Antonio Francisco
98		Luiz Gasperazzo	-	-	-	rua do Bosque, 95	Carmino Nunciatelli
99	25/07	Joaquim Baptista	-	-	-	rua Cruzeiro, 99	Miguel Pecile
100		Vicente Mazzini	-	-	-	rua Boracea, 38	Antonio Cocito
101		Victor Curdo	-	-	-	rua Canindé, 71	Salvador M. Passos
102		José Moreira dos Santos	-	-	-	rua Cardoso de Almeida, 26	Raphael Jaen
103		Decio Cunha Castro	-	-	-	rua Julio Conceição, 25	Miguel Pecile
104		Plinio Cotture	-	-	-	rua Teodoro Sampaio, 84	Antonio Altieri
105	01/08	Carlos Sayar	-	-	-	rua do Cruzeiro, 158	Antonio Vignol
106		Mario d`Ângelo	-	-	-	rua Anhaia, 243	Luiz Donato
107		Mauro Prado	-	-	-	rua João Theodoro, 214	Romeu Somadossi
108		Avelino Wesh	-	-	-	rua do Bosque, 29	Calixto Barolo
109		João de Oliveira	-	-	-	Rua Anhanguera, 153	Paulo de Lima
110	22/08	José Granieri	-	-	-	rua Dino Bueno, 45	Julio Granieri
111		João Tessitoro	-	-	-	rua Garibaldi, 88	Benedito Caccavo
112		Mario Cardoso	-	-	-	rua Garibaldi, 66A	Benedito Caccavo

113		Manoel Corrêa	-	-	-	rua Anhanguera, 1	Miguel Pecile
114	22/08	João Felitte	-	-	-	rua Solon, 81	João Mecca
115		Henrique Searles	-	-	-	rua Anhaia, 193	Antonio Vignola
116		Antonio de Oliveira	-	-	-	rua Anhanguera, 153	Paulo de Lima
117		Francisco Stabile	-	-	-	rua João Passalacena, 26	Antonio C. Carvalho
118	19/09	Rubens Aguiar	-	-	-	rua Minerva, 1	Plinio Coturre
119		Arlindo Aguiar	-	-	-	rua Minerva, 1	Plinio Coturre
120		Guido Gori	-	-	-	rua Minerva, 90	Antonio Cassari
121		Carmo Haddad	-	-	-	-	-
122	03/10	Brasílio João Chieregatti	-	-	-	-	-
123		Hugo Genari	-	-	-	-	-
124		Antonio da Graça	-	-	-	rua Garibaldi, 68	Decio Zanelatto
125	17/10	Scipião Lemante	-	-	-	rua Cruzeiro, 102	Joaquim Batispta
126		Jose Monteiro	-	-	-	rua Salta-Salta, 14	José Jaen
127		José Donato	-	-	-	rua do Bosque, 76	Miguel Pecile
128	26/10	Guerino Salaorni	-	-	-	rua Anhanguera, 167	Octavio Salaorni
129		José Cardeal	-	-	-	rua do Bosque, 62	Miguel Pecile
130		Isidoro Menegão	-	-	-	rua Javahés,99	Antonio Cocito
131	14/11	José Bucci	-	-	-	rua Areial, 58	Antonio Cocito
132		Paulo Borelli	-	-	-	rua Areial, 58	Antonio Cocito
133		José Ceretti	-	-	-	rua Javahés, 10	Victorio Olivieri
134		Waldemar Bertocci	-	-	-	rua Cruzeiro, 110	Miguel Pecile
135		Salvador Cantagalo	-	-	-	rua Anhanguera, 71	Miguel Pecile
136		Diniz Couto	-	-	-	rua Barra Funda, 96	Antonio Althieri
137		Olivio Brazzati	-	-	-	rua Elias Chaves, 2	Salvador Cantagalo
138	21/11	Ferdinando Fuzer	-	-	-	rua Baronesa Porto Carreiro, 18	Antonio Vignola
139		José Carito	-	-	-	rua Salta-Salta, 36	Nadim Haddad

1933							
Nº	Data	Nome do proposto	Idade	Profissão	Estado civil	Endereço	Nome do proponente
140		José Amatucci	-	-	-	av. Rudge, 63	José Corelli
141	28/11	José Pereira	-	-	-	rua dos Italianos	José Cestari
142		José Rema	-	-	-	rua Garibaldi	José Figliolo
143		Augusto de Felice	-	-	-	rua Baronesa P. Carreiro, 2	Miguel Pecile
144	05/12	Armando Silva	-	-	-	rua Garibaldi, 76	José Rema
145		Altino Pacheco	-	-	-	rua Garibaldi, 76	Orlando Pontes
145		Paulo Viscardi	-	-	-	rua Javahés, 36	Miguel Pecile
146		Nestor Ferro	-	-	-	rua Anhanguera, 96	Antonio M.
147	12/12	José Adão	-	-	-	rua Cruzeiro, 133	Miguel Pecile
148		Joaquim da Costa	-	-	-	-	Joaquim J. dos Santos
149	19/12	Antonio Mazzella	-	-	-	rua do Bosque, 103	Miguel Pecile
150		Alberto Preto	-	-	-	alameda Rio Branco, 181	Miguel Pecile
151		Alberto Esquetini	-	-	-	rua Jaraguá, 168	Noemio Martin
152	27/12	José Pacheco	-	-	-	rua do Bosque, 6	José Valle Galante
153		Alfredo Gonçalvez	-	-	-	rua Anhanguera, 125	Antonio M.

Nº	Data	Nome do proposto	Idade	Profissão	Estado civil	Endereço	Nome do proponente
				1934			
1	05/01	José Navarro	21	-	solteiro	rua Dr. Virgílio do Nascimento	André Maiolle
2		Dario Bueno	22	-	-	Aa. Rudge, 66	Roberto S.
3		Orlando de Oliveira	20		-	rua Anhanguera, 153	Ferdinando Fuzer
4		Enio Anderbone	21	-	-	rua Salta-Salta	Miguel Pecile
5	08/01	Geraldo S.	21	-	-	rua Luzitânia, 31	Miguel Pecile
6		Juvenal P.	24	-	-	rua Itaporama, 32	Angelo Catapani
7		Antonio Domingues	20	-	-	rua Anhanguera, 90	Angelo Catapani
8		Eduardo Sanchez	26	-	-	rua Sólon, 55	Angelo Catapani
9	14/01	Luiz Marques	19	-	-	rua do Bosque, 88	Vitor Marques
10		José M.	20	-	-	rua Anhanguera, 106	Orlando de Oliveira
11		Antonio Viscardi	21	-	-	rua Javahés, 30	Angelo Catapani
12	23/01	Romeu Pini	21	-	-	av Rudge, 10	Angelo Catapani
13		Domingos Bonamo	-	-	-	rua Garibaldi, 8	Renato Monteiro
14		Alexandre Montovani	-	-	-	rua Tocantins, 44	José Cestari
15		Eduardo Valentim	-	-	-	rua Pedro Thomaz, 7	José Cestari
16		Armando Ambra	-	-	-	rua do Bosque, 40	Miguel Barbosa
17	29/01	Antonio Ferreira	-	-	-	av. Rudge, 120	Angelo Catapani
18		Eduardo Louzada	-	-	-	Indianópolis	Angelo Catapani
19	26/02	Adriano Veronesi	30	-	-	rua Dr. Costa Silva, 32	Miguel Barbosa
20		José Pucci	19	-	-	rua Anhanguera, 56	Calixto Barolo
21		Emilio Mutarore	19	-	-	rua Anhaia, 64	Duilio Uruselqui
22		Romeu B.	22	-	-	al. Ribeiro da Silva, 6	Angelo Catapani

1934							
Nº	Data	Nome do proposto	Idade	Profissão	Estado civil	Endereço	Nome do proponente
23	05/03	Francisco Portella	20	-	-	rua Cruzeiro, 19	Joaquim Penna Jr.
24		Osvaldo A. de Oliveira	19	-	-	rua Anhanguera, 147	Orlando de Oliveira
25	17/04	Armenio dos S. Ferreira	-	-	-	rua Javahés, 56	Antonio T. de Carvalho
26		Francisco Castino	-	-	-	rua da Consolação, 42	Calixto Barolo
27		Pedro Trindade	-	-	-	Rua Costa e Silva, 60	Augusto Castanha
28		Antonio S.	-	-	-	rua do Bosque, 49	Miguel Barbosa
29		Francisco Navarro	-	-	-	rua Luzitânia, 80A	Miguel Barbosa
30		João Barbosa	-	-	-	rua Barra Funda, 255	Miguel Barbosa
31		Orlando Câmara	-	-	-	rua Dino Bueno, 96	Angelo Catapan
32		José Soares	-	-	-	rua Garibaldi, 36	Miguel Barbosa
33		Oscar Muniz	-	-	-	rua Baixa, 22	Calixto Barolo
34		Antonio M.	-	-	-	rua Oriente, 24	João Mirabelli
35	15/05	Sabatini Velardo	-	-	-	rua Florêncio de Abreu, 45	Antonio Cocito
36		Adolpho Lescher	-	-	-	rua dos Americanos, 48	Miguel Pecile
37		Orlando Zucarelli	-	-	-	rua Tentene Pena, 76	Nadim Haddad
38		Roberto Zucarelli	-	-	-	rua Tentene Pena, 76	Calixto Barolo
39	15/05	Paschoal de Oliveira	-	-	-	rua Anhanguera, 159	Ermelindo Capellato
40		Alberto Tavares	-	-	-	rua Baixa, 10	Reynaldo Tavares
41	21/05	Messias Abranches	-	-	-	rua Garibaldi, 58	Jorge Roatta
42		Dr. Torres Neto	-	-	-	rua Anhanguera, 2	Jorge Roatta
43		Dr. Lázaro de Almeida	-	-	-	Rua Anhanguera, 2	Jorge Roatta
44		Francisco de Almeida	-	-	-	rua Anhanguera, 2	Jorge Roatta

45	11/06	Angelino Rosa	-	-	-	av. Rudge, 136	Miguel Barbosa
46	11/06	Benedito. F. de Andrade	-	-	-	rua Comandante Salgado, 67	Vitor Marques
47	25/06	Oswaldo Tirone	-	-	-	rua do Bosque, 23	Miguel Barbosa
48	25/06	Marcelino Camargo	-	-	-	rua Javahés, 62	João Penna Jr.
49	02/07	Silvestre Cardoso	-	-	-	rua Garibaldi, 18	Orlando Pontes
50	16/07	Antonio Arena	-	-	-	rua Barra do Tibagy, 124	Angelo Catapani
51	23/07	Alcides C.	-	-	-	rua Jaraguá, 142	João M.
52	30/07	Henrique Hilst	-	-	-	rua João Rudge, 28	João M.
53	30/07	Laudelino Bicudo	-	-	-	rua Paula Nery, 77	Alcides Caniatto
54	13/08	Orlando Crepaldi	-	-	-	rua do Bosque, 18	Paulo Viscardi
55	13/08	Luiz T.	-	-	-	rua dos Italianos, 64	Antonio Tironi
56	13/08	José Guarnieri	-	-	-	rua Adolpho Gordo, 44	Geraldo Marasco
57	13/08	Renato Bevilacqua	-	-	-	praça Olavo Bilac	Geraldo Marasco
58	13/08	João Figueira	-	-	-	rua Victorino Camillo, 169	Miguel Pecile
59	13/08	Custódio Paulo	-	-	-	rua das Palmeiras, 47	Nadim Haddad
60	27/08	Ignácio Gentil	-	-	-	rua do Bosque, 99	Armando da Silva
61	27/08	Rubens Nóbrega	-	-	-	rua Itapirucu,	Nadim Haddad
62	27/08	Carlos Paes	-	-	-	rua Sta Ephigenia, 97	João M.
63	27/08	Angelo Casertelli	-	-	-	rua do Bosque, 232	José Donato
64	24/09	Francisco Zenicolo	22	polidor	solteiro	rua João Rudge, 9	Decio Zanelatto
65	24/09	Antonio Capelli	19	fundidor	solteiro	rua Luzitânia, 30	João Mirabelli
66	24/09	Mario Cataau	22	contador	solteiro	rua Baronesa Porto Carreiro, 25	Domingos Fanganello
67	24/09	José Ramos	18	comércio	solteiro	rua Anhanguera, 63	José Donato
68	24/09	Mario Felice	18	mecânico	solteiro	rua Baronesa Porto Carreiro, 2	Orlando Oliveira

1934							
Nº	Data	Nome do proposto	Idade	Profissão	Estado civil	Endereço	Nome do proponente
69		Arnaldo Tirone	-	-	-	rdo Bosque	Oswaldo Tirone
70		Roberto Berner	-		-	rua Costa e Silva, 100	João Maggi
71		João Gomes	-		-	rua João Theodoro, 128	João Maggi
72		Orlando Rodrigues	-	-	-	rua Anhanguera, 43	Nestor Ferro
73		Alberto del'Aqua	-	-	-	rua Salta-Salta, 8	Calixto Barolo
74		Antonio Fonseca	-	-	-	rua Anhaia, 155	Calixto Barolo
75	22/10	Nello Adriani	-	-	-	rua do Bosque, 37	Calixto Barolo
76		Oreste Castaldelli	-	-	-	rua do B osque, 37	Calixto Barolo
77		Eugenio de Oliveira	-	-	-	rua Garibaldi, 43	Nadim Haddad
78		Alfredo Onofre	-	-	-	rua Norton Prado, 158	Antonio M.
79		Antonio Bagnato	-	-	-	rua Anhanguera, 94	João M.
80		Armando Teixeira	-	-	-	rua Anhaia, 94	João Mirabelli

Figura 22 – Time principal juvenil, 1930.
(Fonte: acervo do clube)

Figura 23 – Germano Bindo, Bartholomeu Maggi e
João Faveta, 1932. (Fonte: acervo do clube)

Figura 24 – Time de futebol do Anhanguera (Saverio Russo ao centro com a bola), 1933. (Fonte: acervo do clube)

Figura 25 – Carteiras de novos associados, s.d. (entre 1930 e 1934).
(Fonte: acervo do clube)

MAPA 1

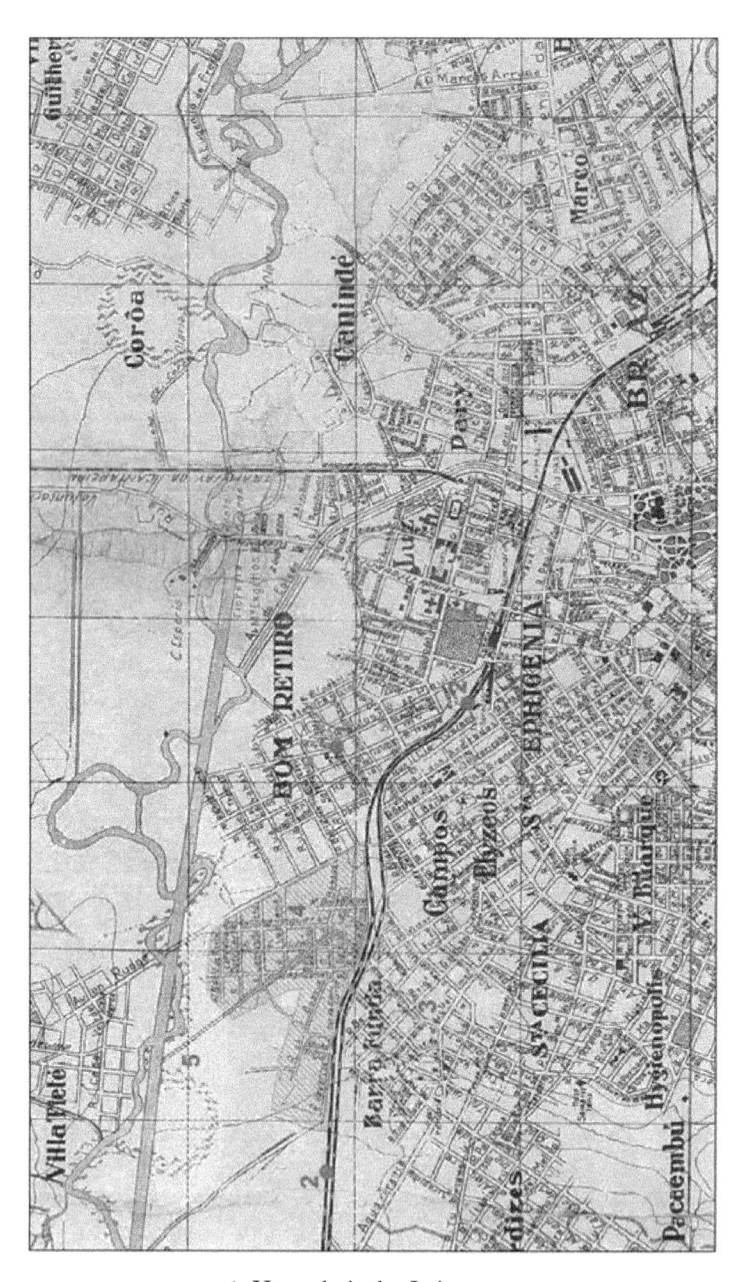

1. Hospedaria dos Imigrantes
2. Ferrovia Sorocabana
3. Barra Funda de cima
4. Barra Funda de baixo
5. Região de chácaras de vacarias

MAPA 2

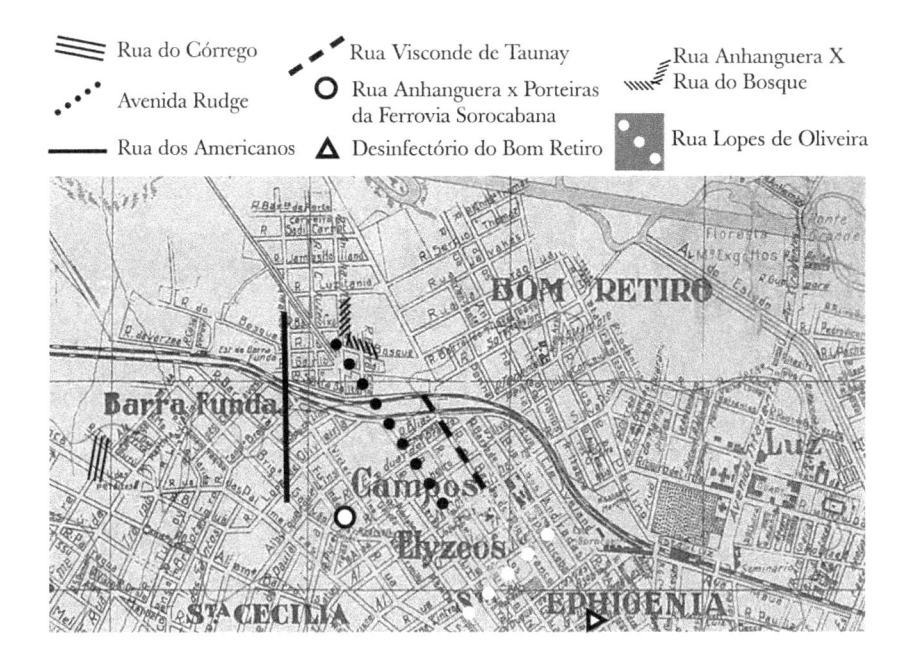

MAPA 3

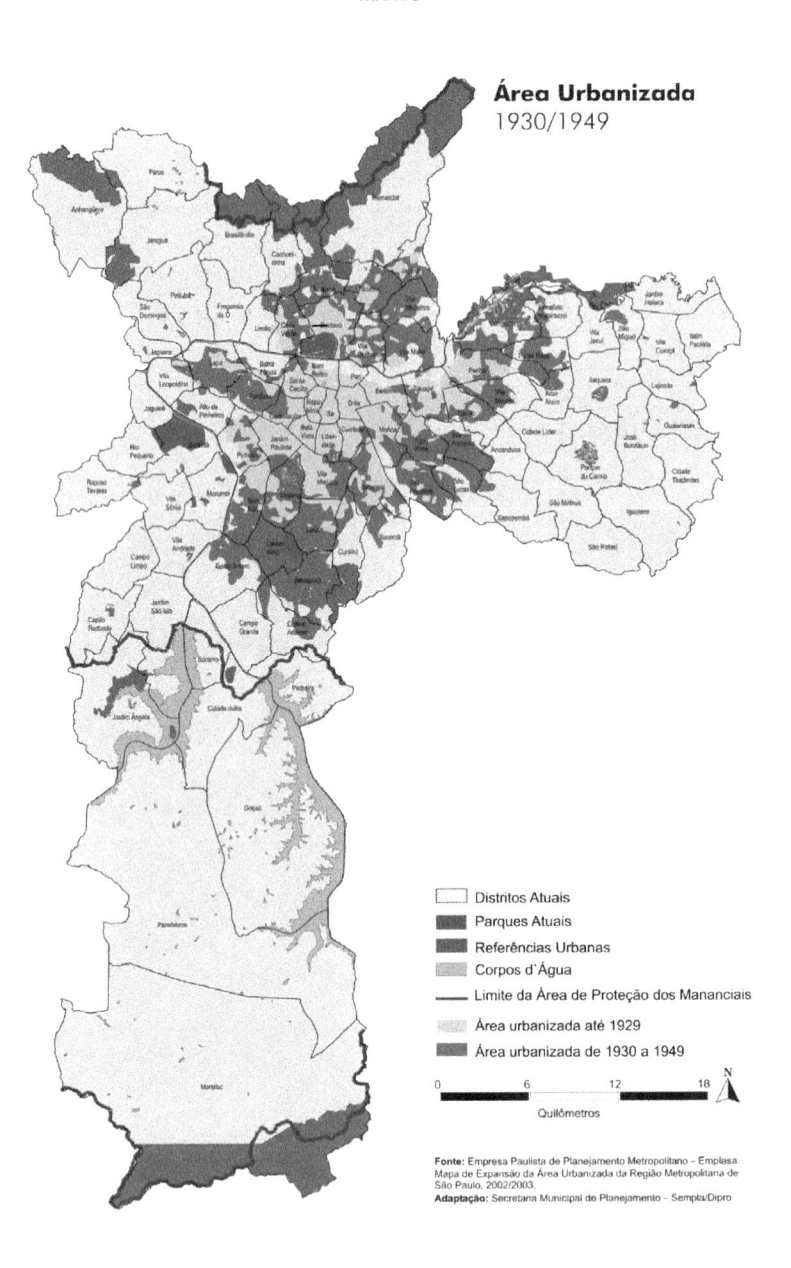

Área Urbanizada
1930/1949

Distritos Atuais
Parques Atuais
Referências Urbanas
Corpos d'Água
Limite da Área de Proteção dos Mananciais
Área urbanizada até 1929
Área urbanizada de 1930 a 1949

0   6   12   18
Quilômetros

Fonte: Empresa Paulista de Planejamento Metropolitano – Emplasa.
Mapa de Expansão da Área Urbanizada da Região Metropolitana de
São Paulo, 2002/2003.
Adaptação: Secretaria Municipal de Planejamento – Sempla/Dipro

Mapa de Expansão da Área Urbanizada da Região Metropolitana de São Paulo, 1930/1949

MAPA 4

Planta da cidade de São Paulo mostrando todos os arrabaldes e terrenos arruados, 1924

ACERVOS E FONTES CONSULTADAS

ACERVOS PARTICULARES

Guias, manuais, almanaques, crônicas

BRANCO, Frederico. *Postais paulistas*. São Paulo: Senac, 2002.

CORREA, Floriano P. *Grandezas e misérias do nosso futebol*. Rio de Janeiro: Flores e Maro, 1933.

DI RISIO, Donato. *Il manuale della passatella*. Roma: Prospettiva Editrice, 2003.

FIGUEIREDO, Antonio. *História do foot-ball em São Paulo*. São Paulo: O Estado de S. Paulo, 1918.

GAY, Guy. *Diccionario do futebol associação*. 2ª ed. Rio de Janeiro: Civilização Brasileira, 1932/1933.

MACHADO, Alexandre Marcondes. *La divina encrenca*. 1993. Disponível em: <http://bananere.art.br/increnca.html>. Acesso em: 26 jan. 2012.

MACHADO, Antônio de Alcântara. *Brás, Bexiga e Barra Funda*. São Paulo: Moderna, 2004.

MAZZONI, Thomaz. *Almanaque esportivo*. São Paulo: Agência Soares, 1931.

NICOLLINI, Henrique. *Tietê: o rio do esporte*. São Paulo: Phorte Editora, 2001.

PERELMUTTER, Daisy. *Um Bom Retiro*. São Paulo: Sesc, 2011.

SANTANA, Leopoldo. *História do foot-ball em São Paulo: notas crítico-biográficas*. São Paulo: Piratininga, 1918.

SANTANA, Leopoldo *et al*. *Concurso comemorativo do 60° aniversário da introdução do futebol em São Paulo*. São Paulo: Federação Paulista de Futebol, 1954.

SCLIAR, Salomão; RIBEIRO, Mauro O. *A história ilustrada do futebol brasileiro*. vol. I, II, III e IV. São Paulo: Edobras, 1968.

VENDITTI, Antonio. *Un'istituzione romana*: *il gioco della Passatella*. Disponível em: <http://www.specchioromano.it/fondamentali/Lespigolature/2003/GEN-NAIO/Un%E2%80%99istituzione%20romana%20%20%20il%20gioco%20della%20Passatella.htm>. Acesso em: 16 abr. 2012.

ACERVOS DE CLUBES

Associação Atlética Anhanguera

- Livro de Atas da Associação, 1928-1934.
- Livro de Atas da Associação, mai./jun./jul. 1955.
- Livro de Atas da Associação, jan./fev./mar. 1981.
- Documentos de posse de diretorias.
- Fotografias de sócios, 1930-1958.
- Fotografias de bailes sociais e jogos da associação, 1928-1958.
- Propostas para admissão de sócios, 1933-1940.
- Registros de associados, 1945-1958.
- Atas do Conselho Distrital da Barra Funda, jun. 1955.
- 32ª Revista da A. A. Anhanguera, jan. 1960.
- 37ª Revista da A. A. Anhanguera, jan. 1965.
- Taças e troféus, 1928-1958.

Clube Atlético Paulistano e Esporte Clube Pinheiros

- Resumo Histórico do Club Athletico Paulistano. Seção de obras do Estado de São Paulo, 1918.
- Álbum do centenário: 1899-1999 (Esporte Clube Pinheiros, São Paulo, 1999).
- Sport Club Germânia, 1899-1924.
- Sport Club Germânia, 1899-1929.
- Revista do Campeonato Paulista de Futebol de 1943.
- Sport Club Germania, 1899-1949 / Esporte Clube Pinheiros.

- Revista do Esporte Clube Pinheiros: De Hans Nobiling à IV Cadíada: 85 anos de um grande clube, 1984.
- Clube Athletico Paulistano: Corpo e alma de um clube centenário, 2000.

ACERVO DA FEDERAÇÃO PAULISTA DE FUTEBOL

Periódicos

- *A Gazeta*, 1928-1958.
- *A Gazeta Esportiva*.
- *A Gazeta Esportiva Ilustrada* (em fascículos), 1958-1959.
- Legislação da Confederação Brasileira de Desportos.

ARQUIVO MUNICIPAL WASHINGTON LUÍS

Biblioteca

ANNAES DA CAMARA MUNICIPAL DE SÃO PAULO. São Paulo: Ferrari & Losasso, 1925.

ARQUIVO DO ESTADO (SÃO PAULO). Arquivo em imagens, nº 2. São Paulo, [ca.1999]. 176 p. (Série Última Hora: Futebol)

CADERNOS Cidade de São Paulo: estádios. 2ª ed. São Paulo: ICI, 1994.

ESTÁDIO Municipal de São Paulo: catálogo-programa dos festejos inaugurais. São Paulo, 16 mar. 1940.

PACAEMBU. Exposição realizada na Oficina Cultural Oswald de Andrade. São Paulo, jun. 1999.

SÃO PAULO 450 anos. São Paulo: IMS, 2004. 491 p.

ARQUIVO DO ESTADO DE SÃO PAULO

Periódicos

- *O Estado de S. Paulo*, 1928-1958.
- *Folha da Manhã*, 1928-1958.

BIBLIOTECA MÁRIO DE ANDRADE

Mapoteca

- Planta da cidade de São Paulo mostrando todos os arrabaldes e terrenos arruados, 1924.
- Planta da cidade de São Paulo feita pela Diretoria de Obras e Viação, 1929.
- Planta da cidade de São Paulo feita pela Repartição de Águas e Esgotos, 1929.
- Mapa de Expansão da Área urbanizada da Região Metropolitana de São Paulo, 1915/1929.
- Planta dos distritos de São Paulo, 1943-1944.
- Guia e mapa da cidade de São Paulo, 1968.

Setor de obras raras

CARDIM, Mario. *Guia do football.* São Paulo: Cardoso, 1906.

MAZZONI, Thomaz. *História do futebol no Brasil (1894-1950).* São Paulo: Edições Leia, 1950.

Coleção São Paulo

HISTÓRIA da Barra Funda (documentário) In: *História dos bairros de São Paulo.* Direção: Rogério Soares. São Paulo: Prefeitura de São Paulo, 2006. DVD (26').

SOARES, Dulce. *Barra Funda: esquinas, fachadas e interiores.* São Paulo: Imprensa Oficial, 1982.

ENTREVISTAS

- Sr. Pôncio, em 22 de maio 2009.
- Sr. Walter Dias, em 22 de maio de 2009.
- Sr. José Carlos Bertolozzi, em 24 de abril de 2010.
- Sr. Nelson Manoel, 24 de abril de 2010.
- Sr. William João Sandonato, em 23 de maio de 2010.
- Sr. Augusto Pereira Neto (Carioquinha), em 12 de fevereiro de 2011.
- Sr. Cirilo Magalhães, em 12 de fevereiro de 2011.

- Sr. Jacó Kuperman, em 13 de março de 2011.
- Profa. Dra. Odette Seabra, em 20 de junho de 2011.
- Arthur Tirone e "Grego", 25 de junho de 2011.
- Sr. Salathiel Fernandes da Silva, em 19 de junho de 2011.
- Ângelo Tirone, Arthur Tirone e sr. Clodoaldo, em 28 de agosto de 2011.
- Sr. Pedro Cardoso, entre agosto e setembro de 2012, por correio eletrônico.

DOCUMENTOS OFICIAIS

BRASIL. Decreto-Lei nº 1.545, de 25 de agosto de 1939. Dispõe sobre a adaptação ao meio nacional dos brasileiros descendentes de estrangeiros. *Diário Oficial da União*, Brasília, seção 1, 28 jul. 1939. Disponível em: <http://www6.senado.gov.br/legislacao/ListaPublicacoes.action?id=11345>. Acesso em: 30 jan. 2012.

FONTES SECUNDÁRIAS

- Depoimentos recolhidos na página eletrônica do Museu da Pessoa: sr. Carlos Laporta; Gervásio da Silva Freitas; Ubirajara Ferreira Diniz; Alfredo Campos. Disponível em: <http://www.museudapessoa.net/historias/especiais/bras_bexiga_barra_funda/>. Acesso em: 15 jan. 2012.
- Dados recolhidos a partir da transcrição da palestra *L'Italia e l'italiano in Brasile: Tra immigrazione e attualità*, ministrada pela profa. dra. Elisabetta Santoro na Universidade Paris X, Nanterre, em 26 jan. 2012.
- Recuperação dos dados de pesquisa demográfica sobre a população de São Paulo e de seus bairros. Prefeitura de São Paulo; disponível em: <http://smdu.prefeitura.sp.gov.br/historico_demografico>. Acesso em: 20 jan. 2012. Instituto Brasileiro de Geografia e Estatística; disponível em: <http://www.ibge.gov.br/brasil500/tabelas/imigracao_nacionalidade_84a33.htm>. Acesso em: 22 jan. 2012.
- IBGE. *Brasil*: *500 anos de povoamento*. Rio de Janeiro, 2000. Disponível em: <http:/www.ibge.gov.br/brasil500/>. Acesso em: 10 jan. 2013.
- *Não quero redenção, quero a Argentina!* Entrevista com Arthur Tirone. Disponível em: <http://www.copa2014.turismo.gov.br/copa/copa_cabeca/detalhe/artigo_Artur_Tirone.html>. Acesso em: 17 jan. 2011.

- Depoimentos recolhidos. BOSI, Ecléa. *Memória e sociedade*: *lembrança de velhos*. São Paulo: Companhia das Letras, 1994.

- Depoimentos recolhidos. Disponível em: <http://www.aprenda450anos. com.br/450anos/vila_metropole/2-3_bairros_operarios.asp#>.   Acesso em: 14 jan. 2012.

- Depoimento de Ana Maria Lisbôa Mortari. Disponível em: <http://vivasp.com/texto.asp?tid=3226&sid=1>. Acesso em: 21 jan. 2012.

- Consulta em enciclopédia eletrônica. Disponível em: <http://www. specchioromano.it/fondamentali/Lespigolature/2003/GENNAIO/ Un%E2%80%99istituzione%20romana%20%20%20il%20gioco%20 della%20Passatella.htm>. Acesso em: 16 abr. 2012.

- Consulta em blog da Associação Atlética Anhanguera. Disponível em: <http://anhanguera.blogspot.com.br/>. Acesso em: 20 set. 2012.

- Consulta em enciclopédia eletrônica. Disponível em: <www.specchioromano.it>, Rivista telematica di Cultura Autorizzazione del Tribunale di Roma n. 224 / 2013 del 25 settembre 2013 20.

TEORIA E METODOLOGIA DA HISTÓRIA

ANDERSON, Benedict. *Comunidades imaginadas*: *reflexões sobre a origem e a difusão do nacionalismo*. São Paulo: Companhia das Letras, 2007.

BAKHTIN, Mikhail. *A cultura popular na Idade Média e no Renascimento*. São Paulo: Hucitec, 1999.

BENJAMIN, Walter. "O narrador." In: _____. *Magia e técnica, arte e política*. São Paulo: Brasiliense, 1987, p. 197-221.

BERMAN, Marshall. *Tudo que é sólido desmancha no ar*: *a aventura da modernidade*. São Paulo: Companhia das Letras, 1996.

BHABHA, Homi. "DissemiNação: o tempo, a narrativa e as margens da nação moderna." In: _____. *O local da cultura*. Belo Horizonte: UFMG, 2001, p. 198-238.

BLOCH, Marc. *Apologia da história*. Rio de Janeiro: Zahar, 2002.

BOSI, Ecléa. *Memória e sociedade*: *lembranças de velhos*. São Paulo: Companhia das Letras, 2007.

CHARTIER, Roger. *História cultural*: *entre práticas e representações*. Lisboa: Difel, 1990.

_____. "O mundo como representação". *Estudos Avançados*, São Paulo, nº 11, vol. 5, jan./abr. 1991, p. 173-191.

_____. "Cultura popular: revisitando um conceito". *Estudos Históricos*, Rio de Janeiro, nº 16, vol. 8, 1995.

CONNERTON, Paul. *Como as sociedades recordam.* Oeiras: Celta Editora, 1993.

DARNTON, Robert. *O beijo de Lamourette: mídia, cultura e revolução.* São Paulo: Companhia das Letras, 1990.

DOSSE, François. *O império do sentido: a humanização das ciências humanas.* Bauru: Edusc, 2003.

ECO, Umberto. *Como se faz uma tese.* 2ª ed. São Paulo: Perspectiva, 1985. Coleção Estudos.

FEBVRE, Lucien. *Combates pela história.* Lisboa: Editorial Presença, 1989.

GINZBURG, Carlo. "O inquisidor como antropólogo: uma analogia e suas implicações". In: _____. *A micro-história e outros ensaios.* Lisboa: Difel, 1989, p. 203-214.

_____. *Mitos, emblemas e sinais.* São Paulo: Companhia das Letras, 2001.

_____. *O queijo e os vermes: o cotidiano e as ideias de um moleiro perseguido pela Inquisição.* São Paulo: Companhia das Letras, 2006.

HARTOG, François. "L'inquiétante étrangeté de l'histoire". *Revue Esprit*: Religions et politique: séparations sous tension. Editions Esprit, fevereiro, 2011.

HELLER, Agnes. *O cotidiano e a história.* São Paulo: Paz e Terra, 1992.

HOBSBAWN, Eric. *Nações e nacionalismo desde 1780.* Rio de Janeiro: Paz e Terra, 1990.

_____. *Globalização, democracia e terrorismo.* São Paulo: Companhia das Letras, 2007.

HOBSBAWM, Eric; RANGER, Terence (orgs.). *A invenção das tradições.* Rio de Janeiro: Paz Terra, 1984.

KOSELLECK, Reinhardt. *Futuro passado.* Rio de Janeiro: Contraponto, 2006.

MEIHY, José Carlos S. B. *Manual de história oral.* São Paulo: Loyola, 2005.

MENESES, Ulpiano Toledo Bezerra de. "A história, cativa da memória? Para um mapeamento da memória no campo das ciências sociais". *Revista do Instituto de Estudos Brasileiros/USP*, São Paulo, vol., 1992, p. 9-24.

_____. "As marcas da leitura histórica: arte grega nos textos antigos". *Manuscritica*, São Paulo, vol. 7, 1998, p. 69-82.

_____. *Os usos culturais da cultura: contribuição para uma abordagem crítica das práticas e políticas culturais.* Transcrição da conferência proferida no encerramento do Congresso Internacional de Geografia e Planejamento do Turismo, 1995.

_____. "Fontes visuais, cultura visual, história visual: balanço provisório, propostas cautelares". *Revista Brasileira de História*, São Paulo, nº 45, vol. 23, 2003, p. 11-36.

MORAES, José Geraldo Vinci de. História e historiadores da música popular no Brasil. *Latin American Music Review*, Austin-Texas, EUA, nº 2, vol. 28, 2007, p. 271-299.

MUZART, Idelette; MATTOSO, Kátia de Queirós. *Materiaux pour une histoire culturelle du Brésil: objets, voix et memoires.* Paris: L'Harmattan, 1999. (Collection *Recherches et Documents Ameriques Latines*)

RICOEUR, Paul. *A memória, a história, o esquecimento.* Tradução de Alain François. Campinas: Editora da Unicamp, 2007.

RIOUX, Jean-Pierre; SIRINELLI, Jean-François (orgs.). *Para uma história cultural.* Lisboa: Estampa, 1998.

SARLO, Beatriz. *Tempo passado: cultura da memória e guinada subjetiva.* São Paulo: Companhia das Letras, 2007.

THOMPSON, Edward Palmer. *Costumes em comum: estudos sobre a cultura popular tradicional.* São Paulo: Companhia das Letras, 1998.

ESPAÇO, CORPO E PRÁTICAS URBANAS

BOLLNOW, Otto Friedrich. *O homem e o espaço.* Paraná: Editora UFPR, 2008.

CERTEAU, Michel de. *A invenção do cotidiano.* Vol. 1, Petrópolis: Vozes, 2000.

LEFEBVRE, Henri. *Espaço e política.* Belo Horizonte: Ed. UFMG, 2008.

LEPETIT, Bernard. "A história leva os atores a sério? ". In: _____. *Por uma nova história urbana.* São Paulo: Edusp, 2002. p. 227-244.

MAGNANI, José Guilherme C. "Etnografia como prática e experiência". *Horizontes Antropológicos*, Porto Alegre, ano 15, nº 32, jul./dez. 2009, p. 129-156.

MAUSS, Marcel. "Noção de técnica corporal". In: MAUSS, Marcel. *Sociologia e antropologia.* São Paulo: Cosac Naify, 2003, p. 399-422.

ORTIZ, Renato. *A moderna tradição brasileira: cultura popular e indústria cultural.* 5ª ed. São Paulo: Brasiliense, 1994.

SAYER, Andrew. "The difference that space makes". In: GREGORY, Derek; URRY, John (orgs.). *Social relations and spatial structures.* Londres: Macmillan, 1985. p. 49-66.

SIMMEL, Georg. "A metrópole e a vida mental". In: VELHO, O. (org.). *O fenômeno urbano.* Rio de Janeiro: Zahar, 1967, p. 11-25.

HISTÓRIA DA CIDADE DE SÃO PAULO:

BARBUY, Heloisa. *A cidade-exposição*: comércio e cosmopolitismo em São Paulo, 1860-1914. São Paulo: Editora da Universidade de São Paulo, 2006.

BRUNELLI, Aideli S. Urbani *et al. Barra Funda*. São Paulo: DPH, 2006. (Série História dos Bairros de São Paulo, vol. 29)

BRUNO, Ernani Silva. *História e tradições da cidade de São Paulo*. Vol. 3, Rio de Janeiro: José Olympio, 1954.

CAMPOS, Cândido M.; GAMA, Lúcia Helena; SACCHETA, Wladimir. *São Paulo*: *metrópole em trânsito, percursos urbanos e culturais*. São Paulo: Ed. Senac, 2004.

CARVALHO, Vânia Carneiro de. *Gênero e artefato*: o sistema doméstico na perspectiva da cultura material, São Paulo, 1870-1920. São Paulo: Edusp; Fapesp, 2008.

COSTA, Jurandir Freire. *Ordem médica e norma familiar*. Rio de Janeiro: Edições Graal, 1999.

CUSTÓDIO, Vanderli. "Dos surtos urbanísticos do final do século XIX ao uso das várzeas pelo Plano de Avenidas". *Geosul*, Florianópolis, nº 38, vol. 19, jul./dez. 2004, p. 77-98. Disponível em: <http://pt.scribd.com/doc/72503805/CUSTODIO-2004--surtos-urbanisticos-uso-varzeas-Plano-de-Avenidas>. Acesso em: 13 jun. 2012.

FAUSTO, Boris. *O crime do restaurante chinês*: carnaval, futebol e justiça na São Paulo dos anos 30. São Paulo: Companhia das Letras, 2009.

GAMA, Lúcia Helena. *Nos bares da vida*: produção cultural e sociabilidade em São Paulo (1940-1950). São Paulo: Ed. Senac, 1998.

_____. "Sociabilidade e produção cultural: uma caminhada pelos vértices e pela história do triângulo central". *Cidade: Revista do Departamento do Patrimônio Histórico/SMC*, São Paulo, ano 5, nº 5, 1996, p. 40-51.

GUNN, Philip; CORREIA, Telma de B. "Vilas operárias: o mundo fabril penetra na cidade". In: CAMPOS, Cândido M.; GAMA, Lúcia Helena; SACCHETA, Wladimir. *São Paulo*: metrópole em trânsito, percursos urbanos e culturais. São Paulo: Ed. Senac, 2004, p. 82-89.

HAAG, Carlos. "A cidade dos engenheiros". *Pesquisa Fapesp*, São Paulo, nº 178, dez. 2010. Disponível em: <http://revistapesquisa.fapesp.br/2010/12/06/a-cidade--dos-engenheiros>. Acesso em: 15 mar. 2012.

JORGE, Janes. *Tietê, o rio que a cidade perdeu*: São Paulo, 1890-1940. São Paulo: Alameda, 2006.

JORGE, Janes *et al. Paulicéia afro: lugares, histórias e pessoas.* São Paulo: Secretaria Municipal de Cultura, 2008.

MARINS, Paulo César Garcez. "Habitação e vizinhança: limites da privacidade no surgimento das metrópoles brasileiras". In: SEVCENKO, Nicolau (org.). *História da vida privada no Brasil: República: da Belle Époque à Era do Rádio.* São Paulo: Companhia das Letras, 1998. vol. 3, p. 131-214.

MARTINS, José de Souza. *Subúrbio: vida cotidiana e história no subúrbio da cidade de São Paulo: São Caetano, do fim do Império ao fim da República Velha.* São Paulo: Hucitec; Unesp, 2002.

_____. "A ferrovia e a modernidade em São Paulo: a gestação do ser dividido". *Revista USP*, São Paulo, nº 63, nov. 2004. Disponível em: <http://www.revistasusp.sibi.usp.br/scielo.php?script=sci_arttext&pid=S0103-99892004000400002&lng=pt&nrm=iso>. Acesso em: 3 mar. 2012.

_____. *A aparição do demônio na fábrica: origens do eu dividido no subúrbio operário.* São Paulo: Editora 34, 2008.

MERHY, Emerson E. *O capitalismo e a saúde pública: a emergência das práticas sanitárias no Estado de São Paulo.* Campinas: Papirus, 1987.

MORAES, José Geraldo Vinci de. *Sonoridades paulistanas: a música popular em São Paulo (fim do século XIX - início do século XX).* Dissertação (mestrado) – Pontifícia Universidade Católica de São Paulo, São Paulo, 1990.

_____. *Cidade e cultura urbana na Primeira República.* São Paulo: Atual, 1994. Coleção Discutindo a História do Brasil.

_____. *Metrópole em sinfonia: história, cultura e música popular na São Paulo dos anos 30.* São Paulo: Estação Liberdade, 2000.

MOTA, André. *Tropeços da medicina bandeirante: São Paulo, 1892-1920.* Tese (doutorado) – Faculdade de Filosofia, Letras e Ciências Humanas, Universidade de São Paulo, São Paulo, 2001.

NOVAIS, Fernando A. (org.). *História da vida privada no Brasil.* Vols. 3 e 4, São Paulo: Companhia das Letras, 1998.

OLIVEIRA, Maria Luiza Ferreira de. "O registro dos limites da cidade: imagens da várzea do Carmo no século XIX". *Anais do Museu Paulista*, São Paulo, vols. 6-7, 2003, p. 37-59 (1998-1999).

PAOLI, Maria Célia; DUARTE, Adriano. "São Paulo no plural: espaço público e redes de sociabilidade". In: PORTA, Paula (org.). *História da cidade de São Paulo:*

a cidade na primeira metade do século XX, 1890-1954. Vol. 3, São Paulo: Paz e Terra, 2004, p. 53-99.

PINTO, Maria Inez Machado Borges. *Cotidiano e sobrevivência*: *a vida do trabalhador pobre na cidade de São Paulo, 1890-1894.* Tese (doutorado em História) – Faculdade de Filosofia, Letras e Ciências Humanas, Universidade de São Paulo, São Paulo, 1984.

PIRES, Elaine Muniz. *História dos bairros paulistanos*: *Barra Funda.* 200(?). Disponível em: <http://almanaque.folha.uol.com.br/bairros_barra_funda.htm>. Acesso em: 19 abr. 2012.

PORTA, Paula (org.). *História da cidade de São Paulo*: *a cidade na primeira metade do século XX, 1890-1954.* Vol. 3, São Paulo: Paz e Terra, 2004.

PRADO JÚNIOR, Caio. *A cidade de São Paulo*: *geografia e história.* São Paulo: Brasiliense, 1989.

ROLNIK, Raquel. *Cada um no seu lugar! São Paulo, início da industrialização: geografia do poder.* Dissertação (mestrado em Arquitetura) – Faculdade de Arquitetura e Urbanismo, Universidade de São Paulo, São Paulo, 1981.

SALIBA, Elias Tomé. "Cultura". In: SCHWARCZ, Lilia Moritz (Coord.). *A abertura para o mundo, 1889-1930.* Vol. 3, Rio de Janeiro: Objetiva/Fundació Mapfre, 2012, p. 239-294. (Col. História do Brasil Nação, 1808-2010)

SANTOS, Carlos José Ferreira dos. *Nem tudo era italiano*: *São Paulo e pobreza (1890-1915).* São Paulo: Annablume/Fapesp, 2008.

SCHMIDT, Afonso. *São Paulo de meus amores.* São Paulo: Paz e Terra, 2003.

SCHPUN, Mônica Raisa. *Beleza em jogo*: *cultura física e comportamento em São Paulo nos anos 20.* São Paulo: Senac/Boitempo, 1999.

SCHWARCZ, Lilia Moritz. *Retrato em branco e negro*: *jornais, escravos e cidadãos em São Paulo no final do século XIX.* São Paulo: Companhia das Letras, 2001.

_____. "População e sociedade". In: _____ (coord.). *A abertura para o mundo, 1889-1930.* Vol. 3, Rio de Janeiro: Ed. Objetiva/ Fundació Mapfre, 2012, p. 35-83. (Col. História do Brasil Nação, 1808-2010)

SEABRA, Odette Carvalho de Lima. *Os meandros dos rios nos meandros do poder: Tietê e Pinheiros: valorização dos rios e das várzeas na cidade de São Paulo.* Tese (doutorado em Geografia Urbana) – Faculdade de Filosofia, Letras e Ciências Humanas, Universidade de São Paulo, São Paulo, 1987.

SEGAWA, Hugo. "São Paulo, veios e fluxos: 1872-1954". In: PORTA, Paula (org.). *História da cidade de São Paulo: a cidade na primeira metade do século XX, 1890-1954*. Vol. 3, São Paulo: Paz e Terra, 2004, p. 341-386.

SEVCENKO, Nicolau. *Orfeu extático na metrópole: São Paulo, sociedade e cultura nos frementes anos 20*. São Paulo: Companhia das Letras, 1992.

_____. "A capital irradiante, técnica, ritmos e ritos do Rio". In: _____ (org.). *História da vida privada no Brasil: República: da Belle Époque à Era do Rádio*. Vol. 3, São Paulo: Companhia das Letras, 1998, p. 513-618.

_____. "Tietê influenciou a formação da cidade". *Folha Online Especial*, 25 jan. 2001. Disponível em: <http://www1.folha.uol.com.br/folha/especial/2003/saopaulo450/artigos-sevcenko.shtml>. Acesso em: 2 fev. 2012.

SOUZA, Maria Adélia Aparecida de. Metrópoles e paisagem: caminhos e descaminhos da urbanização. In: PORTA, Paula (org.). *História da cidade de São Paulo: a cidade na primeira metade do século XX, 1890-1954*. Vol. 3, São Paulo: Paz e Terra, 2004, p. 121-151.

IMIGRAÇÃO, TRABALHO E ASSOCIATIVISMO:

ALVIM, Zuleika Maria. "O Brasil italiano (1880-1920)". In: FAUSTO, Boris (org.). *Fazer a América*. São Paulo: Edusp, 2000, p. 383-417.

ARAÚJO, José Renato de Campos. *Imigração e futebol: o caso Palestra Itália*. Dissertação (mestrado em História) – Instituto de Filosofia e Ciências Humanas, Universidade Estadual de Campinas, Campinas, 1996.

_____. *Migna terra: migrantes italianos e fascismo na Cidade de São Paulo (1922-1935)*. Tese (doutorado) – Instituto de Filosofia e Ciências Humanas, Universidade Estadual de Campinas, Campinas, 2003.

BIONDI, Luigi. *Entre associações étnicas e de classe: os processos de organização política e sindical dos trabalhadores italianos na cidade de São Paulo (1890-1920)*. Tese (doutorado em História) – Instituto de Filosofia e Ciências Humanas, Universidade Estadual de Campinas, Campinas, 2002.

CHALHOUB, Sidney *et al*. *Trabalhadores na cidade: cotidiano e cultura no Rio de Janeiro e em São Paulo, séculos XIX e XX*. Campinas: Ed. Unicamp, 2009.

COLBARI, Antonia. *Ética do trabalho: a vida familiar na construção da identidade profissional*. São Paulo: Letras & Letras/SPDC/UFES, 1995.

FAUSTO, Boris. *Negócios e ócios*: *histórias da imigração*. São Paulo: Companhia das Letras, 1997.

_____. "Imigração: cortes e continuidades". In: NOVAIS, Fernando A. (org.). *História da vida privada no Brasil*. Vol. 4, São Paulo: Companhia das Letras, 1998.

_____ (org.). *Fazer a América*. São Paulo: Edusp, 1999.

_____. *História do Brasil*. São Paulo: Edusp, 2012.

FERNANDES, Florestan. *A integração do negro à sociedade de classe*. São Paulo: Edusp, 1965.

FONTES, Paulo. *Um nordeste em São Paulo*: *trabalhadores migrantes em São Miguel Paulista (1945-66)*. Rio de Janeiro: FGV, 2008.

GOMES, Angela de Castro. "A pequena Itália de Niterói: uma cidade, muitas famílias". In: _____ (org.). *Histórias de imigrantes e de imigração no Rio de Janeiro*. Rio de Janeiro: 7 Letras, 2000, p. 66-103.

HALL, Michael. "Imigrantes na cidade de São Paulo". In: PORTA, Paula (org.). *História da cidade de São Paulo*: *a cidade na primeira metade do século XX, 1890-1954*. Vol. 3, São Paulo: Paz e Terra, 2004, p. 121-151.

HARDMAN, Francisco Foot. *Nem pátria, nem patrão!*: *memória operária, cultura e literatura no Brasil*. São Paulo: Editora Unesp, 2002.

HOBSBAWN, Eric. "A formação da cultura da classe operária britânica". In: _____. *Mundos do trabalho*: *novos estudos sobre história operária*. Rio de Janeiro: Paz e Terra, 2000. p. 251-297.

MANFREDI, Maria Silvia. *Formação sindical no Brasil*: *história de uma prática cultural*. São Paulo: Escrituras, 1996.

REZENDE, Vinícius de. "Da arte de saber fazer ao operário-boi?" In: Simpósio Nacional de História, 26, 2011, São Paulo. *Anais…* São Paulo: ANPUH, 2011. Disponível em: <http://www.snh2011.anpuh.org/resources/anais/14/1300846319_ARQUIVO_Daartedesaberfazeraooperario-boi.pdf>. Acesso em: 29 mar. 2012.

SCHPUN, Mônica Raisa. "O cinema mudo em São Paulo: experiências de italianos e italianas, práticas urbanas e códigos sexuados". *ArtCultura*, Uberlândia, nº 14, vol. 9, jan-jun 2007, p. 71-81.

SEIXAS, Jacy Alves de. *Mémoire et oubli*: *anarchisme et syndicalisme révolutionnaire au Brésil*. Paris. Ed. de la Maison des sciences de l'homme, 1992.

SENNETT, Richard. *A corrosão do caráter*: as consequências pessoais do trabalho no novo capitalismo. Rio de Janeiro: Record, 2008.

_____. *O artífice*. Rio de Janeiro: Record, 2009.

SIQUEIRA, Uassyr de. *Clubes e sociedades dos trabalhadores do Bom Retiro*: organização, lutas e lazer em um bairro paulistano (1915-1924). Dissertação (mestrado em História) – Departamento de História do Instituto de Filosofia e Ciências Humanas, Universidade Estadual de Campinas, Campinas, 2002.

_____. "Entre maxixes, peladas e palavras de ordem: associações dos trabalhadores paulistanos durante a Primeira República". *Revista Esboços*, Florianópolis, n° 14, vol. 12, 2005, p. 75-86. Disponível em: <http://www.periodicos.ufsc.br/index.php/esbocos/article/view/169>. Acesso em: 3 mar. 2012.

IMPRENSA E IMPRENSA ESPORTIVA:

ANTUNES, Fátima M. R. Ferreira. *Com brasileiro, não há quem possa*: futebol e identidade nacional em José Lins do Rego, Mário Filho e Nelson Rodrigues. São Paulo: Unesp, 2004.

CAPELATO, Maria Helena. *Os arautos do liberalismo*: 1920-1945. São Paulo: Editora Brasiliense, 1989.

HIME, Gisely Valentim Vaz Coelho. *A hora e a vez do progresso*: Cásper Líbero e o exercício do jornalismo nas páginas d'A Gazeta. Dissertação (mestrado em Jornalismo) – Escola de Comunicações e Artes, Universidade de São Paulo, São Paulo, 1997.

_____. "Cásper Líbero entre o profissional e o mito: inventário crítico das fontes bibliográficas e hemerográficas". *Revista PJ:BR: Jornalismo Brasileiro*, São Paulo, n° 3, 1° semestre/2004.

HOLLANDA, Bernardo B. Buarque. *O clube como vontade e representação*: o jornalismo esportivo e a formação das torcidas organizadas de futebol do Rio de Janeiro. Rio de Janeiro: 7 Letras, 2009.

JAYO, Martin. "Trajetória e ideias de Cásper Líbero". *Revista PJ:BR: Jornalismo Brasileiro*, São Paulo, n° 3, 1° semestre/2004.

MARQUES, José Carlos. *O futebol em Nelson Rodrigues*. São Paulo: Educ, 2003.

MOTA, Carlos Guilherme; CAPELATO, Maria Helena. *História da Folha de S.Paulo (1921-1981)*. São Paulo: Impres, 1981.

RIBEIRO, André. *Os donos do espetáculo*: histórias da imprensa esportiva no Brasil. São Paulo: Editora Terceiro Nome, 2007.

SILVA, Marcelino Rodrigues da. *Mil e uma noites de futebol*: o Brasil moderno de Mário Filho. Belo Horizonte: Ed. UFMG, 2006.

TOLEDO, Luiz Henrique de. "Contribuições ao estudo da crônica esportiva 1: a "contracrônica" esportiva de Lima Barreto". *Pesquisa de Campo*, Rio de Janeiro, 1996, nº 3-4, p. 37-50.

FUTEBOL, SOCIABILIDADE E LAZER:

ANTUNES, Fátima M. R. Ferreira. *Futebol de fábrica em São Paulo*. Dissertação (mestrado em Sociologia) – Faculdade de Filosofia, Letras e Ciências Humanas, Universidade de São Paulo, São Paulo, 1992.

_____. "Do velódromo ao Pacaembu: o movimento esportivo em São Paulo e a trajetória do futebol". *Cidade: Revista do Departamento do Patrimônio Histórico/SMC*, São Paulo, ano 5, nº 5, jan. 1998.

ARCHETTI, Eduardo P. *Masculinities*: football, polo and the tango in Argentina. Oxford/New York: Global Issues, 1999.

BLAY, Jean Pierre. "Qu'est-ce qu'une nation… qui joue au football?" *Cahiers des Amériques Latines*, Paris, nº 39, 2002/1.

_____. "Espaços urbanos, práticas físicas e sociedade esportiva na cidade do Rio de Janeiro no século XX". *Revista do IHGB*, Rio de Janeiro, ano 168, nº 437, out/dez 2007, p. 251-273.

_____. "Éducation physique et culture sportive au Brésil à l'époque contemporaine: entre utilité sociale et reconaissance identitaire". *Cahiers des Amériques Latines*, Paris, nº 60-61, 2009, p. 115-127.

BOURDIEU, Pierre. "Como é possível ser esportivo?" In: _____. *Questões de sociologia*. Rio de Janeiro: Marco Zero, 1983. p. 136-153.

_____. "Programa para uma sociologia do esporte". In: _____. *Coisas ditas*. São Paulo: Brasiliense, 1990. p. 207-220.

CALLOIS, Roger. *Les jeux et les hommes*. Paris: Gallimard, 1985.

CAMPOS, Flavio de; MORAES, José Geraldo Vinci de. "Como o Brasil entra em campo". *Revista de História*, Dossiê História e Futebol, São Paulo, nº 163, 2010, p. 129-135.

COSTA, Márcia Regina da *et al.* (orgs.). *Futebol: espetáculo do século.* São Paulo: Musa Editora, 1999.

COUTO, Euclides de Freitas. *Jogo de extremos*: *futebol, cultura e política no Brasil (1930-1978).* Tese (doutorado em História) – Faculdade de História, Universidade Federal de Minas Gerais, Belo Horizonte, 2009.

DAMATTA, Roberto (org.). "Esporte e sociedade brasileira". In: _____. *Universo do futebol.* Rio de Janeiro: Pinakotheke, 1982.

DAMO, Arlei. *Do dom à profissão*: *a formação de futebolistas no Brasil e na França.* São Paulo: Hucitec/Anpocs, 2007.

DESIDERIO, Giancristiano. *Platone et calcio*: *Saggio sul pallone e la condizione umana.* Roma: Limina, 2005.

DUARTE, René. *Friedenreich e a reinvenção de São Paulo*: *o futebol e a vitória na invenção da metrópole.* Dissertação (Mestrado em História Social) – Faculdade de Filosofia, Letras e Ciências Humanas, Universidade de São Paulo, São Paulo, 2008.

ELIAS, Norbert; DUNNING, Eric. *Sport et civilisation*: *la violence maîtrisée.* Paris: Éditions Fayard, 1994.

FERREIRA, João Fernando. *A construção do Pacaembu.* São Paulo: Paz e Terra, 2008.

FLORENZANO, José Paulo. *A democracia corinthiana*: práticas de liberdade no futebol brasileiro. São Paulo: Educ/Fapesp, 2009.

FRANCO JÚNIOR, Hilário. *A dança dos deuses*: futebol, sociedade, cultura. São Paulo: Companhia das Letras, 2007.

FRANZINI, Fábio. *As raízes do país do futebol*: *estudo sobre a relação entre o futebol e a nacionalidade brasileira (1919-1950).* Dissertação (Mestrado em História Social) – Faculdade de Filosofia, Letras e Ciências Humanas, Universidade de São Paulo, São Paulo, 2000.

GIGLIO, Sérgio Settani. *Representações do futebol nos jogos olímpicos e na copa do mundo.* Pesquisa de doutorado em andamento. Escola de Educação Física e Esporte, Universidade de São Paulo, São Paulo, [2014].

GUEDES, Simoni Lahud. "Esporte, lazer e sociabilidade". In: MARTINS, Carlos Benedito; DUARTE, Luiz Fernando Dias (orgs.). *Horizontes das ciências sociais no Brasil*: *Antropologia*. 1ª ed. São Paulo: Vol. 1, Anpocs; Discurso Editorial; Barcarolla, 2010, p. 431-456.

HELAL, Ronaldo; SOARES, Antonio Jorge; LOVISOLO, Hugo. *Mídia, raça e idolatria.* Rio de Janeiro: Mauad, 2001.

HIRATA, Daniel Veloso. *Futebol de várzea*: um estudo sobre práticas urbanas e seus territórios. Dissertação (mestrado em Sociologia) – Universidade de São Paulo, São Paulo, 2005.

HOLLANDA, Bernardo B. Buarque de. *O descobrimento do futebol*: modernismo, regionalismo e paixão esportiva em *José Lins do Rego*. Rio de Janeiro: Biblioteca Nacional, 2004.

HUIZINGA, Johan. *Homo ludens*: o jogo como elemento da cultura. São Paulo: Perspectiva, 2000.

JESUS, Gilmar Mascarenhas de. Construindo a cidade moderna: a introdução dos esportes na vida urbana do Rio de Janeiro. *Revista Estudos Históricos*, São Paulo, nº 23, vol. 13, 1999. Disponível em: <http://bibliotecadigital.fgv.br/ojs/index.php/reh/article/viewArticle/2086>. Acesso em: 2 mar. 2012.

_____. "Várzeas, operários e futebol: uma outra geografia". *Geographia: Revista do Programa de Pós-Graduação em Geografia da Universidade Federal Fluminense*, Niterói, nº 8, vol. 4, 2002, p. 84-92.

LEITE LOPES, José S. A vitória do futebol que incorporou a pelada. *Revista USP*, São Paulo, nº 22, 1994, p. 64-83.

MELO, Victor. "Futebol e cinema: duas paixões, um planeta". In: ALVITO, Marcos; MELO. Victor (orgs.). *Futebol por todo o mundo*: diálogos com o cinema. 1ª ed. Rio de Janeiro: FGV, 2006, p. 9-26.

MERDRIGNAC, Bernard. *Le sport au Moyen Âge*. Rennes: Presses Universitaires de Rennes, 2002.

NEGREIROS, Plínio José L. de Campos. *Resistência e rendição*: a gênese do Sport Club Corinthians Paulista e o futebol oficial em São Paulo, 1910-1916. Dissertação (mestrado em História) – Faculdade de História, Pontifícia Universidade Católica, São Paulo, 1992.

_____. "A cidade excludente e o clube do povo". *Revista de História*, São Paulo, nº 163, jul./dez. 2010, p. 207-242.

PARDINI, Melina Nóbrega M. *A narrativa da ordem e a voz da multidão*: o futebol na imprensa durante o estado novo (1937-1945). Dissertação (mestrado em História Social) – Faculdade de Filosofia, Letras e Ciências Humanas, Universidade de São Paulo, São Paulo, 2009.

PEREIRA, Leonardo. *Footballmania*: uma história social do futebol no Rio de Janeiro, 1902-1938. Rio de Janeiro: Nova Fronteira, 2000.

RAGO, Margareth. "A invenção do cotidiano na metrópole: sociabilidade e lazer em São Paulo, 1900-1950". In: PORTA, Paula (org.). *História da cidade de São Paulo: a cidade na primeira metade do século XX, 1890-1954*. Vol. 3, São Paulo: Paz e Terra, 2004, p. 387-435.

REVISTA USP. *Dossiê Futebol*. São Paulo: USP, n. 22, 1994.

RODRIGUES FILHO, Mario. *O negro no futebol brasileiro*. Rio de Janeiro: Mauad, 2003.

ROSENFELD, Anatol. O futebol no Brasil. *Revista Argumento*, Rio de Janeiro, ano I, nº 4, 1973.

_____. *Negro, macumba e futebol*. 1ª ed. São Paulo: Perspectiva, 2000.

SALUM, Alfredo Oscar. *Palestra Itália e Corínthians: quinta coluna ou tudo buona gente?* Tese (doutorado em História) – Faculdade de Filosofia, Letras e Ciências Humanas, Universidade de São Paulo, São Paulo 2007.

SANTOS, Marco Antonio da Silva. *Futebol de várzea como espaço de sociabilidade*. Dissertação (Mestrado em Ciências Sociais) – Faculdade de Ciências Sociais, Pontifícia Universidade Católica, São Paulo, 2001.

SANTOS NETO, José Moraes dos. *Visão de jogo: primórdios do futebol no Brasil*. São Paulo: Cosac Naify, 2002.

SEABRA, Odette Carvalho de Lima. *Urbanização e fragmentação: cotidiano e vida de bairro na metamorfose da cidade em metrópole, a partir das transformações do Bairro do Limão*. Tese (livre-docência em Geografia) – Faculdade de Filosofia, Letras e Ciências Humanas, Universidade de São Paulo, São Paulo, 2003.

SEBRELLI, Juan José. *La era del fútbol*. Buenos Aires: Debolsillo, 2005.

SHIRTS, Matthew G. "Literatura futebolística: uma periodização". In: MEIHY, José Carlos S. B.; WITTER, José S. (orgs.). *Futebol e cultura: coletânea de estudos*. São Paulo: Imprensa Oficial: Arquivo do Estado, 1982.

SIMSON, Olga Rodrigues de M. *Carnaval em branco e negro: carnaval popular paulistano (1914-1988)*. São Paulo: Edusp; Imprensa Oficial do Estado de São Paulo, 2007.

SIQUEIRA, Uassyr de. "Clubes recreativos: organização para o lazer". In: AZEVEDO, Elciene *et al.* (orgs.). *Trabalhadores na cidade: cotidiano e cultura no Rio de Janeiro e em São Paulo, séculos XIX e XX*. Campinas: Ed. Unicamp, 2009, p. 271-312.

SILVA, Daniela Alves da. *Cultura operária: um estudo de caso do Villa Nova Atlético Clube*. Dissertação (mestrado em História) – Faculdade de História, Universidade Federal de Minas Gerais, Belo Horizonte, 2006.

SOUZA, Denaldo Alchorne de. *O Brasil entra em campo! Construções e reconstruções da identidade nacional (1930-1947)*. São Paulo: Annablume, 2008.

STÉDILE, Miguel Enrique. *Da fábrica à várzea: clubes de futebol operário em Porto Alegre*. Dissertação (mestrado em História) – Instituto de Filosofia e Ciências Humanas, Universidade Federal do Rio Grande do Sul, Porto Alegre, 2011.

STREAPCO, João Paulo. *"Cego é aquele que só vê a bola": o futebol em São Paulo e a formação das principais equipes paulistanas: S. C. Corinthians Paulista, S. E. Palmeiras e São Paulo F. C. (1894-1942)*. Dissertação (mestrado em História) – Faculdade de Filosofia, Letras e Ciências Humanas, Universidade de São Paulo, São Paulo, 2011.

TOLEDO, Luiz Henrique de. *Lógicas no futebol*. São Paulo: Hucitec/Fapesp, 2002.

VERDÚ, Vicente. *El futbol: mitos, ritos y simbolos*. Madrid: Alianza Editorial, 1980.

WISNIK, José Miguel. *Veneno remédio: o futebol e o Brasil*. São Paulo: Companhia das Letras, 2008.

Alameda nas redes sociais:
Site:www.alamedaeditorial.com.br
Facebook.com/alamedaeditorial/
Twitter.com/editoraalameda
Instagram.com/editora_alameda/

Esta obra foi impressa em São Paulo
no verão de 2017. No texto foi utilizada
a fonte Berthold Baskerville Book em
corpo 10 e entrelinha de 15 pontos.